Le rêve de l'Arménie

Mona-Marianne Marikian

Le rêve de l'Arménie

Les Éditions au Carré inc.
Téléphone: 514-949-7368
editeur@editionsaucarre.com
www.editionsaucarre.com

Maquette de la couverture:
NATHALIE GIGNAC
Mise en pages:
ÉDISCRIPT ENR.
Correction:
AUDREY FAILLE

LE CONSEIL DES ARTS
DU CANADA
DEPUIS 1957

Les Éditions au Carré remercient le Conseil des Arts du Canada et la Société de développement des entreprises culturelles (SODEC) du soutien accordé à leur programme de publication.

Société
de développement
des entreprises
culturelles
Québec

© Les Éditions au Carré inc., 2007
pour l'édition française au Canada
Dépôt légal:
3e trimestre 2007
ISBN 978-2-923335-14-8

DISTRIBUTION
Prologue inc.
1650, boul. Lionel-Bertrand
Boisbriand (Québec) Canada J7H 1N7
Téléphone: 1 800 363-2864
Télécopieur: 1 800 361-8088
prologue@prologue.ca
www.prologue.ca

Table des matières

Troisième partie
La réalité derrière le rêve

Ce livre est dédié à Hugo Sarrazin,
mon petit-fils, par le lien du cœur.

Avant-propos

Pratiquement rien, à notre connaissance, n'a été écrit à propos du parcours fragile et des conditions de vie des Arméniens de la diaspora rapatriés en Arménie, une des républiques de l'URSS, après la Seconde Guerre mondiale.

Ce récit a le mérite d'être un témoignage direct. Tous les faits, les dates, les jours, les années et les lieux sont rigoureusement exacts, et les personnages, authentiques.

Ce destin extraordinaire, vraie leçon d'adaptation, de rage de vivre, d'amour, de souffrance, a été celui de milliers d'autres personnes même si, pour chacune, les drames sont restés personnels, uniques, avec des issues plus ou moins tragiques.

Dans le cadre de l'histoire de ma famille, j'ai essayé de présenter leur vie quotidienne entre les années 1948 et 1975 de l'autre côté du « rideau de fer », particulièrement la vie de ceux qui ont choisi, de bon gré, de vivre sous le régime communiste pour l'amour de leur patrie.

Le drame qui se déroulait dans ce minuscule pays qui leur était hostile au début, mais aimé malgré tout, n'était jamais totalement noir. Le courage, l'espoir, l'amour étaient toujours là.

Et malgré une aventure périlleuse, ces nouveaux arrivés ont appris et entièrement assimilé les trois valeurs essentielles de la vie en communauté : l'amour, le partage et une disposition merveilleuse à voir le bon côté des choses. Avec des moyens limités, ces gens-là se débrouillaient pour créer autour d'eux un peu de joie qui les aidait à franchir tous les obstacles. Ce pays communiste était devenu leur « université de la vie », dont le diplôme facilitera plus tard leur réinsertion dans les pays occidentaux.

La naissance de ce livre n'est pas due au hasard. De son vivant, mon père, Joseph Marikian, a essayé en vain de trouver un auteur qui serait prêt à écrire son histoire. Personne ne répondant à l'appel, il a abandonné l'idée.

Des années plus tard, ma sœur, notre amie Mireille et moi conversions un soir autour d'une table. En écoutant distraitement les propos échangés, j'écrivais sur un bout d'enveloppe les idées qui me passaient par la tête. Et… à mon plus grand étonnement, après leur avoir lu mon gribouillage, les deux amies ont estimé que j'avais du style et toutes les deux, sans aucune hésitation, m'ont suggéré d'écrire l'histoire de mes parents. Au début, j'ai accepté pour le simple plaisir, toujours très consciente de mes qualités limitées d'écrivaine. Ce n'est que quelques jours plus tard, alors que j'entamais déjà le second chapitre, que nous avons trouvé tout à fait par hasard les notes de mon père, cachées depuis 19 ans. Devant toutes ces informations de première main, et ce doigt du destin, je me suis trouvée comme investie sérieusement d'une mission et comme obligée de m'engager dans ce projet qui est devenu un devoir de mémoire. C'est ainsi qu'a pris naissance le récit de ces destins que vous allez lire.

Ma vie dans la prison du M.G.B.

Après le Retour de Marée par le port sur la mer Caspienne où il y a la colline "le "Nabi Dagh", la colline du Prophète c.a.d. le port de Kracnovodck à/s Bakou à Erevan

J'ai été consigné à la prison de sinistre mémoire M.G.F. de la rue Nalbandian — On m'a examiné de fond en comble, même à l'intérieur de l'anus, et dans l'estomac, et le soir même, commençais la ronde infernale des "dopross", enquête juste au moment, vers les 2 ou 3 h du matin lorsque v/s n'en pouvez plus et tombez d'épuisement, on vide votre cellule Outcheraïck/ et on vous traîne devant l'inspecteur qui vous demande pour la nullième ; et alors "allez-vous nous dire qui vous envoyé en URSS et pour quel pays travaillez-vous ? Tant que mon esprit était en place je répondais le répété ; je ne travaillais pour Personne J'étais tout simplement venu grâce à en. élan, une force subite de patriotisme qui dormait en moi et qui s'est réveillé lorsqu'à 2h matin je descendais du navire russe "Pobeda" j'ai eu entendu des airs arméniens qui m'ont beaucoup secoué, ému à tel point que je me suis à pleurer, 'choses' que je n'avais jamais faite auparavant

J'étais frappé, giflé, insulté bafoué, et mon inspecteur, un certain Grégoire Tutungian, a même menacé de mettre "la chemise", si je persister, selon lui à ne pas avouer, le but de ma présence en Arménie

Par la suite, j'ai entendu, qu'effectivement, il avait ordonné de me mettre dans "la chemise élastique, mais le médecin de la prison lui aurait déconseillé car faible tel que j'étais, je n'aurais pas pu résister

Dans la prison (suite)

Il y avait, dans les cellules à côté un professeur
arabe ou syrien-libanais qui avait emigré en Armenie
avec sa femme et ses enfants et ses enfants. —

Il pleurait tout le temps. — ça me tapait sur les
nerfs, et pour effacer la mauvaise influence, je chantais
des airs d'opérette : la Tonkinoise la fille de M.me Angot
des Czardash, qui faisaient rager les geôliers. —

Ceux-ci, venaient et me menaçaient des pires
represailles, mais je continuer car je savais mourir
pour mourir vaut mieux mourir debout en chantant
que couché en pleurant. —

J'étais dans "Ogunorka" c. a. d. dans une cellule
isolée, au 3.ème Etage du sous-sol, les pieds souvent dans très froide
l'eau — ne devant pas avoir contact avec aucun
visage humain sauf l'enquêteur de 2h du matin. —

La nourriture m'était donné à travers une ouverture
de la porte de fer, au travers duquel je ne voyais que
une main au maximum !

Ce régime carceral des K.G.B. est perfectionné
à tel point, qu'il peut venir à bout de la
personne au bout d'un bref séjour et rare et
très rares sont les personnes qui ont résisté. — la
meilleure politique c'est de reconnaître une chose que
tu n'a pas faite, pourvu que tu sortes momentanement
de leurs griffes. — quitte à esperer que l'avenir te donnera
une chance à ton tour . . . . . .

Presque 3 mois j'ai séjourné dans "odunorka"
après quoi il y a eu cette espèce de farce de jugement
à portes fermées sans avocat, où j'ai été condamné
pour 10 années de trav. forcés en Syberie — 5 années d'exil, et 5 années
exclusion du droit de vote

PREMIÈRE PARTIE

Le génocide

Chapitre 1

Marie dans le camp

L'été de 1915 en Turquie était exceptionnellement chaud. Une température écrasante avait envahi les régions nord-est de la Turquie, là où habituellement l'air frais était toujours au rendez-vous. Même le coucher du soleil n'arrivait pas à rafraîchir cet air devenu stationnaire.

Mais un événement plus inhabituel encore se déroulait à travers le territoire de ce pays. En effet, depuis quelque temps déjà, on pouvait constater le mouvement ininterrompu d'une multitude de personnes qui traversaient les montagnes…

C'était la nuit du 13 juin. Légèrement au sud de Sivas, une ville située dans la partie nord-est de la Turquie, une drôle de caravane, formée de centaines de personnes, avait pris possession du plateau montagneux. Tout ce qu'on pouvait voir dans cette nuit au clair de lune c'étaient les feux du camp et quelques silhouettes d'hommes qui, comme les sentinelles, étaient de faction.

La nuit était déjà bien avancée, mais le sommeil tardait à venir. Couchée sur la terre humide, à la belle étoile à côté de ses enfants et parmi des centaines d'autres gens, une femme n'arrivait pas à trouver le repos. Elle rêvait d'être ailleurs, d'être coupée de cette réalité intolérable, de ne plus entendre ces gémissements, ces pleurs et ces phrases incohérentes qui lui parvenaient de partout. Elle se tournait et se retournait, essayait de se boucher les oreilles, de se cacher la tête entre ses bras, mais en vain. Ce silence tant désiré la fuyait.

Cette masse humaine, formée en majeure partie de femmes, de vieillards et d'enfants, déambulait des montagnes, kilomètre après kilomètre, s'arrêtant de temps en temps au gré des soldats turcs et kurdes, puis repartait. Personne ne savait combien de temps ils allaient encore marcher et où ils iraient ensuite.

Ces pauvres gens ne savaient pas encore qu'ils étaient les victimes du premier génocide de leur siècle, que les dirigeants du gouvernement turc avaient décidé d'éliminer et de se débarrasser de tous les Arméniens de l'Empire ottoman et que les officiers turcs avaient, à cet effet, reçu des directives bien précises : chaque soldat de l'armée turque savait que lors du massacre, les fusils ne devaient pas retentir pour ne pas attirer indûment l'attention ; que sur le sol de la Turquie (dont une partie, pourtant, appartenait aux Arméniens), il ne devait rester aucune âme arménienne ; qu'il pouvait impunément égorger les adultes mâles, choisir pour la nation les plus belles filles et déporter les autres.

Cette femme-là ne connaissait pas ces détails, mais elle savait déjà que sur ce chemin vers l'inconnu, la mort les guettait à tout moment.

Marie, c'était le nom de cette jeune femme qui, après s'être tournée dans tous les sens, se leva enfin et, regardant ce ciel où quelques étoiles scintillaient encore, commença à prier.

L'arrivée du soleil ne devait pas tarder et Marie constata avec soulagement qu'au moins cette nuit-là, elle avait été épargnée des raids des soldats. En effet, presque chaque nuit, ces soldats avec des torches fumantes se promenaient dans le camp à la recherche de jeunes filles dont les voix stridentes, peu de temps après, déchiraient la nuit en glaçant le sang dans le cœur de leur mère, qui, dès la première lueur du jour, se mettait à errer dans le camp, le regard hagard et fou de douleur.

Il n'y avait qu'une semaine que Marie et ses trois fils avaient été forcés à joindre cette horde d'Arméniens déportés, mais ce laps de temps lui avait été suffisant pour comprendre l'ampleur de leur malheur et de leur impuissance devant cette force brutale. Les journées étaient remplies de scènes d'horreurs. Marie savait que rien n'effacerait de sa mémoire le visage d'un petit garçon qui avait braqué son pistolet jouet sur un soldat. Ce dernier, d'un bond, s'était rué sur le petit pour lui arracher le jouet et le cloua au sol en posant le pied sur la tête de l'enfant. Puis, s'adressant à la foule pour exprimer toute la haine qu'il éprouvait, il hurla :

— C'est ainsi que j'écraserai une à une la tête de chaque giaour (nom péjoratif donné à un non-musulman) qui oserait lever la main sur l'homme d'Allah !

Et brutalement, de son pied, il broya la tête de ce petit garçon âgé à peine de trois ans...

Le soleil était encore à l'horizon quand l'ordre de se lever retentit dans le camp. Tous l'exécutèrent tant bien que mal, en s'aidant et se soutenant l'un l'autre, et la caravane se mit en route. Les enfants pleuraient, les vieillards traînaient difficilement leurs jambes, quelques-uns tombaient, mais la caravane, résignée, avançait.

Après cinq heures de marche continuelle, ils s'arrêtèrent au bord de l'Euphrate. La vue de l'eau souleva dans la foule assoiffée des cris de joie, et quelques-uns sans attendre l'autorisation se ruèrent vers le fleuve. Mais quelques minutes plus tard, ces courageux assoiffés payèrent de leur vie les quelques gouttes d'eau avalées... tombés d'un coup de yatagan (épée).

Marie, témoin de cette nouvelle horreur, retint ses deux aînés de se lancer vers l'eau, mais son petit Joseph, qui n'avait que quatre ans, lui échappa et se mit à courir, ne portant aucune attention aux cris de sa mère. Un soldat au bord de l'eau qui nettoyait le sang collé à son sabre saisit le petit et, devant les yeux horrifiés de sa mère, le projeta dans le fleuve. Marie, avec le cri d'un animal blessé, s'effondra sans connaissance. À ce même moment, Jean, son fils aîné âgé de 10 ans, courut repêcher son petit frère dans les eaux de l'Euphrate déjà rougies par le sang des innocents...

Le soir venu et après 10 kilomètres de marche, la caravane s'arrêta pour la nuit. Marie, épuisée, se jeta par terre et, serrant ses fils, essaya de s'endormir.

Au milieu de la nuit, elle s'éveilla en sursaut, mais en voyant ses fils dormir paisiblement, pelotonnés les uns contre les autres, elle se calma et s'allongea de nouveau. Des pensées sombres traversèrent son esprit et un découragement la saisit. Le petit espoir qu'elle gardait au fond de son cœur s'effaçait graduellement laissant Marie en proie à l'angoisse. Et elle commença à prier aussitôt, pour ranimer sa foi, pour retrouver son courage, pour rester en vie, au moins, ne serait-ce que pour ses fils. Cette prière la calma un peu, mais elle ne put trouver le sommeil. Alors, elle chercha à comprendre la raison de ce cauchemar qu'elle partageait avec tant d'autres. Elle ne savait comment expliquer cet inexplicable. Cette réalité incompréhensible que seul Dieu connaissait. Comment comprendre toutes ces horreurs? À quel moment et pourquoi cette haine était-elle née contre toute une nation? Marie ne trouvait pas la réponse, car cette réponse était enfouie dans le labyrinthe de l'histoire de son peuple.

CHAPITRE 2

Histoire de l'Arménie

Ce qui avait provoqué la déportation de Marie et de sa famille ne représentait rien de nouveau dans ce coin de la planète. Située aux confins de deux mondes, l'Arménie n'a cessé au cours des temps d'être la cible des ambitions territoriales de ses voisins.

L'apparition des Arméniens sur la scène de l'histoire remonte au VIIe siècle av. J.-C. sur le plateau de l'Anatolie orientale. L'origine du peuple arménien demeure complexe à déterminer avec exactitude. Certains historiens ont tendance à assimiler les Arméniens aux Phrygiens. Le Royaume arménien, selon la tradition, aurait été fondé dans la région du lac Van, située à l'est de la Turquie actuelle, par Haïk au début du VIe siècle av. J.-C.

Les premières décennies du IIe siècle av. J.-C. marquèrent un tournant décisif dans l'histoire de l'Arménie antique. Ce fut en effet l'époque durant laquelle l'Arménie jouissait, sur le plan politique, d'une puissance qu'elle ne devait jamais plus connaître par la suite. Le point de départ de cette évolution fut la fondation de la dynastie des Artaxiades dont le principal représentant fut Tigrane le Grand. Pendant son règne, l'Arménie connut sa plus grande expansion territoriale, devenant à la fois l'alliée et la plus puissante rivale de Rome. Le pays s'étendait des deux côtés (est et ouest) de l'Euphrate, dans la partie centre-nord-est de la Turquie contemporaine, et remontait jusqu'à Batoumi, sur la mer Noire, incluant aussi les terres de la république d'Arménie actuelle.

La chute du royaume de Cilicie (1375 apr. J.-C.) et l'établissement de l'Empire ottoman marquent, pour le peuple arménien, le début d'un processus de désagrégation de l'unité politique nationale et une longue période de domination étrangère.

Aujourd'hui, une partie des terres ancestrales arméniennes qui s'étendait de la mer Méditerranée à la mer Noire se trouve dans le territoire de la Turquie, seule survivante du vaste Empire ottoman. Ce dernier a été fondé par les Turcs Seldjoukides en 1299 et n'a cessé d'exister qu'en 1922 après la déclaration de la République turque par Mustafa Kemal Atatürk, le « père de tous les Turcs ».

Durant des siècles, l'idéologie dominante de l'Empire était le panturquisme, dont le but, entre autres, était d'unir l'Asie Mineure, le Caucase, la Crimée et les régions bordant la Volga, et ainsi transformer la mer Noire en une mer intérieure de la Turquie. Mais un des obstacles à la réalisation de ce rêve était la présence du pays des Arméniens chrétiens, enclavé parmi les pays musulmans.

Pour arriver à ses fins, le gouvernement ottoman utilisa tous les moyens possibles : convertir de force la population chrétienne à l'Islam, lui imposer des impôts exorbitants ou encore réprimer dans le sang toute expression de mécontentement. Cette politique sanguinaire eut raison de milliers d'Arméniens qui, désespérés, quittèrent au fil des siècles leur pays et prirent le chemin de l'exil, pour assurer leur survie. Les autres continuèrent à apporter leur contribution dans tous les domaines de la vie du pays, tout en s'accrochant farouchement à leur religion, à leur langue et à leur culture.

Ce n'est qu'en 1878, lors de la signature du traité de San Stefano, après la victoire des Russes contre la Turquie, que la « question arménienne » fut soulevée pour la première fois sur le plan international. Selon ce traité, à part le transfert de quelques régions arméniennes vers la Russie, les signataires (la Russie, l'Angleterre, la France, l'Allemagne, la Turquie, l'Italie et l'Austro-Hongrie) devaient protéger les Arméniens demeurés sous l'Empire contre toute agression turque. Mais les propres intérêts politiques des pays signataires passaient bien avant la protection des Arméniens, de telle sorte que leur situation précaire ne changea guère. Les Turcs, interprétant l'indifférence des puissances signataires comme un feu vert, et voulant se débarrasser une fois pour toutes du problème arménien, mirent en marche leur politique d'élimination totale et déclenchèrent le premier massacre des Arméniens dès 1893.

En 1914, deux millions de citoyens ottomans d'origine arménienne vivaient dans l'Empire ottoman. Ces Arméniens enseignaient, construisaient, labouraient leurs terres, tentant de cohabiter pacifiquement avec le peuple turc, dans le respect de sa propre foi et de sa propre identité.

Chapitre 3

L'enfance de Joseph et le génocide

Mars 1915. La petite ville de Tokat, située dans la partie centre-nord du pays, comptait alors un peu plus de cinquante mille habitants. L'endroit n'avait rien de particulier et ressemblait à toutes les autres agglomérations du pays, «englouties» sous la verdure, les pins, les arbres fruitiers.

La famille Marikian y habitait depuis plusieurs générations. C'était une grande famille, car si on comptait tous les oncles et les tantes, tous les cousins et les cousines, directs ou par alliance, le chiffre atteignait plus de deux cents personnes.

La maison des Marikian avait été construite avant la naissance de leur premier fils, Jean. L'emplacement de la maison avait été choisi par l'épouse, car, pour elle, chaque foyer arménien devait avoir un accès facile à son église. Et le sien, elle l'avait fait construire près de l'église catholique arménienne, qui était pour elle «le centre de sa nourriture spirituelle». La famille allait souvent à l'église, sans toutefois prendre une part active aux affaires communautaires.

C'était une maison à deux étages, avec une très grande cave. Les pierres grises des murs n'étaient pas taillées comme celles des maisons avoisinantes. Au deuxième étage, sur la façade, un petit balcon en bois tenait en place grâce à deux grosses poutres à ses extrémités. Juste sous ce balcon se trouvait la porte d'entrée décorée de deux volets blancs et entourée, de chaque côté, par quatre fenêtres. Derrière la maison coulait une petite rivière, la Kizil Yamak, dont l'eau était tellement claire qu'on y voyait nager les poissons. Un petit chemin étroit, pavé de pierres larges et un peu délabré, montait vers une petite colline où se trouvait l'église.

La vie était animée autour de cette maison située sur une rue principale qui se scindait en trois autres. L'habitation n'était pas très spacieuse, mais rien n'y manquait pour en assurer le confort. Au premier étage, on trouvait une très large cuisine avec fourneaux et étagères et en son milieu, une immense table toujours couverte d'une nappe verte. Les grandes fenêtres, avec leurs rideaux verts, laissaient pénétrer un flot de lumière. Adjacente à la cuisine se trouvait la salle à manger. À l'intérieur de celle-ci se trouvait la table, qui pouvait accommoder 12 personnes, avec ses chaises, un buffet bas et long placé en face de la fenêtre, et un buffet vitrine dans un coin.

De l'autre côté de la porte principale, toujours au premier étage, se trouvait le salon, un grand espace aux murs ocre dont le centre était occupé par deux longs divans l'un en face de l'autre avec de petites tables de chaque côté et une table basse au milieu. Dans un coin trônait un piano. Deux fauteuils, recouverts d'un tissu vert foncé, et une autre table basse se trouvaient à chacun des trois autres coins de la pièce. Quelques tableaux, peints d'une main timide par l'époux Marikian, décoraient les murs. Une deuxième porte de ce salon donnait accès à la bibliothèque où l'on découvrait une impressionnante collection de livres.

Un seul coup d'œil à cette demeure était suffisant pour constater que le vert était prédominant. Pour Marie, cette couleur était le symbole de l'espoir et de la confiance.

Le deuxième étage était entièrement réservé aux quatre chambres à coucher.

Les enfants Marikian garderaient de leur maison le souvenir d'un caravansérail toujours rempli de monde, d'une table toujours animée d'invités, de connaissances, de gens de passage. « Tout hôte est un cadeau de Dieu » était l'incontournable devise familiale.

Dans leur immense cave, transformée en véritable entrepôt, s'amoncelaient sur des étagères toutes sortes de fruits: des abricots secs et des raisins, des lamelles de pommes séchées à côté de grosses figues, de belles pêches vidées de leur noyau et remplies de noix mélangées de sucre et de cannelle. On trouvait aussi des gâteaux croquants aux fruits secs, particulièrement adorés des enfants. Pour eux, c'était une véritable «caverne d'Ali Baba», et les trois garçons Marikian la fréquentaient assidûment pour remplir leurs poches de tous ces délices.

Malgré un mariage arrangé par les deux familles, l'amour s'était installé entre Marie et Karapet dès leur première rencontre et durait toujours depuis maintenant 15 ans. Les deux conjoints étaient instruits et aimaient lire, s'informer et échanger des idées sur des sujets variés. D'ailleurs, chaque samedi soir, leur salon se transformait en authentique centre culturel où les amis du couple se rencontraient pour des discussions animées sur la vie, la politique et l'art. Plus tard, Karapet devint commerçant prospère et exportateur de fruits secs.

Cependant, depuis son dernier voyage d'affaires, Karapet Marikian semblait très préoccupé. Son sourire facile et sa bonne humeur avaient subitement disparu, et il passait ses soirées au sein de discussions interminables avec ses compatriotes dans le sous-sol de l'église: en effet, des nouvelles très alarmantes étaient arrivées de Constantinople où vivaient environ 150 000 Arméniens, dont un fort pourcentage était composé de professionnels et d'intellectuels. On comptait parmi eux des écrivains, des poètes, des compositeurs renommés, des médecins, des avocats et des professeurs, ce qui faisait de cette ville un foyer culturel arménien. Selon les dernières informations reçues, le gouvernement turc avait déjà commencé à éliminer, toujours par petits groupes, des intellectuels arméniens. On entendait également des rumeurs d'un projet d'élimination massive du peuple arménien selon un programme machiavélique élaboré et mis en marche par Talaat, Enver et Djemal Pashas, les trois dirigeants du parti des «Jeunes-Turcs», officiellement connu sous le nom de Comité Union et Progrès.   .

Un jour, après son retour de l'église, Karapet demanda à sa femme de préparer le café et de venir le retrouver dans le jardin où, à l'ombre des amandiers, il la mit au courant des terribles événements qui se déroulaient alors sur tout le territoire de la Turquie. Il lui expliqua que le gouvernement turc avait décidé de procéder à un nettoyage ethnique et de débarrasser «son» territoire des Arméniens. Le funeste programme était déjà en marche: l'élimination de l'élite arménienne avait déjà commencé. Il ajouta aussi que bientôt, les gendarmes turcs auraient carte blanche pour exterminer tous les Arméniens, sans exception. À la question de Marie sur les raisons de cette extermination, son mari lui répondit:

— Devant la force brutale, les raisonnements sont inutiles. Qui sait s'ils n'ont pas peur de nous? Pensent-ils qu'un jour les Arméniens voudront revendiquer leurs terres?... La seule chose que je sache, c'est qu'il faut, par tous les moyens, quitter ce pays.

— Je ne peux pas imaginer que ce peuple avec qui nous cohabitons depuis déjà des siècles puisse et veuille nous éliminer. Que nos voisins turcs, si aimables et si gentils, puissent nous faire du mal, répondit sa femme.

— Marie, le jour où le sang commencera à couler, ces individus formeront une meute et toute humanité disparaîtra de leur cœur... Maintenant, écoute-moi attentivement. Je veux faire tout mon possible pour nous faire sortir d'ici. Mais si, par malheur, je disparaissais avant de réussir, promets-moi de sauver mes fils et de garder intacte leur foi...

En guise de réponse, Marie, les yeux pleins de larmes, posa sa tête sur la poitrine de son mari.

Deux jours plus tard, les Arméniens perdaient le droit de voyager et tous s'attendaient désormais au pire.

Leurs craintes étaient fondées. Quelque temps plus tard, au mois de mai 1915, les soldats turcs faisaient irruption dans la maison pour la piller de ses biens les plus précieux et emmener le chef de famille Marikian. Sa femme se retrouva seule avec ses trois fils: l'aîné, Jean, qui n'avait que 10 ans; le cadet, Grégoire, âgé de 8 ans et son benjamin, Joseph, âgé de 4 ans. Comme l'avait prévu le père, amis, voisins et domestiques turcs se détournèrent de Marie. L'amitié, le voisinage et les bons rapports disparurent en un clin d'œil. Seul le maire, qui était un ami de longue date de Marikian, se présenta à la maison. D'abord, il annonça à Marie que son mari avait été fusillé, puis il lui suggéra d'embrasser l'Islam pour avoir la vie sauve, elle et ses fils. Mais elle savait déjà que, à aucun prix, elle ne renierait sa foi ni ne laisserait ses fils devenir musulmans.

Marie n'était pas la seule éprouvée. La majorité des familles arméniennes de la ville avaient aussi perdu leurs hommes. Et les pauvres femmes, restées seules avec leurs enfants et leurs parents âgés, cherchaient désespérément des moyens de sortir de ce guêpier. Elles espéraient vainement trouver un refuge en dehors des murs de cette ville maudite.

Après mûre réflexion, Marie conçut un plan pour organiser sa fuite avec ses enfants : dans un premier temps, elle devait s'éloigner à tout prix de Tokat. Une fois à Constantinople, Marie était sûre de pouvoir monter avec ses enfants sur un navire pour l'Égypte où elle avait de la famille. Pour réaliser ce projet, elle se rendit au bazar du dimanche et acheta, pour un prix exorbitant, deux chevaux. Puis, elle chercha à se procurer une charrette. Vu que son voisin de longue date refusait toute aide à une giaour, à une impure, Marie fut obligée de se rendre à l'autre bout de la ville et, vêtue comme une paysanne turque, put enfin se procurer la charrette tant convoitée.

Dans la nuit du 3 septembre 1915, Marie attela ses deux chevaux, plaça ses fils dans la charrette et, sans regarder en arrière, donna un coup de fouet… Malgré qu'elle laissait derrière elle la maison où elle avait été heureuse et cette ville qu'elle aimait tant, aucune larme ne coula sur ses joues ; seule une forte détermination la poussait à mettre au plus vite une distance entre elle et Tokat.

À Ghanghal (Kangal), elle fut obligée de faire une halte pour laisser les chevaux se reposer. Tout le monde était descendu sauf Grégoire, son cadet, quand on entendit des coups de feu. À ce bruit, les chevaux prirent le mors aux dents et, dans un galop effréné, emportèrent la charrette et Grégoire avec elle.

Avant de retrouver enfin son fils en pleurs, sans chevaux ni charrette, sur le bord du chemin, Marie vécut un désespoir indicible. Ces retrouvailles éperdues firent oublier à la famille la consigne qu'elle s'était donnée de ne pas parler leur langue maternelle : à ce moment-là, quelques soldats turcs qui se trouvaient à proximité de la scène les entendirent parler arménien et les forcèrent à rejoindre plusieurs centaines d'autres Arméniens, installés un peu plus loin dans un camp. Comprenant qu'elle ne pouvait plus rien faire, Marie et ses trois fils suivirent docilement les soldats vers le camp. Elle savait que, dorénavant, ils feraient partie de ces gens déracinés, dépouillés et, surtout, destinés à être massacrés pour la simple et unique raison d'être nés Arméniens.

Leur pitoyable caravane était fortement encadrée par des soldats armés. Les gendarmes turcs, de concert avec les Kurdes, débordaient de zèle pour conduire ces gens, sans armes, ni biens ni nourriture, vers une destination pour le moment inconnue à travers des espaces désertiques, loin de toute agglomération et des puits d'eau.

Chapitre 4

L'arrivée en Égypte

L'aurore pointait déjà à l'horizon et Marie qui n'avait pas fermé l'œil continuait à chercher désespérément la réponse à ses questions. Elle ignorait que sa présence dans ce camp avait été planifiée depuis fort longtemps. Elle ignorait aussi que la destinée de son peuple avait été scellée à la cire rouge par des barbares et qu'elle n'était qu'une poussière dans cette machine machiavélique.

Et les jours passaient, devenant des semaines dans une routine d'une cruauté absolue, où plusieurs de ces misérables tombaient d'épuisement pour ne jamais se relever, rendant leur âme sous un coup de yatagan. D'autres perdaient tout simplement la raison pour cesser de souffrir.

Après une centaine de kilomètres de marche, cette caravane de squelettes vivants arriva à proximité de la ville d'Ourfa où d'autres groupes, formés toujours de femmes, d'enfants et de vieillards, les rejoignirent pour continuer leur périple vers le désespoir et la mort.

Chaque jour, ces femmes et leurs enfants recommençaient à gravir leur calvaire, assoiffés et affamés, les yeux exorbités. Et malgré tout cela, chaque matin, ils recommençaient à chanter le cantique *Aravot Lousso* (*La lumière du matin*) pour raviver le peu d'espoir qui leur restait. Durant ces marches forcées, ces femmes innocentes étaient brutalisées à coups de crosses de fusils, violées par des brutes aux yeux injectés de sang, kidnappées par les Kurdes.

Après des jours et des jours dans ces conditions, Marie sentit ses forces lui manquer. Elle rêvait de mourir, de s'écrouler pour ne plus jamais se relever. Mais chaque fois qu'elle voyait son fils Jean, pieds nus, tirant par la main son frère Grégoire et son Joseph, toujours accroché aux lambeaux de sa jupe, elle retrouvait l'énergie nécessaire pour continuer et même dire à ses enfants: «Encore un peu, encore un petit peu, mes chéris. Jésus viendra et Il nous sauvera.»

Au bout de quelques semaines de marche forcée, leur caravane arriva à Deir ez-Zor, ce désert qui serait le Buchenwald arménien...

Ce long et terrible passage dans le sable chaud restera à jamais gravé dans la mémoire de Marie et de ses enfants. Comment pourraient-ils oublier ces compagnons de route qui, se mourant de soif, s'étaient jetés un jour sur une mare d'eau saumâtre et empoisonnée pour devenir le jour suivant, après d'horribles souffrances, des cadavres jaunes au ventre gonflé? Comment pardonner à ces gendarmes turcs qui, au même moment, buvaient leur eau fraîche dans un gobelet, impassibles et indifférents?

Un matin, en se réveillant, Marie ne trouva plus son fils aîné à ses côtés. Elle en fut horrifiée. Elle savait très bien que, souvent, les enfants mâles disparaissaient dans la nuit et que leur mère ne cessait alors de hurler leur nom... Ces pauvres femmes erraient parmi cette foule déjà indifférente dans l'espoir de retrouver leur fils.

Prenant ses deux fils par la main, Marie commença, comme les autres, à hurler le nom de Jean, mêlant ainsi son nom aux innombrables autres appels. Elle ne cessa, toute la matinée durant, de poursuivre sa recherche et ce n'est que quelques minutes avant que ne soit donné l'ordre de se relever et de repartir qu'elle aperçut soudain son fils endormi à côté d'un cadavre.

Et la marche continua sous un soleil écrasant, hallucinant.

Les petites sœurs et les petits frères s'effondraient, mais personne ne réagissait plus... sauf leur mère qui, sans un mot, s'agenouillait pour tracer une croix sur le front de son bambin, puis se relevait ensuite et continuait son chemin sans regarder en arrière, hébétée de douleur.

Au bout de deux mois de calvaire, la silhouette de la ville d'Alep se dessina enfin au loin. Cette ville devait être leur destination finale.

Le jour où ils arrivèrent à Alep, le désert de Deir ez-Zor avait englouti des centaines de corps et il ne restait de leur caravane que quelques dizaines de survivants. Dans des conditions épouvantables, la famille avait parcouru, à pied, une distance de huit cent vingt kilomètres environ.

Ce que Marie ignorait à la fin de cet horrible chemin, c'est que le génocide avait emporté la vie d'un million six cent mille Arméniens et que malgré tout, ce crime resterait toujours démenti, non reconnu et impuni[1].

Alep était pleine de réfugiés. Toutes les églises arméniennes fonctionnaient à plein régime. La population arménienne de la ville était réunie autour de ces églises et, sans se ménager, s'était mise au travail pour venir en aide aux rescapés du massacre. Des bénévoles, en majorité des Arméniens auxquels se mêlaient quelques Syriens, travaillaient d'arrache-pied, collectant des couvertures, des matelas, des ustensiles, des vêtements pour les redistribuer aux familles. Ils trouvaient des gîtes, cherchaient du travail pour ceux qui étaient encore capables de travailler, organisaient des cours pour enseigner aux enfants en âge d'apprendre. Les médecins de la région mettaient sur pied les

---

1. Après la Première Guerre mondiale, le 10 août 1920, les pays victorieux (contre l'Allemagne et la Turquie) signèrent le traité de Sèvres. Selon l'article 89, la Turquie et l'Arménie devaient reconfigurer leurs frontières sous l'arbitrage des États-Unis. Et le président T. W. Wilson, en 1922, avait effectivement présenté la nouvelle carte de l'Arménie. Mais encore une fois, les intérêts de chaque pays participant s'avérèrent bien plus importants que leurs promesses d'amitié et de l'aide qu'ils devaient apporter à la nation arménienne. Comme le disait Benjamin Disraeli (premier ministre d'Angleterre en 1866 et de 1874 à 1880) : « Mon pays n'a ni ennemis permanents ni amis permanents. Ce ne sont que ses intérêts qui sont permanents. » Cette absence de reconnaissance de ce premier massacre du siècle dernier a permis à un autre tyran sanguinaire, nommé Hitler, de prononcer cette autre phrase du même calibre : « Qui se souvient du massacre des Arméniens ? »

dispensaires ambulatoires pour les malades. La ville entière participait à l'aide humanitaire, malgré les attaques continuelles de l'ennemi et les bombardements.

Le patriarcat arménien catholique accueillit les Marikian qui passèrent une semaine à dormir sur des dalles et à manger le peu que l'Église pouvait leur offrir. Puis, Marie trouva du travail comme gouvernante et professeure de français chez un banquier, un certain Nasri Hamsi. En compensation de ce travail, ce dernier lui offrit, en guise de résidence, une cave dans une maison entièrement détruite par des bombes. Marie fit de son mieux pour dégager et nettoyer ce petit espace des débris, des pierres, des amas de ferraille, des saletés, vestiges d'une guerre où les bombardements aériens avaient été pour la première fois utilisés par les forces en présence. Et le soir venu, quand ses enfants, blottis les uns contre les autres, sommeillaient, Marie Marikian faisait sa prière à haute voix pour remercier Dieu d'avoir sauvé ses enfants de cet enfer.

Un jour, tôt le matin, les cris de terreur de Jean avaient réveillé la famille. Marie et ses deux fils avaient accouru vers lui. Là, sur le seuil de la porte, ils avaient découvert un chat mort qui tenait un gros scorpion noir entre ses pattes. La mère, devant ce spectacle horrible, se tourna vers ses fils et leur assura qu'encore une fois le Seigneur les avait sauvés de la mort en mettant ce chat errant entre ce scorpion et eux. Et, levant les yeux au ciel, elle remercia son Jésus pour sa bienveillance.

Un mois plus tard, elle commença à donner des leçons privées de français et d'arabe et, avec l'aide de l'Église, elle put trouver des écoles permanentes pour ses enfants. Ses deux plus grands suivaient des cours dans une petite école française, tandis que son benjamin, Joseph, était interne à l'école des sœurs allemandes d'Alep, les Liebeschwester Annunziata. Ce choix était motivé avant tout par le fait que chacun devait apprendre la langue de l'ennemi, car Marie était persuadée que l'Allemagne était l'instigatrice du génocide arménien. Mais la raison encore plus importante était de forger le caractère de son benjamin qui devenait de plus en plus dépendant de sa mère. Et cet établissement, où la discipline était rigoureuse, semblait plus approprié selon Marie.

À Alep, les trois fils Marikian avaient retrouvé «leur enfance». Après l'école, ils parcouraient les rues de la ville en jouant, en criant ou en courant avec d'autres garçons arméniens. Souvent, l'un d'eux rentrait à la maison avec fierté, ayant une charge très lourde pour son âge, traînant soit un sac de lentilles, soit une grosse boîte de macaronis trouvés dans les magasins bombardés par l'aviation anglaise. Et Marie, sans demander d'explications, remerciait le héros de la journée et confectionnait alors un bon plat.

La vie dans cette nouvelle ville n'était facile pour personne. Marie, en plus d'enseigner, effectuait aussi d'autres travaux pour pouvoir payer la scolarité de ses fils. Elle était très fatiguée, mais heureuse de voir ses enfants «revenir» graduellement à la vie.

Un jour, par le plus grand des hasards, Marie rencontra son cousin, le docteur Ohan Zamarian, qui vivait à Jablah, à cent cinquante kilomètres au sud-est d'Alep. Celui-ci reçut la famille Marikian à bras ouverts et l'hébergea pendant plus d'un an. Mais Marie rêvait d'aller en Égypte où ses cousins paternels l'attendaient. Et elle savait que le seul moyen d'y arriver, c'était de passer par Beyrouth où le frère de son mari pourrait l'aider à réaliser son rêve.

En 1920, Marie Marikian, avec l'aide de son cousin et de son beau-frère, put enfin entreprendre ce voyage et emmener ses enfants à Alexandrie. Cette ville serait sa dernière destination.

Pendant les deux premières semaines, la famille logea à l'hôtel Adana avec des orphelins arméniens. Et le jour où le Near East Relief expédia tous ses orphelins vers les États-Unis, Marie faillit perdre son Joseph qui avait été embarqué sur le bateau par erreur. Avec beaucoup de difficultés, elle réussit à prouver l'identité de son enfant et à le récupérer.

Un mois après, Marie enseignait le français dans une école et, après avoir appris la couture, devint la couturière personnelle de Mme Guzel, dont la famille s'occupait d'œuvres de bienfaisance.

En 1927, Jean l'aîné, qui avait alors 22 ans, quitta l'Égypte pour la France afin d'y étudier à l'École polytechnique. Celui-ci ne retournerait plus jamais à Alexandrie.

Grégoire, le cadet, suivit son aîné en France pour poursuivre des études en architecture et au terme desquelles il revint en Égypte pour s'y installer définitivement.

Quant à Joseph, après avoir terminé ses études au collège Saint-Marc d'Alexandrie, il se spécialisa en comptabilité en suivant quelques cours à la Sorbonne, puis reçut le titre de comptable agréé. À partir de 1939, il travailla chez Van Der Zee, une compagnie de transport fluvial de marchandises.

Marie Marikian et ses trois fils, à Alep, 1915.

Deuxième partie

L'entre-deux-guerres

> Nous nommons *fatalité* l'enchaîne-
> ment logique de conséquences de nos
> actions.
>
> Gustave Le Bon

CHAPITRE 5

La famille Kalepdjian
et la naissance de Sonia

Nous sommes en 1916, au mois de janvier. Le soleil brillait dans le ciel d'Alexandrie, ville écrasée sous le poids de son histoire millénaire et surnommée par tous «La perle de la Méditerranée». La population de cette métropole, sorte d'amalgame de natifs du pays et de plusieurs groupes ethniques, avait pu y créer, avec le temps, une atmosphère particulière où les cultures européenne et orientale cohabitaient en parfaite harmonie[1].

Loin du bruit assourdissant de cette métropole, la rue Ambroise Rally sombrait dans une apathie silencieuse sous les

---

1. La présence des Arméniens sur la terre d'Égypte débuta au XIIIe siècle. Après la chute du Royaume arménien de Cilicie entre les mains des mamelouks d'Égypte, des milliers de jeunes Arméniens furent déportés vers l'Égypte et conscrits. Une autre vague de migration se répéta vers les années 1800. Ces Arméniens, cultivés et mieux éduqués que les autochtones, furent pour la plupart engagés par Mohamed Ali (1805-1849) comme fonctionnaires dans les administrations de l'État. L'un d'eux, Noubar Noubarian, connu sous le nom de Noubar Pacha, était même devenu premier ministre de l'Égypte moderne. Durant le règne de Mohamed Ali, les Arméniens formaient une communauté organisée avec sa première école, fondée en 1828, et ses deux Églises. La dernière migration des Arméniens vers l'Égypte eut lieu immédiatement après le génocide en 1915. Les Arméniens réfugiés en Égypte, au nombre d'environ 12 500, étaient surtout concentrés au Caire et à Alexandrie. Dans ces deux villes, ils avaient établi des écoles, des journaux, différents clubs sociaux et sportifs de façon à assurer à leurs membres une vie communautaire très active.

chauds rayons du soleil de l'après-midi. La lumière pénétrait partout, sans laisser une parcelle d'ombre où se réfugier.

La villa des Kalepdjian, qui se situait juste au croisement des rues Ambroise Rally et d'Orphy Pasha, occupait un vaste terrain clôturé par une haute haie d'arbustes et par une grille massive de fer forgé qui laissait entrevoir l'entrée majestueuse de cette demeure.

C'était une très belle maison, d'une architecture typique des pays où le soleil est omniprésent — une bâtisse de trois étages, de couleur crème, avec de grandes persiennes et un large balcon entourant la maison.

À l'arrière de cette villa, on pouvait apercevoir le jardin qui, en plus d'être immense, comportait un aspect insolite. En effet, cet espace était magnifique, parfaitement entretenu avec un gazon fourni et bien taillé, bordé de rangées de fleurs saisonnières et d'arbustes luxuriants plantés selon un plan méticuleusement conçu. Mais curieusement, la partie ouest du côté du mur contrastait mystérieusement avec le reste. Cette partie avait été carrément laissée en friche. On avait l'impression qu'au départ, le jardinier avait voulu reproduire un morceau de paradis, mais, pour une raison inexplicable, il s'était arrêté au milieu de ses travaux, laissant le terrain à l'abandon.

Dans la partie nord, juste à côté du garage, une vaste surface avait été aménagée pour jouer au croquet. Les deux côtés de l'entrée étaient délimités par des rangées de fleurs et des buissons de roses qui parfumaient l'air dès l'arrivée du printemps.

Dans le coin gauche derrière la grille, toujours devant la maison, se trouvait un potager où les tomates rouges voisinaient avec les concombres allongés, les aubergines et autres légumes, à la plus grande joie du cuisinier de la maisonnée.

Il n'était que cinq heures de l'après-midi, mais les lumières dans presque toutes les chambres étaient allumées et on sentait une fébrilité dans l'air.

Domestiques et maîtres se déplaçaient en pressant le pas : l'un apportait de l'eau chaude, l'autre sortait, tenant une pile de serviettes, le troisième se précipitait avec une large cuvette. Tout ce monde entrait et sortait toujours par la même porte, laissant imaginer qu'un événement de haute importance se déroulait à l'intérieur de cette chambre.

Malgré tout ce va-et-vient, le grand salon restait plongé dans la pénombre. Ses portes étaient closes et aucun bruit ne dérangeait le silence oppressant de ce lieu.

Un homme de grande taille, debout devant la fenêtre, demeurait immobile. Son allure imposante était en parfaite harmonie avec sa tenue vestimentaire : un deux-pièces de couleur sombre très bien coupé, et à son cou, une cravate brun clair avec des rayures serrées. Le bout d'un mouchoir blanc dépassait de la poche supérieure de son veston.

Il ne bougeait pas. Seuls les doigts de sa main gauche qui froissaient nerveusement le tissu épais du rideau trahissaient son émoi.

Il s'agissait de Vahan Kalepdjian, le maître des lieux.

Il était né en 1880 dans le petit village de Kadik, sur le Bosphore, en Turquie. Son père, Avedisse Kalepdjian, était commerçant de tissus. Grâce à son sens inné du commerce, il avait pu élargir son champ d'action et accaparer pour ses produits une partie du marché de Constantinople et d'Alexandrie. Vers 1895, quand les premières altercations entre Arméniens et Turcs commencèrent, le père Kalepdjian décida de déménager et de s'installer en Égypte avec sa femme, ses deux fils et ses deux filles.

Vahan, son fils, était un très bel homme : un visage racé, un front large, une peau claire, mais ses joues avaient, depuis toujours, une coloration rougeâtre. Ses sourcils épais jetaient une ombre sur ses yeux au regard perçant et quelque peu ombrageux. Il avait les cheveux noirs et des lèvres très sensuelles. Son nez aquilin et sa moustache, toujours impeccablement taillée, donnaient une certaine sévérité à ce beau visage.

On aurait cru avoir affaire à un châtelain bien nanti. Même s'il n'était pas très riche, sa fortune lui permettait un train de vie enviable. Il travaillait en effet à la Banque Barclay's, à titre de gestionnaire financier, et ses connaissances dans ce domaine lui permettaient de gérer judicieusement ses avoirs personnels.

Durant leurs six années de mariage, une belle complicité s'était installée entre sa femme, Satenik, et lui. Ensemble, ils avaient construit cette villa et y avaient créé une atmosphère chaude et sereine où il faisait bon vivre. C'était un homme heureux et la seule chose qui lui manquait était les rires d'enfants. Était-ce aujourd'hui, enfin, qu'allait se réaliser son désir d'avoir cet enfant qui allait remplir le vide laissé par le premier, le beau Jiraïr, emporté par une pneumonie à l'âge de neuf mois ? Il ne savait pas pourquoi, mais les souvenirs du jour de la naissance de son premier bébé et de son départ se mêlaient à toutes les histoires cauchemardesques racontées par une poignée de rescapés du génocide.

Les images du passé se mélangeaient à celles du présent, tournoyaient dans sa tête à une vitesse telle que le pauvre homme avait de la difficulté à les maîtriser...

« Et maintenant, se disait-il, un an après l'atrocité du génocide arménien, la venue de cet enfant va probablement apaiser mon cœur meurtri et, quelque part, venger les enfants massacrés :

« Oui, il est vrai que les autres, les étrangers, les "grandes nations", ont tous ignoré cette tuerie en fermant les yeux et en se bouchant les oreilles, en ne portant aucun secours à ce peuple plusieurs fois millénaire, le laissant partir à la dérive dans l'espoir que l'histoire allait vite l'oublier.

« Mais nous, les Arméniens, n'oublierons pas ces pages noires écrites par les mains des Turcs ; nous vengerons nos morts. Et notre vengeance se fera par la naissance de nos enfants ! Et moi, Vahan, qui fais partie de ce peuple, aujourd'hui, je vais donner naissance à mon enfant qui, Dieu le garde, dira un jour qu'il était là, qu'il est et qu'il sera ! »

Depuis quelques heures déjà, sa femme avait senti ses premières contractions, mais on n'entendait pas les pleurs du nourrisson. « Que se passe-t-il ? » se demandait Vahan quand, tout à coup, la porte s'ouvrit et sa belle-sœur Haïkouhi fit irruption dans le salon en criant :

— Vahan ! Vahan ! C'est une jolie petite fille qui est née !

Puis, elle disparut aussitôt.

Vahan avait très bien entendu ce cri, mais il resta encore quelques minutes sans bouger. Ce n'est que quelques instants plus tard que, tranquillement, sa main lâcha le morceau de rideau froissé et, se tournant sans se presser, il se félicita en disant : «*Atchkernice louice** (lumière à nos yeux : félicitation).» Une petite larme coulait sur sa joue. Ensuite, lentement, il se dirigea vers la chambre de sa femme pour voir le bébé qui deviendrait sa petite Sonia et remercier Satenik pour ce beau cadeau.

Satenik et Vahan Kalepdjian en 1910.

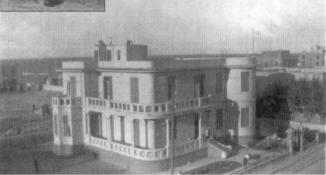

La maison des Kalepdjian juste après sa construction en 1911.

---

*   Les mots en italiques suivis d'un astérisque renvoient au glossaire à la fin du livre.

CHAPITRE 6

Satenik et la naissance de Zi

Trois ans plus tard, à l'aube d'un jour qui s'annonçait plutôt chaud pour un mois de mars, Satenik ouvrit les yeux. La chambre était encore dans la pénombre et son mari dormait paisiblement. Elle décida que c'était le moment de se lever, mais elle éprouva quelques difficultés à descendre de ce grand lit à cause de la lourdeur de son corps. Satenik était de nouveau enceinte et l'accouchement était proche.

En allant vers la salle de bains, elle jeta un regard plein de tendresse vers son mari et, se penchant vers lui, donna un baiser sur le front de cet homme qui avait su, par sa gentillesse, se faire aimer d'elle. Émue par ce sentiment, Satenik leva ses yeux vers le plafond et, au-delà de celui-ci et silencieusement, comme elle en avait l'habitude, remercia son Dieu pour ce bonheur, pour ce mari avenant, pour leur petite fille Sonia, pour ce bébé qui arriverait bientôt et aussi pour sa famille... pour tout.

Il était déjà six heures du matin. «Dans une heure, toute la villa allait se réveiller et là, je n'aurai pas 15 minutes à moi», songea-t-elle. Ces 15 minutes qu'elle prenait chaque matin lui donnaient la liberté d'errer dans le jardin, de saluer ses fleurs, d'analyser les événements de la veille, de planifier sa journée et de savourer sa solitude.

Elle entra dans la salle de bains, ouvrit le robinet et laissa l'eau couler jusqu'à ce qu'elle devienne très froide. Elle aimait sentir l'effet de cette eau glacée sur sa peau. En aspergeant son visage à trois reprises, elle sentit, comme chaque matin, l'énergie se réveiller en elle et lui procurer un très grand réconfort.

De retour dans sa chambre, elle s'arrêta devant le miroir. Elle avait en face d'elle une femme de 26 ans vraiment belle, trouvait-elle malgré ses rondeurs. Son visage d'un ovale parfait et ses grands yeux, munis de cils longs et drus, lui donnaient l'air d'un ange. Sa peau satinée et lisse accentuait ses yeux verts, parsemés de points dorés, qui impressionnaient tout le monde. Elle le savait et on le lui avait souvent répété.

Elle en avait assez de se regarder dans le miroir et elle releva vite ses cheveux en chignon, choisit dans sa garde-robe sa robe verte préférée avec son col blanc en dentelle et, jetant un regard pour la dernière fois dans le miroir, quitta sa chambre et se dirigea vers le jardin, lieu de sa visite matinale.

Le soleil avait à peine commencé sa ronde journalière et on entendait, ici et là, les chants de quelques oiseaux matinaux. En se déplaçant doucement parmi les fleurs, en en caressant quelques-unes avec les doigts, en saluant mentalement chaque plante, elle commença à planifier sa journée. «D'abord, se dit-elle, il faut descendre à l'office pour discuter du menu avec Moussa et envoyer ensuite Abdou acheter le nécessaire...»

De plus, elle se rappela aussi qu'elle devait confectionner avec le cuisinier un goûter spécial pour les amis de son mari qui, chaque samedi, se réunissaient chez eux pour quelques parties de trictrac avant le thé. Très souvent, ils étaient accompagnés de leur femme et alors, dans le petit salon, on ouvrait les deux tables de poker, une pour les femmes et l'autre pour les hommes.

Aujourd'hui, c'était le jour du poker et Satenik avait beaucoup à faire. Mais avant tout, elle s'était dit qu'elle devait prendre sa petite Sonia dans ses bras dès qu'elle se réveillerait. Cette enfant était si douce et si angélique que parfois elle se demandait si elle serait capable d'aimer ses autres enfants. À cette pensée, Satenik posa doucement ses mains sur son ventre, salua son petit garçon et l'assura de son amour. Elle était sûre qu'elle portait un garçon.

Alors qu'elle se dirigeait vers la maison, son regard fut attiré encore une fois par la laideur de la partie en friche du jardin. Combien de fois avait-elle posé la même question à son beau-père, Avedisse, pour comprendre les raisons de cette petite friche au milieu de tant de beauté. Et lui, qui aidait souvent les jardiniers, répétait toujours la même phrase: «Un jour, tu comprendras.»

Satenik était sûre que ce jour n'arriverait jamais et elle se promit de parler au jardinier pour qu'il plante des hortensias, car, d'une part, l'endroit serait excellent pour ces arbrisseaux et, d'autre part, cette laideur disparaîtrait.

Encore cinq minutes de flânerie et Satenik se dit que le temps du café rituel du matin était presque arrivé et en faisant un demi-tour, elle prit le chemin vers la maison. Chaque matin, sa sœur, Haïkouhi Garabed, qui habitait avec sa mère, son mari et ses filles dans les appartements du deuxième étage de la villa, descendait en apportant sur un plateau un pot de café armé-nien bien chaud, trois tasses à café et une petite assiette remplie de biscuits.

Comme à l'habitude, avant même que Satenik n'arrivât près des escaliers du balcon, sa sœur sortait déjà de la maison, toujours le même plateau en main, suivie de leur mère, Haïkanoush. Cette dernière, âgée seulement d'une quarantaine d'années, avait sûrement été une beauté dans sa jeunesse. Elle s'était mariée à l'âge de 14 ans à un commerçant arménien de 20 ans son aîné. Son mari, Avedisse Basmadjian, vivait dans l'aisance et avait pu offrir à sa femme une vie agréable et confor-table, malgré le fait qu'il eût été emporté par une crise cardiaque à l'âge de 45 ans. Et Oumma, le surnom que ses petites-filles lui avaient donné, avait dû élever seule ses deux filles. Chaque jour, elle bénissait Dieu qui avait permis à ses enfants devenues adultes de pouvoir créer, chacune de son côté, une vie familiale enviable et lui donner trois petites-filles qu'elle adorait.

Chaque matin, les trois femmes se réunissaient donc pour parler de tout: de leurs enfants, des potins sur le présent et le passé. «Une conversation de femmes», comme disaient les hommes.

Mais ce jour-là, la conversation n'eut pas lieu, car Satenik sentit avant de monter les escaliers les premières contractions, suivies tout de suite par d'autres si fortes que la pauvre femme en eut les larmes aux yeux. Immédiatement, Haïkouhi courut vers sa sœur tandis que Oumma rentra en criant à l'intérieur de la maison, mobilisant tout le monde et envoyant Abdou, le plus jeune des domestiques, chercher la sage-femme. Vahan se précipita de son côté sur le balcon, prit sa femme dans ses bras et la conduisit dans leur chambre.

Une fois de plus, en l'honneur de la petite Zarouhi, le va-et-vient infernal recommença, comme cela avait été le cas en janvier 1916.

CHAPITRE 7

La naissance de Lévon

Dans le petit salon de la villa, toute la famille se trouvait réunie : les Kalepdjian et les Garabed. Vahan jouait au trictrac avec son beau-frère devant la fenêtre ouverte. Satenik et Haïkouhi bavardaient tranquillement en faisant leur broderie dans l'autre partie du salon. Leur mère, Haïkanoush, assise dans un fauteuil, les pieds sur un pouf égyptien, lisait l'hebdomadaire de l'église arménienne.

Dehors, le soleil se couchait et une très légère brise faisait trembloter les rideaux de tulle. L'air embaumé des senteurs de fleurs pénétrait par vagues dans le salon, au rythme de la brise. C'était une journée de fin d'août de l'année 1920.

De l'autre côté des murs du salon, on entendait parfois les cris stridents des enfants se mêlant à ceux de leurs nounous. Et c'était à qui, dans les deux camps, crierait le plus fort. Après une dizaine de minutes de vacarme, le retour du silence indiquait que tout cela s'était terminé par la victoire des deux nounous grecques, qui avaient pu, enfin, mettre les quatre filles au lit.

Les deux sœurs grecques, qui travaillaient là depuis déjà trois ans, étaient arrivées en Égypte avec les Kalepdjian à leur retour de vacances en Grèce. Elles étaient les filles du propriétaire de la maison que la famille Kalepdjian avait louée lors de leur séjour à Mytilène. Le père des deux filles, M. Panatis, charmé par le couple Kalepdjian, avait donné son consentement pour que ses deux filles, Photiny et Androniki, suivent la famille en Égypte où elles devaient apprendre le français et où, en échange, elles s'occuperaient des enfants de la famille Kalepdjian.

La troisième nounou, qui avait été engagée dernièrement, Zabèlle Zakarian, était plutôt une éducatrice. Elle enseignait aux enfants à bien parler arménien, à dessiner, à apprendre de petits poèmes, à danser et souvent, elle accompagnait les Kalepdjian dans leurs sorties à l'Alhambra avec leurs enfants.

Après deux parties de jeu, Haïkouhi et Jean montèrent chez eux, suivis de Oumma. Satenik et Vahan restèrent seuls. C'était le moment où le couple avait l'habitude de s'asseoir face à face et de jouer une ou deux parties d'échecs avant d'éteindre les lumières et de rester dans le noir, devant la fenêtre, à bavarder de tout et de rien.

Ce soir, Satenik mit son mari au courant de tous les préparatifs qu'elle avait entrepris pour leur réception prochaine en l'honneur de son anniversaire. Ensuite, ils évoquèrent aussi leur prochain voyage en Grèce et en Allemagne, bien sûr hypothétique pour le moment. Ils voulaient revoir Charlotte et Béatrice, les deux sœurs aînées de Vahan. Cela faisait 10 ans déjà que Charlotte, après s'être mariée, vivait à Berlin, non loin de sa sœur Béatrice, qui l'avait suivie peu de temps après son mariage.

Vahan se déclara d'accord avec sa femme pour se rendre à Berlin, en passant par la Grèce où ils ramèneraient Photiny dont le stage était terminé.

Puis, la conversation se poursuivit à propos des œuvres de charité de Satenik. Elle raconta à son mari qu'elle avait fait la connaissance d'une jeune rescapée du génocide et que l'Église lui cherchait une famille d'accueil. Elle demanda à son mari ce qu'il pensait de l'idée d'engager cette fille qui répondait au nom de Màryam. Son mari lui promit d'y réfléchir. Puis, ils parlèrent de leurs enfants et quand le sujet porta sur le prénom de leur futur bébé, dont la naissance était prévue dans deux semaines, Vahan dit à sa femme :

— Tu sais, Satène, je me suis souvenu d'un livre que j'ai lu il y a très longtemps. C'était un livre sur les rois d'Arménie et un de ces rois, qui m'a fortement impressionné, s'appelait Lévon. Trahi par ses généraux, il a préféré quitter son pays et, avec l'accord du roi de France, aller se réfugier dans les terres où aujourd'hui serait située la ville de Lyon. Je ne sais si c'est vrai ou non, mais on dit que cette ville a été bâtie par ses hommes en guise de remerciements au roi de France. Et j'aimerais, si notre enfant est un garçon, qu'il s'appelle Lévon. Qu'en dis-tu?

Satenik regarda longuement son mari et, avec un hochement de la tête, donna son accord.

Il était déjà tard et le couple se leva, main dans la main, pour se diriger vers sa chambre.

Quatre jours à peine s'étaient écoulés depuis qu'ils avaient décidé du prénom du bébé que toute la maison de nouveau était sur le pied de guerre. Mais tout ce brouhaha ne dura pas plus d'une heure que le nouveau-né était arrivé. « C'est un garçon! C'est un garçon!» criait Oumma joyeusement. Ces mots résonnaient avec bonheur aux oreilles de Vahan. « Je l'ai eu, j'ai eu mon petit Lévon. Maintenant je suis comblé», se disait Vahan, et on sentait une fierté toute masculine dans sa joie débordante. Une fois dans la chambre, il contempla sa femme, allongée, les yeux fermés, qui tenait dans ses bras un petit paquet: son fils.

Chapitre 8

L'anniversaire de Satenik

C'était une magnifique journée du mois de mai. Le jardin s'était de nouveau transformé en un immense bouquet de fleurs. Le printemps avait pris possession de la terre. Partout, des couleurs innombrables s'opposaient ou s'assemblaient harmonieusement. Le rouge des fleurs s'opposait au vert des feuillus, les têtes violettes allongées des lilas contrastaient avec le cœur des fleurs jaunes, et quelques fleurs sauvages multicolores, disposées librement et au hasard, complétaient ce resplendissant tapis floral.

C'était le jour de l'anniversaire de Satenik. Vers six heures de l'après-midi, tous les préparatifs étaient en place. La villa, noyée dans les lumières, était prête à recevoir ses invités.

Satenik était resplendissante dans sa nouvelle robe. C'était un ensemble composé d'une jupe et d'une blouse, les deux s'unissant juste au-dessous de la poitrine. La jupe en taffetas bourgogne foncé, descendait en s'élargissant jusqu'aux chevilles. La blouse, confectionnée à partir d'une guipure très délicate de couleur crème, avait un col profondément échancré en V, et les manches arrivaient aux coudes. De son épaule gauche, un petit bouquet de roses rouges, joliment arrangé, descendait sur le bord de l'échancrure pour se terminer juste au point d'union avec la jupe.

Ses cheveux étaient savamment ramassés en chignon, sauf une petite frange laissée libre sur le front. De profil, on voyait dans ses cheveux quelques roses rouges miniatures qui s'harmonisaient parfaitement avec celles de son épaule. Elle était presque prête pour la soirée. Il lui restait à choisir le bijou qui allait mettre en valeur sa tenue. Dans l'écrin, elle trouva le dernier cadeau offert par son mari pour la naissance de leur fils. C'était un collier et des boucles d'oreilles sertis de rubis et de diamants, des pierres d'une pureté extraordinaire.

Son mari, déjà habillé, aida sa femme à boucler le collier. Satenik, en se tournant, examina son mari et, ne trouvant rien à redire, lui donna un baiser et sortit de la chambre pour aller jeter un dernier coup d'œil aux préparatifs.

Quand Satenik entra dans la grande salle à manger, un des garçons engagés chez Trianon, le fameux pâtissier d'Alexandrie, était en train d'arranger les bouquets de fleurs.

L'imposante table, au milieu de cette salle immense, était couverte d'une nappe jaune pâle, bordée d'un liséré brodé de fines feuilles vertes. Cette jolie décoration avait demandé presque deux mois de travail quotidien à Satenik et à Oumma.

Les dossiers de 16 chaises, autour de la table, étaient sculptés. Le tissu qui recouvrait les sièges était assorti, par sa couleur et sa texture, à celui des rideaux. Sur la table étaient posés deux longs chandeliers aux deux extrémités avec un bouquet de fleurs au milieu. Le service, frappé des armoiries familiales et qu'on sortait pour les grandes occasions, était en place. Les verres en baccarat, en tête de chaque service, étincelaient sous les lumières de deux grands lustres suspendus au-dessus de la table.

Le buffet, situé à gauche de la porte d'entrée, croulait sous le poids de pâtisseries variées arrivées tout droit de chez Trianon et Athinéos.

Après s'être assurée que tout était parfait dans la salle à manger, Satenik se dirigea vers l'office, au premier étage, où se trouvait la cuisine. Le centre de cette pièce était occupé par une large table et des chaises en chêne, couvertes d'un tissu imprimé. Tout le mur, à gauche de la porte d'entrée, était occupé par des appareils ménagers. En face se trouvaient des poêles, munis de chromes étincelants et contre le mur du fond, les fourneaux. Dans un coin se trouvait la glacière qu'Abdou avait la responsabilité de garder pleine de victuailles en tout temps.

Au moment où Satenik arriva, le chef Moussa donnait les dernières instructions. Sur la table de cuisine, les hors-d'œuvre joliment arrangés étaient déjà prêts. Il restait à décorer l'imposant saumon avec de la mayonnaise et quelques légumes cuits. Sur les réchauds, les plats chauds attendaient déjà d'être servis. La grande soupière remplie de soupe froide préparée selon une nouvelle recette attira l'attention de Satenik, qui la goûta délicatement et la trouva exquise. Ensuite, elle se dirigea vers Abdou qui sortait du four les pâtes aux fromages et aux épinards. Satenik adorait ces pâtés et voulut déjà en prendre un, mais, réprimant son envie, elle échangea quelques mots avec Moussa, puis remonta.

Dans le hall, sa mère parlait à sa fille Haïkouhi et on apercevait Vahan et Jean qui discutaient sur le balcon.

Vers sept heures, les premiers invités commencèrent à arriver. Les petits groupes se formèrent et les conversations allèrent bon train.

Une demi-heure plus tard, tout le monde prenait place autour de la table. Les deux garçons de chez Trianon assuraient le service. Les mets appétissants se succédaient et une conversation joyeuse et insouciante animait le dîner. Après avoir bu pour la dernière fois à la santé de Satenik, tous les invités à la suite de leurs hôtes se dirigèrent vers le grand salon où les digestifs étaient offerts. Quelque temps après, les hommes, quittant leur femme, se retrouvèrent sur le balcon où, sous le ciel étoilé, ils commencèrent à parler surtout de politique. Leur premier sujet de conversation fut le génocide arménien. Après avoir allumé sa pipe, un invité, M. Spandjian, leva son index pour attirer l'attention, comme il en avait l'habitude, et dit :

— Je suis outré. À Genève, l'année dernière, tous les pays de la Ligue n'ont pu arriver à un consensus sur les questions arméniennes. Comment pouvez-vous m'expliquer cela ?

— Je sais, avait répondu M. Papazian, un ami de Vahan, c'est à cause de l'Allemagne que les pourparlers ont échoué…

Et il avait à peine fini sa phrase que tout le monde se mit à parler. Personne ne s'écoutait. Un certain Benvenisti, un homme qui aimait la paix avant toute chose, intervint en disant :

— Calmez-vous, mes amis... Si ce problème n'est pas réglé aujourd'hui, il le sera sûrement demain. Pour le moment, on sait que le président Wilson avait promis d'aider l'Arménie en lui prêtant...

Et le problème arménien fut débattu de nouveau pendant quelques minutes jusqu'au moment où Vahan, voulant calmer l'atmosphère, tourna habilement la conversation sur les autos en disant que l'usine Ford commençait déjà à fabriquer un million de voitures par année. Le sujet captiva ces messieurs. Et ainsi s'écoula la soirée.

Les femmes restées seules se divisèrent en deux groupes. Celles qui préféraient jouer aux cartes avaient pris place autour des tables de jeux et les autres, restées assises, continuaient leur conversation animée. Le sujet prédominant était la mode. L'hôtesse parla d'un article qu'elle avait lu dans un magazine féminin.

— Il paraît qu'à Chicago, les femmes portant des jupes courtes et ayant les bras nus sont passibles d'une amende pouvant atteindre 100 $.

Une invitée répliqua du tac au tac :

— Quand les femmes remplaçaient les hommes, durant la guerre dans les usines, personne ne les taxait...

Oumma, qui écoutait jusque-là sans dire un mot, osa émettre son opinion :

— Ils font très bien. Je trouve immoral qu'une femme se dénude en public.

Et la conversation se poursuivit, mais ici aussi, comme au balcon, chacune avait une opinion arrêtée sur tout.

C'était vers minuit que le dernier invité quitta la villa.

Dès le lendemain, la vie de la famille reprit sa routine habituelle. Comme chaque matin après sa promenade dans le jardin, Satenik, passant par la chambre des enfants, se dirigeait vers la salle à manger où son mari l'attendait pour prendre le petit-déjeuner.

Sur la table, un troisième couvert était destiné au père de Vahan. Le vieil homme était constamment en retard, non qu'il manquait de ponctualité, mais les déformations de ses os, dues à l'arthrite et à toutes les douleurs endurées au fil des ans, ne lui permettaient plus d'avoir l'agilité d'antan. La disparition de son fils aîné, Léo, minait aussi sa santé et l'avait vieilli prématurément. Il préférait prendre ses repas dans sa chambre, mais son fils ainsi que sa bru insistaient pour que le père soit à table avec eux.

Après le petit-déjeuner, Vahan partait pour son travail, Avedisse sortait dans le jardin et Satenik se remettait à ses tâches quotidiennes jusqu'à une heure de l'après-midi, moment du prochain repas.

Vahan, qui rentrait du travail chaque jour à midi et demi, avait l'habitude, après le déjeuner, de s'installer dans son fauteuil préféré, d'allumer son cigare et d'ouvrir son journal pour une lecture qui durait, comme toujours, le temps du cigare. Tout de suite après, il s'enfonçait dans une sieste bienheureuse avant de repartir au bureau.

Pour Satenik, mis à part les jeudis et les vendredis, la période située entre le déjeuner et le dîner était consacrée à des tâches variées : la correspondance, vérifier les comptes, aider le cuisinier dans la préparation de certains mets ou bien, si le temps le lui permettait, lire ses magazines féminins. Les deux jours qui lui restaient étaient réservés à une partie de cartes ou au thé de cinq heures au Sporting Club, avec sa sœur et des amies.

Le soir venu, les deux filles du couple rejoignaient souvent leurs parents avant d'aller se coucher. Lévon, encore très petit, ne participait pas à ces réunions. Sonia et Zi aimaient beaucoup se faire transporter sur le dos de leur père. Vahan ne refusait jamais et, sous le regard souriant de sa femme, il se mettait par terre à quatre pattes et faisait le poney pour chacune d'elles. Parfois, Satenik se mettait au piano, jouait des airs, et tout le monde se rassemblait alors et chantait.

Vers neuf heures et demie, les enfants, fatigués, embrassaient leurs parents pour la nuit et allaient se coucher. Enfin seul, le couple profitait un peu de la quiétude du foyer en jouant une partie d'échecs et éteignait ensuite les lumières, mettant ainsi fin à leur journée.

Ainsi s'écoulait, sereinement, cette vie familiale, où chacun avait ses repères et prenait le temps de vivre et de partager des instants harmonieux et sans histoire.

CHAPITRE 9

L'histoire d'Avedisse

L es années passèrent. Le seul changement survenu dans la villa était la présence de Màryam, cette orpheline arménienne qui était entrée dans la famille en 1921. C'était une fille d'une quinzaine d'années. Il n'avait pas été possible de retracer la date exacte de sa naissance à cause des déplacements multiples des orphelins du génocide. On savait seulement qu'elle était née en Turquie et que ses parents avaient été massacrés. Màryam et son petit frère avaient eu la vie sauve grâce à un missionnaire anglais du nom de White. Ce dernier rassemblait des orphelins errants et les envoyait en Égypte.

C'était une fille de grande taille à la peau foncée et aux yeux noirs incrustés profondément dans le visage. Un nez ordinaire et des mâchoires fortes et carrées complétaient le portrait de cette jeune fille. Elle n'était pas belle, mais elle avait un cœur d'ange. Màryam était très douce, très bonne, et l'amour que tous les membres de la famille lui manifestèrent fit d'elle un être entièrement dévoué à la famille. Et d'ailleurs, elle lui resterait fidèle jusqu'à son dernier souffle.

Avec le temps, Satenik était devenue sa *kouyrik** et Oumma, sa *mayrik**. À l'office, elle occupait la grande chambre adjacente à la salle de jeux des enfants où elle trouvait tout le confort nécessaire à son bien-être. En peu de temps, cette villa était devenue son havre de paix, son point d'ancrage.

La présence de Màryam avait beaucoup allégé les journées de Satenik. Elle aimait sincèrement cette fille et avait une confiance aveugle en elle. Et, progressivement, Màryam prit en charge l'organisation de la villa dans son entier. Elle était aussi d'une aide inestimable dans les soins que Satenik et sa mère donnaient au vieil Avedisse.

Le beau-père de Satenik était cloué au lit depuis une attaque d'hémiplégie et il dépendait entièrement du dévouement de ces trois femmes. Souvent, Satenik s'asseyait près du vieil homme avec un journal arménien et lui lisait les nouvelles.

Avedisse, qui parlait rarement de son fils disparu, avait commencé, ces derniers temps, à demander à sa bru de lui lire surtout la page intitulée « Avis de recherche et de retrouvailles », espérant toujours retrouver les traces de son Léo. Quelques mois plus tard, l'état d'Avedisse s'aggrava, et le médecin de famille confia qu'il n'y avait plus beaucoup d'espoir.

Un jour, le beau-père demanda à sa bru de ne pas quitter la chambre après la séance de lecture et de rester avec lui, car il avait quelque chose à lui dire. Satenik resta donc sur sa chaise et attendit patiemment que son beau-père retrouve son souffle pour s'exprimer. Le vieux prit alors appui sur ses mains pour se redresser et, ramenant décemment sur lui les couvertures, commença:

— Tu sais Satène, lui dit-il, tu voulais savoir depuis longtemps pourquoi une partie du jardin restait en friche. Aujourd'hui, je vais te répondre. Je ne voulais pas faire cela avant, car j'espérais… C'était un rêve de vieux fou…

Et un sourire tordu illumina son visage, mais qui ne changea en rien la tristesse perceptible de son regard.

— Il y a de cela des années, continua Avedisse, alors que nous étions en Turquie, mon père avait construit notre maison. Nous possédions un grand terrain devant la maison où mon père avait planté plusieurs arbres fruitiers. Il laboura la terre partout, sauf une petite partie, dans un coin, qu'il laissa intacte, exactement comme ici, dans ton jardin. Les années passèrent et, quelques jours avant mon mariage, j'avais décidé que j'en avais assez de cette partie abandonnée. Alors, j'ai commencé à labourer la terre et à planter des arbres à mon tour. Je me rappelle très bien mon père, assis devant la maison, qui fumait son *tchibough*, une sorte de pipe, en me surveillant. Quand j'eus terminé mon travail, mon père se leva et, s'approchant de moi, m'embrassa. Il me dit alors qu'à partir de ce jour, il était assuré que son foyer resterait toujours vivant. Ses paroles sont encore gravées dans ma mémoire: «Nous les Arméniens, avait-il dit, nous sommes un peuple de la terre. Nous bâtissons avec nos mains. Or, une famille dont les fils n'ont pas les mains rudes avec la peau craquelée et des parcelles de terre collées aux ongles ne peut pas prospérer. La terre est là pour être labourée, pour être cultivée et, comme une femme, n'a pas le droit de ne pas donner de fruits.»

Après un long silence, Avedisse reprit la conversation.

— Et c'était de mon devoir, en tant que fils aîné, de garder cette terre vivante, comme l'âme d'une famille. Alors à mon tour, en travaillant avec les jardiniers, j'ai laissé intentionnellement cette partie en friche, pensant en vain qu'un jour, mon aîné reviendrait… et donnerait vie à cette terre. Mais…

Et il se tut. Ses yeux, qui avaient déjà perdu leur vivacité, se remplirent de larmes.

Tôt le lendemain, Satenik frappa à la porte d'Avedisse. N'obtenant aucune réponse, elle l'ouvrit doucement. Le vieillard, allongé dans son lit, avait les yeux fermés. Elle eut un pressentiment et essaya, de loin, de percevoir des mouvements respiratoires sous la couverture. «Oui, il respire… non…», et en s'approchant près de son lit, elle posa ses mains tremblantes sur le front de son beau-père. Le vieil homme était parti avec sa peine.

Satenik savait qu'elle devait quitter cette chambre, qu'elle devait courir pour avertir son mari et sa famille, mais, au lieu de cela, elle prit les mains d'Avedisse et les serra dans les siennes et, penchant sa tête vers lui, elle pleura doucement. Les larmes inondaient ses joues, mais avec chaque larme, sa décision se raffermissait.

Quand elle se leva, elle savait déjà que cette partie du jardin continuerait à rester en friche en espérant qu'un jour, son propre fils perpétuerait cette vieille tradition arménienne.

Huit ans s'étaient alors écoulés depuis le décès d'Avedisse.

Sonia, l'aînée, avait déjà 14 ans. C'était une fille un peu rondelette et sa mère surveillait constamment sa nourriture. Elle avait un visage aux traits presque parfaits. On voyait qu'elle allait devenir une très belle demoiselle.

Elle fréquentait le lycée français d'Alexandrie. Ce n'était pas une élève douée, mais elle était studieuse, surtout dans les matières qu'elle aimait le plus: la littérature et l'histoire. Elle adorait les poèmes et récitait Racine, Rimbaud et Verlaine. Par contre, elle avait des difficultés avec les maths et le piano. Depuis six ans déjà, Sonia se posait la même question: «Je me demande encore combien de temps il faudra à ma mère pour qu'elle comprenne qu'elle ne pourra pas "m'accrocher des oreilles fines" et puis pourquoi ces Chopin, Mozart et compagnie ne pouvaient pas être des enfants normaux? Écrire de la musique, quelle idée!»

Sa sœur Zi étudiait dans une école arménienne. Chaque jour, invariablement, elle répétait, à tous ceux qui voulaient l'entendre: «Je ne veux pas écrire. Ces lettres ne sont même pas jolies. Tout le monde apprend le français, sauf moi. Un jour, je serai grande et je ferai ce que je veux et personne ne me punira. Et aussi, je serai la plus belle, tout le monde me le dit.» Effectivement, Zi était déjà belle. Elle était blonde avec des yeux bruns, très clairs, et avait les lèvres de son père. Son visage était d'un ovale parfait avec une peau très blanche. Ajouter à cela un caractère indépendant et on pouvait imaginer les ravages qu'elle ferait à l'âge adulte.

Lévon était un enfant très doux et obéissant, et ressemblait physiquement beaucoup à sa mère. Il était maigrichon, et sa mère le priait toujours de manger davantage. Il avait un attachement particulier pour les femmes de sa vie: sa mère, sa Oumma et Màryam. Il allait à la même école que Zi, mais contrairement à sa sœur, Lévon ne trouvait aucune laideur dans les lettres de l'alphabet arménien.

Tous les trois participaient aussi aux activités parascolaires. Sonia et Zi étaient membres de l'équipe de basket-ball et prenaient part dans tous les événements sociaux de la communauté. Lévon, de son côté, était impliqué dans le mouvement scout arménien. Et le couple Kalepdjian veillait vaillamment qu'aucun malheur ne vînt perturber cette vie paisible et heureuse.

Chapitre 10

La jeunesse de Sonia

Sur le balcon de la villa, par une belle journée printanière, une jeune femme, debout, arrangeait des fleurs dans un vase. Ses mouvements étaient alertes, mais sans brusquerie. Elle portait une robe blanche parsemée de petits bouquets rouges et verts. La robe avait une ouverture carrée au cou, dont la lisière était complètement verte. C'était une robe d'été, longue jusqu'aux genoux avec des manches courtes. La ceinture, portée sur les hanches, était étroite et de même couleur verte.

La demoiselle n'était pas très en chair, mais pas maigre non plus. Ses cheveux bruns, divisés par une raie au milieu, étaient ramassés sur sa nuque. Son visage était légèrement carré et sa bouche, bien dessinée par le contour de ses lèvres rouges. Sa mâchoire supérieure avançait faiblement, de telle sorte que les lèvres entrouvertes permettaient de voir des dents alignées, très blanches et très belles, comme un collier de perles. Son front était étroit et ses sourcils arqués, pas très drus. Ses paupières supérieures descendaient légèrement du côté externe et cachaient ainsi une partie de chaque œil. Ses yeux d'une couleur miel attiraient les regards. Ils étaient extrêmement animés, et on aurait dit que l'énergie vibrait dans ses yeux espiègles. Pour compléter le tout, elle avait un petit nez plutôt étroit et des pommettes saillantes.

Au premier abord, on aurait pu dire qu'elle était très belle. Mais ce qui la caractérisait était plutôt le charme et la douceur.

Sa physionomie correspondait tout à fait à sa personnalité, marquée par un caractère doux et équilibré. Elle croyait fermement à la destinée et quand un événement fâcheux lui arrivait, elle acceptait d'abord cette réalité, sans être résignée et, ensuite, elle cherchait la meilleure façon de s'en sortir ou, du moins, de s'adapter. Sa philosophie de la vie était remarquable et, surtout, innée : rien ne pouvait durer éternellement et tout était relatif. Sans être exubérante, elle adorait participer à toutes les activités sociales. Étant affable, elle était toujours capable de créer une atmosphère sereine autour d'elle. Cette jeune personne était Sonia, la fille aînée des Kalepdjian. Elle avait 21 ans, l'âge où tous les rêves sont encore réalisables.

Après avoir transporté le vase au salon et être passée par la chambre de sa sœur et celle de son frère pour les avertir de se dépêcher, elle se dirigea vers le petit salon où sa mère et Oumma prenaient leur café. Elle prit place dans un des fauteuils libres et commença à bavarder avec elles jusqu'à l'arrivée de son amie Herminé. Cette dernière était une grande fille, plus jeune que Sonia de un an. Elle avait la peau foncée, les yeux légèrement rapprochés et le nez évasé vers le bas. Sa bouche était large et ses cheveux, un peu ondulés. Elle n'était pas laide, mais n'était pas non plus une beauté.

Elle était pleine d'entrain, toujours bouillonnante d'une énergie communicative. Depuis des années, un lien très serré l'unissait à Sonia. Elles partageaient tout : leurs désirs secrets, leurs premiers battements de cœur, leurs petites inquiétudes, souvent masquées par leur inébranlable foi en leur radieux avenir.

Deux baisers en guise de salutations et les deux filles, après avoir fait irruption dans les chambres de Zi et de Lévon, coururent vers la sortie où leurs amies les attendaient. Et ensemble, tout le joyeux groupe se dirigea vers la plage en parlant et en riant.

Vers midi, après s'être bien fatigués de la nage et des jeux, les jeunes attendirent impatiemment l'arrivée de domestiques chargés de plats appétissants, fraîchement sortis de la cuisine des Kalepdjian. Et quand Moussa fit son apparition avec des plateaux débordant de bonnes choses, toute la bande se rua avidement vers lui.

Une fois bien rassasié et désaltéré, chacun s'installa paresseusement sur le sable, sous le soleil brûlant. Puis, les deux amies saoules de soleil vinrent s'étendre à l'ombre des parasols. Et comme d'habitude, la conversation reprit son cours, insouciante et joyeuse. Chacune d'elles décrivit la nouvelle robe qu'elle allait porter le soir même. Puis, Herminé raconta par quelle ruse elle avait obtenu la permission que tout le groupe passe la fin de semaine à Noubariyé où ses parents, les Turabian, possédaient une propriété. Cette nouvelle ravit Sonia qui aimait beaucoup se retrouver au village, où elle pouvait boire le lait frais du matin et monter son âne préféré. Elle était sûre que toute la bande adorerait ces moments passés dans la nature. Après quoi, elles parlèrent de Zi. Sonia avait annoncé à son amie que sa sœur était amoureuse de son frère Jimmy.

— Mais ce n'est pas nouveau ça, répondit son amie. D'ailleurs, Jimmy essaye souvent, de manière détournée bien sûr, de me soutirer des nouvelles de Zi. Alors, tu me connais, une faveur contre une autre : moi, je lui donne des nouvelles et lui ne rapporte rien à maman. On est tous les deux gagnants! Écoute, cela sera extra : toi et moi, deux sœurs par alliance.

— Bof, on est déjà très proches. Hier, dans un journal, j'ai vu de nouveau la photo de la princesse Astrid, de Belgique, qui est décédée dans un accident, tu te rappelles? Moi, si un jour j'ai une fille, elle s'appellera Astrid! Elle sera aussi belle, mais elle vivra sûrement beaucoup plus longtemps.

Et toutes les deux continuèrent leur conversation.

Le soir, dans le salon d'une amie de Sonia, les belles robes à paillettes taillées à la dernière mode étincelaient sous les lumières. Les couples de jeunes tournoyaient sur le parquet au son de la musique d'un gramophone. Au coin, autour d'une table, les parents de cette amie et un autre couple du même âge surveillaient discrètement les danseurs tout en sirotant leur café : ils trouvaient que les temps avaient bien changé et que la retenue d'antan avait disparu. Mais les jeunes, indifférents aux regrets de leurs aînés, profitaient de ce temps que leur accordait leur jeunesse.

Après un fox-trot endiablé, Sonia et sa cousine Zvart se dirigèrent vers le balcon pour y prendre l'air frais. Elles échangeaient leurs impressions alors que Sonia remarqua la pâleur soudaine de Zvart. Elle allait l'interroger quand elle vit Zareh, le cousin de sa mère, entrer par les grilles.

Sonia n'eut pas besoin d'explication. Les deux jeunes gens étaient amoureux. Après l'échange habituel de salutations, Zareh et Zvart retournèrent au salon, abandonnant Sonia.

Se retrouvant toute seule, Sonia se mit à rêver au jour où, à son tour, elle aimerait quelqu'un. Elle se rappela le beau Grec dont elle avait fait la connaissance à bord du bateau qui les amenait à Marseille. Lui aussi devait se rendre à Paris et ils s'étaient donné rendez-vous. Mais le jour de ce rendez-vous, la famille avait changé ses plans et avait choisi de passer toute la journée à Fontainebleau.

«Si maintenant un homme, quel qu'il soit, sort de l'intérieur et m'appelle, alors cela sera le signe que, bientôt, moi aussi je vais rencontrer l'homme de ma vie, se dit-elle. Celui qui va être le plus beau, le plus intelligent, le plus... je ne sais quoi, mais sûrement celui qui m'assurera une belle vie. Je vais compter jusqu'à 10 : 1... 2...»

Et soudain, la porte s'ouvrit et Yervante, un ami de la bande, sortit sur le balcon, un verre à la main et invita Sonia à rejoindre la fête à l'intérieur de la maison.

CHAPITRE 11

Joseph et Noubar

Un soir du mois de septembre 1939, à la fin d'une journée exceptionnellement fraîche, une Citroën bourgogne foncé s'arrêta sur la corniche. Un jeune homme en descendit. Après une marche d'une cinquantaine de mètres, il fit halte juste en face de la pâtisserie Athénios et, lui tournant le dos, commença à contempler la mer.

Sa tenue était tout ce qu'il y avait de plus ordinaire: une chemise blanche à manches courtes, une large cravate couleur café, serrée au cou, un pantalon assorti à sa cravate et tenu en place par une ceinture brun clair et, aux pieds, des chaussures elles aussi dans les tons café. Il portait des lunettes et une grosse montre au poignet munie d'un bracelet brun.

Il n'était pas très grand. Il devait mesurer à peine 1 m 77, mais il avait un corps athlétique qui indiquait qu'il passait suffisamment de temps dans les clubs sportifs. Les traits de son visage dénotaient un caractère déterminé. Ses cheveux, plutôt noirs et légèrement ondulés, contrastaient avec sa peau très claire. Son front était large et dégagé, surmontant un nez bien dessiné et solide. Sa bouche était petite, ornée de lèvres minces et ses oreilles étaient légèrement décollées.

Ce qui était le plus impressionnant dans ce visage, c'était les yeux. En effet, dès qu'il mettait des lunettes, ses yeux las et empreints d'une immense tristesse devenaient lumineux, espiègles et débordant d'une énergie imbattable. Ce jeune homme, sans être spécialement séduisant, attirait néanmoins les regards féminins grâce à un charme particulier. Sa personnalité, très complexe, ne correspondait guère à sa physionomie plutôt ordinaire. C'est justement ce paradoxe qui attirait et intriguait.

D'abord, sa conversation était des plus remarquables et des plus enrichissantes. Il était beau parleur et possédait de vastes connaissances quoique parfois superficielles. Depuis son jeune âge, il avait manifesté une aptitude extraordinaire pour les langues, ce qui d'ailleurs un jour, devait lui sauver la vie. Il parlait couramment neuf langues, mais avait curieusement de la difficulté à maîtriser sa langue maternelle. Il aimait être admiré, et son intelligence, alliée à une impeccable logique, faisait de lui une personne particulièrement remarquée. Sa mémoire était presque infaillible et, comme un bon joueur d'échecs, il pouvait accumuler d'innombrables données dans sa tête. Il avait une faculté d'analyse impressionnante et semblait prendre un malin plaisir à coincer son interlocuteur avec des arguments irréfutables. Si quelqu'un essayait de le dominer ou de l'épater par son intelligence, sa réaction était instantanée : ses manières devenaient distantes et ses yeux glacials, même sa voix, habituellement chaude, devenait sèche. Il répondait alors en hachant ses mots, d'une façon saccadée qui trahissait sa contrariété.

Curieusement, ce jeune homme possédait un cœur extrêmement tendre. Son dévouement à ses amis était sans limites. Il s'ajustait à son auditoire et, si c'était nécessaire, adaptait son vocabulaire pour être compris des autres sans imposer sa supériorité. D'ailleurs, dans les réunions d'amis, il n'avait pas son égal pour la gaieté, la jovialité et l'humour. Très communicatif, il était capable de soulever une joie collective et prenait un immense plaisir à être parmi ses amis.

Ce jeune homme se nommait Joseph Marikian. Il n'avait que 28 ans.

Debout sur la corniche, il regardait cette mer tranquille étalée devant lui. Les couleurs vives du soleil couchant faisaient flamber l'horizon et, en se reflétant dans les eaux calmes de la mer, créaient des images d'une incroyable beauté, comme seule la Méditerranée était capable d'en produire.

Il consulta sa montre. Son ami Noubar était, comme d'habitude, en retard.

Et il réfléchit à la proposition de sa mère, Marie Marikian, qui, soucieuse de voir son fils marié au plus tôt, ne ménageait pas ses efforts pour lui trouver un parti convenable. Et il semblait qu'elle lui avait déjà déniché une très belle fille de bonne famille. Joseph, qui ne pouvait rien refuser à sa mère, avait consenti à se présenter à cette rencontre. Mais malgré cela, il se révoltait contre cette vieille coutume des mariages arrangés, si typiques de ce pays.

Avec un sourire narquois, il se rappela une rencontre avec une jeune fille proposée par les cousins de sa mère. C'était une fille aux traits réguliers, de petite taille, peu instruite et… très soumise. Ce dernier point lui avait royalement déplu. Il était impensable qu'une telle femme puisse éveiller quelque ardeur romantique chez lui.

À son tour, il avait tenté sans succès de trouver l'âme sœur plus d'une fois. Mais à chaque occasion, son cœur restait silencieux. Comment et où trouver celle qui serait à la fois soumise et rebelle, qui pourrait déclencher ses passions, mais aussi apaiser ses doutes permanents? Qui trouverait les mots justes pour neutraliser son pessimisme profond?

Il était encore plongé dans ses pensées quand une main s'abattit sur son épaule. C'était Noubar, son ami. Joseph aimait ce garçon grand, mince, sensible et plein d'humour. Ils se connaissaient depuis 15 ans déjà. Ils avaient grandi ensemble, étaient passés de l'adolescence à l'âge adulte en expérimentant tous les premiers émois et toutes les découvertes de cette phase. Ensemble, ils avaient franchi pour la première fois la porte de madame Maude pour se vanter, ensuite, de leurs prouesses physiques… Ils avaient partagé l'effet de leurs premiers baisers avec les plus belles filles du quartier. Et aujourd'hui, à l'âge adulte, tous deux étaient prêts à trouver une stabilité dans l'union du mariage. D'ailleurs, son ami s'était donné un an pour «se mettre la chaîne au cou», comme disait Joseph.

Comme toujours, plutôt que de s'excuser de son retard, Noubar commença à énumérer mille et une raisons, toutes indépendantes de sa volonté évidemment, qui l'avaient empêché d'être à l'heure. Et Joseph, coupant court à son discours, lui proposa de s'installer à la terrasse de la pâtisserie.

Après avoir passé leur commande, les deux amis commencèrent à parler d'actualité et, surtout, de la participation éventuelle de l'Égypte à cette guerre imminente.

Noubar était persuadé que leur pays resterait neutre, et que l'Allemagne n'oserait aller plus loin. Ce n'était pas l'avis de son ami. Joseph croyait que l'Allemagne essaierait de s'emparer du canal de Suez, et que les Égyptiens, poussés par leur haine envers les Anglais, les aideraient probablement. Et il ajouta qu'il rêvait de voir crever cette Allemagne, car il était persuadé, comme sa mère, que le génocide de 1915 avait été largement encouragé par eux. À la fin de la discussion, les deux amis conclurent que toute guerre était due à la soif de pouvoir d'un malade et qu'ils ne voyaient pas pourquoi la jeunesse égyptienne participerait à cette tuerie.

Noubar fit part ensuite de son indignation devant l'abolition si tardive des exécutions publiques en France.

— L'homme est tellement absurde ! Bientôt, ils s'extermineront par millions avec des machines bien sophistiquées, ouvertement et sans gêne. Mais tu vois, ils pourront prétendre rester humains, car ils auront aboli cette loi barbare.

— Une comédie bien triste, répondit Joseph. Et tous deux, en silence, commencèrent à déguster les pâtisseries commandées.

Tout en buvant son café, Joseph avait informé son ami qu'il devait rendre visite à la famille Kalepdjian pour rencontrer leur fille aînée. Noubar, qui avait une vague connaissance de cette belle fille, avait prévenu son ami qu'il fallait avoir vraiment les reins solides pour satisfaire les exigences de quelqu'un qui, comme elle, ne semblait que penser à dépenser de l'argent. Mais il ajouta aussitôt que l'homme est toujours prêt à tous les sacrifices pour une belle femme…

— La misère, qui a été mon lot pendant longtemps, m'a appris, du moins je l'espère, de ne jamais plus la connaître de nouveau. Et si tout marche bien, alors Sonia, je crois que c'est son prénom, devra allonger ses pieds selon la longueur de la couverture. Et si c'est un mariage de convenance, et il l'est, alors chacun de nous jouera son rôle : elle me suivra et moi, de mon côté, j'assurerai son confort selon mes moyens. D'ailleurs, j'ai déjà écrit sur une feuille, point par point, tout ce que j'attends d'elle.

Joseph tira de sa poche un papier soigneusement plié qu'il déposa devant son ami. Après l'avoir lu, Noubar éclata de rire, constatant que c'était là tout un contrat, et il souhaita bonne chance à son ami.

Ce dernier remit le papier dans sa poche et, invitant son compagnon à passer aux choses sérieuses, commença à scruter la terrasse. Les deux jeunes gens repérèrent tout de suite leur proie, et leur manège, déjà bien rôdé, commença. Joseph commença à « lire », de façon très démonstrative, le marc de café de Noubar, et ce dernier hocha vigoureusement la tête en s'exprimant à haute voix.

Deux minutes plus tard, les deux jeunes filles de la table voisine, avec un sourire timide, s'approchaient de ces « héros », leur tasse de café à la main.

CHAPITRE 12

La première rencontre
de Sonia et de Joseph

Il pleuvait sur Alexandrie. Depuis la veille, le ciel avait viré au gris, et des nuages épais s'accumulaient progressivement. Tôt le matin, au moment où le soleil allait se montrer, des éclairs accompagnés de coups de tonnerre d'une grande intensité déchirèrent ces nuages noirs et les débarrassèrent de leur eau. La pluie était tellement forte qu'on avait l'impression que rien ne pouvait lui résister.

Debout dans sa chambre accoudée sur le rebord de la fenêtre, Sonia regardait le jardin qui avait l'air triste et abandonné sous cette pluie torrentielle. Et comme toujours, elle s'étonnait de la capacité qu'ont la terre et les plantes d'engloutir toute cette eau.

Son regard se tourna vers deux lys qui gisaient par terre, la tige cassée. Elle eut pitié de ces belles fleurs qu'elle affectionnait particulièrement, mais elle se dit que peut-être comme les humains, elles devaient aussi accepter leur sort et, pour se changer les idées, elle se dirigea vers la chambre de sa sœur. Zi était encore au lit, un journal dans les mains.

À la question de Sonia sur ce qu'elle comptait faire, Zi répondit :

— Si Jimmy ne vient pas, je vais rester à la maison à la plus grande joie de maman. Elle reçoit la famille d'une de ses amies, dont le fils m'adore, paraît-il… As-tu vu sa taille? Et son nez?… Je préférerais mourir que de le toucher! Notre mère a des difficultés à comprendre que leur époque est révolue et que je n'épouserai que l'homme de mon choix!

— Enfin, tu sais ce que tu as à faire, répondit Sonia et elle proposa à sa sœur de se rendre chez Herminé après le film au Rialto. L'invitation acceptée, Sonia quitta la chambre.

Sonia et Herminé, une fois le film terminé, se promenèrent sur la corniche bras dessus, bras dessous. Il faisait beau, la vie était belle et les deux amies n'avaient pour soucis que leur garde-robe et le lieu de leur prochain divertissement. En entrant chez Herminé, elles entendirent de la musique au piano. Comme elles l'apprirent par la suite, Mme Turabian avait l'habitude de se mettre à cet instrument pour apaiser son mécontentement après une discussion avec son fils. Ce dernier voulait absolument s'engager sur un bateau afin de gagner sa vie. Cette idée ne plaisait pas à madame.

Jimmy, le frère d'Herminé, était dans le salon et écoutait attentivement la radio. Les deux filles, montant au deuxième étage, s'installèrent sur le lit dans la chambre d'Herminé et commencèrent à feuilleter des magazines. Quelque temps après, Jimmy fit irruption dans la chambre et, prenant les magazines un à un dans sa main, cria:

— Écervelées que vous êtes! Le monde est en train de périr et vous…

— Quelle mouche t'a piqué? Qu'est-ce qui se passe? lui demanda sa sœur.

— Il se passe que le monde entier va entrer en guerre, que tout va mal, que tout s'écroule! cria Jimmy.

— Ah bon! Mais cela ne nous regarde pas. L'Égypte n'est pas l'Europe. Et enfin, qu'est-ce que tu attends de nous? demanda encore sa sœur.

— Eh oui, je reconnais bien là ma *sorella*! Tant et aussi longtemps que cela ne me touche pas, je m'en fiche, n'est-ce pas?

— Mais Jimmy, intervint Sonia, il existe dans la vie des choses contre lesquelles on ne peut rien. Et si un jour la guerre arrive, eh bien, nous verrons à ce moment-là. Pourquoi se casser la tête avant que les événements arrivent ?

— Mais c'est le point justement. C'est ça le problème de l'humanité. Tout le monde attend que les événements soient là pour agir ensuite.

Jimmy était hors de lui et avec un hochement de tête qui signifiait l'inutilité de leur faire comprendre quoi que ce soit, il claqua la porte en sortant de la chambre. Les deux amies échangèrent un regard interrogateur et, sans dire un mot, continuèrent à feuilleter leurs magazines avec leur insouciance habituelle.

**

Quelques mois après le mariage somptueux de Zvart et de Zareh, la villa était encore agitée. Toute cette effervescence n'avait qu'une seule raison : Mme Guzel, une amie d'enfance de Satenik, accompagnée des Marikian, Marie et Joseph, leur rendaient visite en ce jour qui allait être l'aboutissement de tous les pourparlers qui duraient depuis fort longtemps entre les femmes de ces trois familles.

Toute cette histoire avait commencé le jour où Guzel avait décidé de jouer la marieuse, car elle était persuadée que Joseph serait un excellent parti pour Sonia. Selon elle, il possédait toutes les qualités nécessaires d'un bon mari par son éducation, son travail très bien rémunéré, sa jovialité et enfin, sa capacité d'être un bon pourvoyeur.

Satenik, après avoir fait connaissance avec Marie Marikian, avait promis à son amie de lui donner des nouvelles dès qu'elle aurait demandé l'avis de son mari et de Sonia sur cette union. Une fois mis au courant du projet, Vahan fit sa petite enquête sur ce jeune homme et, après s'être assuré du fondé de ses opinions, donna son accord pour le rencontrer.

Sonia, de son côté, voulait suivre l'exemple de sa cousine et se marier à son tour. Le désir et tout le bien qu'elle entendait dire au sujet de Joseph avaient été suffisants pour que Sonia accepte cette rencontre.

Tard dans la soirée du même jour, tous les membres de la famille Kalepdjian se réunirent au grand salon après le départ des invités. C'est Vahan qui parla le premier pour dire qu'il était impressionné par l'intelligence du jeune homme et qu'il le trouvait fort sympathique. Sa femme trouva, à son tour, qu'il avait un regard à la fois taquin et pénétrant, qu'il parlait très bien... en somme, elle l'appréciait. Zi, avec une pointe d'irritation dans la voix, dit qu'elle ne comprenait pas pourquoi Sonia ne devait pas parler la première, car c'est de sa vie à elle qu'il s'agissait.

Tout le monde regarda Sonia qui, une rougeur inattendue sur les joues, avoua que Joseph n'était pas exactement son genre de garçon, qu'il n'était pas très grand, mais que si ses parents insistaient, elle pourrait bien sortir avec lui quelques fois.

Quant à Lévon, il était impressionné par la volonté de cet homme qui, après avoir vécu le génocide et la misère, avait su foncer dans la vie, étudier et surtout obtenir le diplôme d'une grande école.

La famille donna donc son consentement pour que Sonia et Joseph fassent plus ample connaissance.

CHAPITRE 13

Les premières sorties

Il y avait déjà un moment que le fleuriste était reparti, mais Sonia était encore dans le hall, un énorme bouquet de roses rouges dans les bras et un écrin bleu avec un joli collier de perles de chez Zivy.

Elle était figée sur place, perplexe. Màryam, qui traversait le hall, avait vu Sonia derrière cet immense bouquet. Et, manifestant une joie évidente, elle s'était précipitée vers elle pour la féliciter et la délester de ses roses. Elle s'était ensuite dirigée vers le salon, invitant Sonia à la suivre.

Machinalement, Sonia lui emboîta le pas et, sans prononcer un mot après avoir déposé le coffret à bijoux sur la table, commença à disposer les fleurs dans les vases avec l'aide de Màryam. Cette dernière, qui n'arrêtait pas de parler tant elle était emballée devant la taille somptueuse de ce bouquet, remarqua tout à coup le mutisme de sa protégée. Elle se dit étonnée de voir Sonia insensible à toutes les attentions de son prétendant et, n'obtenant aucune réponse à sa question, elle finit par se taire.

L'arrangement floral terminé, Sonia se dirigea vers la sortie quand elle croisa sa mère. En réponse à un regard interrogateur de celle-ci, elle haussa ses épaules et, sans rien dire, s'éloigna. Le visage de Satenik s'assombrit et, après une courte réflexion, elle fit demi-tour et suivit sa fille.

Dans la chambre, Satenik prit place à côté de Sonia sur son lit récamier et brisa le silence en demandant à sa fille la raison

de sa mauvaise humeur. Sonia, qui confiait généralement tout
à sa mère, n'hésita pas à lui ouvrir son cœur.

— J'ai des difficultés à comprendre Joseph. Je suis perplexe.
Voici un mois que nous sortons ensemble et, chaque fois, nous
atterrissons dans le quartier pauvre d'Attarine : une fois pour
prendre le thé dans un endroit plus que modeste, une autre fois
pour manger du *foul*, ce blé dont les Égyptiens raffolent tant
manger avec leurs mains… Certes, ce n'est pas mon endroit de
prédilection, mais j'aime être avec lui. Et Joseph, paraît-il, aime
ces lieux. C'est pourquoi je le suis sans dire un mot et j'ai fini
par accepter qu'Attarine reste notre lieu de rencontre. D'ailleurs, certains mots comme *pauvreté, misère, vie dure* com-
mencent à faire partie de mon vocabulaire. Mais vois-tu,
aujourd'hui, je suis restée interdite : comment a-t-il pu se permettre une telle dépense ?

Sonia s'arrêta et jeta un regard vers sa mère. Satenik, qui
écoutait attentivement, demanda à sa fille de poursuivre.

— Il est beau, continua Sonia, il est très intéressant et on ne
s'ennuie jamais en sa compagnie. Avec lui, on peut parler de
tout. C'est surtout lui qui parle et moi, je l'écoute avec plaisir.
Parfois, j'ai de la difficulté à le suivre, mais curieusement, je ne
me sens jamais inculte devant lui. Il a… — comment te dire ? —
une façon charmante de ne pas te mettre dans l'embarras. Le
premier jour, par exemple, devant une assiette de *fouls*,
j'attendais qu'on m'apporte des ustensiles, donc je ne mangeais
pas. Lui, qui me regardait, avait pris un morceau de pain et,
avec un large sourire, avait commencé à manger avec ses doigts
en disant que c'était la meilleure façon de les goûter. Même si
je ne le connais pas très bien, j'ai confiance en tout ce qu'il dit.
Il possède des qualités que j'aime. D'abord, il est généreux.

Et en disant cela, un sourire illumina le visage de Sonia.

— Si tu voyais, continua-t-elle, comment les serveurs nous
accompagnent à la sortie… Mais pour en revenir à Joseph, il est
direct dans son approche. Il se décrit comme quelqu'un de très
ordonné, de fréquemment colérique et de souvent pessimiste.
Il dit qu'il s'attend toujours au pire… Et voilà ! Parfois, il me
semble que je suis en train de passer un test… Je ne sais plus !

Le sourire avait réapparu sur le visage de Satenik.

— Ton père et moi trouvons que Joseph est un bon garçon, qu'il est capable de bien prendre en charge sa famille. Mais tu le sais bien, la décision finale t'appartient. Sache une chose : le temps est un précieux conseiller. Et n'oublie jamais ceci : une femme est toujours capable d'imposer ses goûts à son homme. Avec douceur, elle peut l'amener là où elle veut aller.

En donnant une petite tape sur l'épaule de sa fille, Satenik quitta la chambre. Après avoir repensé à tout ce qui avait été échangé entre sa mère et elle, Sonia décida de suivre les conseils maternels en se disant que chaque chose trouverait sa solution en temps et lieu. Et elle décida, tout simplement, de se réjouir de ces roses et du collier, sans en chercher à tout prix les raisons, le pourquoi et le comment.

Heureuse, elle avait alors sauté de son lit et couru téléphoner à son amie Herminé. Cette dernière aussi, comme Sonia, avait un prétendant, un certain Souren Egavoff, qui lui avait été présenté par des cousins de ses parents. Les deux amies voulaient absolument que leur compagnon respectif se rencontre et éprouve du plaisir à être ensemble, pour assurer la continuité de leur amitié. Elles organisèrent donc une soirée à quatre.

Sonia avait prévenu son amie de s'habiller simplement, car si c'était Joseph qui conduisait, une visite dans ce fameux quartier Attarine serait probablement au programme. Pour sa part, elle avait choisi une toilette de circonstance, qui sans être chic, était élégante et confortable. C'était une robe blanche, imprimée de fleurs, serrée à la taille par une large ceinture rouge. Elle portait des souliers blancs à talons hauts, qui la faisaient paraître plus grande. Elle négligea de mettre du fard à joues, car elle savait qu'après un verre de vin, son teint allait se colorer naturellement. Par contre, elle avait mis du mascara et un rouge à lèvres assorti à sa ceinture. En se regardant dans le miroir, elle se trouva fort belle.

À l'heure dite, Joseph sonna à la porte, et Sonia découvrit alors devant elle un homme très chic : smoking impeccable, chemise blanche immaculée et large papillon blanc au cou. Ses cheveux, peignés soigneusement vers l'arrière, luisaient sous la brillantine.

Devant ce bel homme qui la saluait, Sonia pensa qu'elle ne pourrait décidément jamais saisir complètement cet être qui ne cessait de l'étonner et, avec un large sourire, elle suivit fièrement Joseph dans la voiture.

Herminé et Souren les attendaient déjà et, une fois les présentations faites, Souren prit place à côté de Joseph, laissant aux deux jeunes filles la banquette arrière où elles pouvaient librement échanger leurs impressions.

Lorsque la voiture s'arrêta, Sonia n'en crut pas ses yeux. Le portier du chic hôtel Cecil se dirigeait déjà vers la voiture. Jetant un regard furtif et complice vers son amie, elle descendit de voiture et, prenant le bras de Joseph, ils se dirigèrent tous vers la grande salle de bal.

Ce fut une soirée inoubliable.

CHAPITRE 14

Le mariage

Pour un mois de mars, la journée s'annonçait très chaude. La vie suivait son rythme à Alexandrie, totalement indifférente à cette guerre déclarée depuis le mois de septembre de l'année précédente.

Les nouvelles des atrocités, des milliers de pertes de vies quotidiennes annoncées de l'autre côté de la Méditerranée laissaient peu de cicatrices dans les cœurs des Alexandrins, surtout préoccupés de régler les petits ennuis d'une vie ordinaire.

Seules quelques poignées de « révolutionnaires » ici et là, qui suivaient attentivement le déroulement des événements, croyaient tirer profit de ce désordre pour chasser les Anglais si détestés de leur pays. Et comme le mentionne le dicton « Il n'est pire aveugle que celui qui ne veut pas voir », ils espéraient que cette délivrance viendrait de ce dictateur déséquilibré qui, en ce moment même, imposait son joug aux autres nations.

C'était un dimanche tout à fait ordinaire pour la plupart des membres de la famille Kalepdjian, sauf pour Zi : ce 10 mars fut en effet le jour de sa renaissance, car, après 3 mois de silence, elle avait enfin reçu une lettre de Jimmy. Elle qui, presque chaque jour, courait chez les Turabian dans l'espoir d'une nouvelle de leur fils, retournait chez elle sans avoir eu besoin de poser sa question. Les yeux rougis de la mère de Jimmy servaient de réponse.

Jimmy avait quitté les siens pour une durée d'un an, engagé sur un bateau comme radioélectricien. Il espérait amasser des sous avant de fonder une famille et voulait à tout prix se prouver à lui-même, ainsi qu'aux autres, sa capacité à se débrouiller tout seul. Malheureusement, l'éclatement de la guerre empêchait le retour de ce bateau devenu errant. Jimmy, en incorrigible optimiste, promettait dans sa lettre d'être de retour sain et sauf malgré tout.

Et aujourd'hui, assise devant les fenêtres ouvertes de sa chambre, Zi relisait pour la énième fois cette missive si longtemps attendue.

Après avoir partagé la joie de sa sœur, Sonia essaya de convaincre son petit frère de l'accompagner au cinéma pour voir le célèbre *Autant en emporte le vent*. Lévon, charmant jeune homme de 20 ans, était apprécié de tous pour sa douceur et sa gentillesse. Il était grand, très bien proportionné. Les traits très fins de son visage lui donnaient l'air d'un adolescent. Les yeux gris-vert, le nez délicatement taillé, une bouche sensuelle, des cheveux très clairs et une peau laiteuse ne laissaient personne indifférent.

Il s'intéressait beaucoup à la nature (d'ailleurs, quelques années plus tard, ce jeune homme traverserait plusieurs fois la partie égyptienne du désert du Sahara). Lévon parlait couramment l'anglais, le français, l'arabe, le grec et l'arménien, et ceci constituait un gros atout dans son travail à la banque de Barclay's. Il était studieux, mais son travail dans une banque ne satisfaisait pas entièrement ses ambitions. Il rêvait d'avoir un peu plus de liberté, d'être plus autonome et attendait patiemment le jour où il pourrait réaliser ses projets.

Il respectait son père, le trouvant juste et direct, adorait sa mère et Oumma, et aimait son rôle de petit frère auprès de Sonia et de Zi.

Habituellement si facile à convaincre, car il se soumettait facilement devant quelqu'un d'autoritaire, Lévon montra une résistance inaccoutumée aux demandes de sa sœur. Résignée, Sonia se dirigea alors vers le salon, prenant avec elle quelques partitions, s'assit devant le piano et commença à jouer, bénissant sa mère pour sa ténacité à lui avoir fait appris la musique.

La mélodie d'un nocturne bien triste ne dérangea aucunement Vahan qui, assis au balcon avec son beau-frère, M. Garabed, fumait son cigare en attendant le retour de sa femme sortie avec sa sœur à leur partie de poker. D'un sujet à l'autre, dès que la conversation s'arrêta sur la guerre, l'ambiance paisible qui régnait devenait rapidement effervescente. Chacun apportait avec vivacité et passion des arguments irréfutables et émettait des avis contradictoires sur les issues de ce conflit.

Trois jours s'étaient écoulés depuis ce dimanche bien tranquille, quand le klaxon de la voiture de Joseph mit fin aux jours solitaires de Sonia et annonça le retour de sa vie mouvementée.

En effet, les sorties en tête à tête, les réceptions et les bals revinrent au programme presque chaque jour de la semaine. Et, graduellement, la peur de rester à jamais collée à Attarine s'était évanouie dans le cœur de Sonia. Elle savait que sa mère avait raison d'affirmer que le temps arrange tout et elle était heureuse de trouver en Joseph l'homme qu'elle avait toujours espéré rencontrer. Joseph aimait le faste et savait s'amuser. Il était respecté et aimé et était toujours prêt à faire son possible pour assurer le bonheur des gens qu'il aimait. Elle qui était optimiste, peu exubérante, mais confiante de nature avait la solide conviction de pouvoir transformer le pessimisme inné et le tempérament colérique de Joseph. Elle aimait déjà Joseph et était prête à devenir sa femme.

Joseph, de son côté, avait trouvé en Sonia toutes les qualités qu'il recherchait chez une femme. D'ailleurs, peu de temps après leur rencontre, Joseph s'était empressé de déchirer la fameuse liste qu'il avait montrée à Noubar. Joseph, maintenant éperdument amoureux, désirait avoir Sonia à ses côtés éternellement.

Et c'est ainsi qu'au mois de mai, Sonia et Joseph, avec le consentement des deux familles, fixèrent le jour de leur union. Après une longue discussion, ils décidèrent que le mariage serait célébré à l'église catholique arménienne d'Alexandrie et que le repas de noces et la réception suivraient à la villa des Kalepdjian.

Après avoir contacté les pâtissiers les plus renommés d'Alexandrie, Sonia et Satenik optèrent pour les spécialités de la maison Trianon, Unica et Athénios. Ces derniers devaient aussi fournir le personnel et s'assurer de la décoration de la villa. Pour le futur couple, il restait une dernière chose à faire : se présenter devant le prêtre catholique pour obtenir une dispense, car Sonia était obligée de suivre son mari dans sa confession catholique.

Dès que cette dispense arriva, Joseph et Sonia se présentèrent devant le prêtre. Ce dernier, sans vraiment réfléchir, prononça une phrase qui, indirectement, allait influencer la vie de ce couple. Le prêtre, regardant Sonia dans les yeux, dit ceci :

— Maintenant que tu as décidé de te marier à un catholique, je vais espérer qu'il pourra t'amener à embrasser la vraie religion et faire de toi une vraie « chrétienne ».

Ces paroles blessèrent profondément Sonia qui se retint fortement pour ne pas lui répondre. Une fois sortie de l'église, Sonia laissa jaillir toute la rage et la blessure qu'elle avait ressenties.

— Comment cet ignorant ose-t-il me dire de pareilles âneries ? De quel droit m'a-t-il insultée ? fulmina-t-elle.

Joseph essaya de la calmer et l'assurait qu'il ne partageait absolument pas la vision erronée de ce prêtre. Il ajouta qu'il serait d'accord pour que leurs fils seulement fussent baptisés au sein de l'église catholique, tandis que leurs filles suivraient leur mère dans sa foi grégorienne arménienne.

Mais déjà dans la tête de Sonia, une décision ferme avait été prise. Elle savait qu'elle n'oublierait jamais le « souhait » de ce prêtre et qu'elle agirait à sa guise pour tout ce qui concernait la religion de ses propres enfants.

Enfin le jour du mariage arriva.

Le 4 août 1940 fut une très belle journée d'été. La villa entière avait été transformée en un grand bouquet de lys blancs mêlés de roses de la même couleur. Partout on entendait des rires, des exclamations de joie. Tout le monde était impatient d'assister à cet événement heureux.

Dans sa chambre, entourée de ses amies et de ses deux demoiselles d'honneur, Sonia était déjà prête. Sa robe de mariée, composée de deux pièces, était simple et élégante à la fois. La robe, faite d'une soie blanche immaculée, avait des manches longues et un col fermé. Une sorte de longue cape, en satin duchesse, brodée de roses blanches lui couvrait le dos. Un tulle à longue traîne descendait du sommet de sa tête où il était attaché par un diadème, monté de petites fleurs d'oranger. Une courte partie de ce tulle voilait à demi son visage. Dans ses mains, elle tenait un joli bouquet composé des mêmes fleurs d'oranger que sur le diadème, auxquelles se mêlaient quelques lys blancs.

Avec un large sourire, Sonia dévoila à ses amies l'endroit choisi pour sa lune de miel. Elle qui comptait la passer en Italie dut se contenter, à cause de la guerre, d'un petit voyage de sept jours en mer Rouge. Sonia voulait encore ajouter quelque chose quand sa sœur, entrant dans la chambre, invita tout ce monde à prendre le chemin de l'église.

L'intérieur de l'église, déjà pleine à craquer, était éclairé par la lumière du jour qui n'y pénétrait que par quatre petites fenêtres, aidée par plusieurs lampions allumés. Mais cette pénombre rituelle s'évapora comme par enchantement le moment où, au son de la musique, les portes s'ouvrirent devant la mariée. Soudainement, on eut l'impression que tout le soleil d'Alexandrie avait envahi la nef principale.

Sonia, au bras de son père, commença à avancer solennellement. Elle avait l'air d'un ange enveloppé de nombreux rayons lumineux. La vision était saisissante. Devant cette beauté, le visage de Joseph exprimait fierté et bonheur, et il était évident qu'aucune autre femme ne pouvait être à ses côtés.

Sonia, qui avait l'impression de flotter, entendait quand même très fortement contre ses tempes les battements accélérés de son cœur. Elle était à la fois heureuse et inquiète de ce moment solennel. Elle qui était en train de lier à jamais sa vie à cet homme, pour le pire et pour le meilleur, savait qu'elle épousait aussi la destinée de Joseph. Et, fermant les yeux pendant quelques secondes, elle appela la bénédiction de tous les saints et pria Dieu pour que la nouvelle vie de Joseph ne ressemble aucunement à celle de son enfance.

Et près de l'autel, en voyant le visage de Joseph illuminé de bonheur, elle se sentit soudain absurdement heureuse et toutes ses inquiétudes s'envolèrent. Son père, relevant le tulle du visage de Sonia, l'embrassa avec une tendresse retenue et, laissant sa fille à côté de Joseph, prit place près de sa femme et tous les deux, émus, main dans la main, suivaient avec émotion la cérémonie.

De l'autre côté de l'allée centrale, dans la première rangée, Marie Marikian, entre son fils Grégoire et sa bru Marie Erkat, suivait attentivement la célébration. À un moment donné, Marie leva son regard vers la statuette de Jésus à sa gauche et, mentalement, remercia Dieu et rassura aussi son mari. Elle sentit qu'elle avait accompli sa mission.

Cette belle cérémonie dura presque une heure et, après une longue séance de photos, les invités purent enfin accueillir le nouveau couple : M. et Mme Joseph Marikian.

Le jour de mariage de Sonia et Joseph en 1940.

CHAPITRE 15

Le départ de Lévon

Le jeune couple Marikian avait ses appartements au cinquième étage d'un des immeubles situés sur la corniche entièrement orientés vers la mer, près de la station de tramway Cléopatra.

L'appartement n'était pas très spacieux. Il consistait en un salon avec deux murs vitrés, une salle à manger, trois chambres à coucher qui s'ouvraient sur un long corridor, une cuisine et deux salles de bains. L'agencement de chaque chambre était simple et avec goût.

Assise sur le balcon à huit heures du matin, Sonia prenait son premier café du jour en fumant une cigarette. Le soleil matinal était encore timide et on pouvait se permettre de se laisser caresser par les premiers rayons solaires, sans se réfugier sous un parasol. À ses pieds, la mer calme aux couleurs azurées et la plage au sable doré, encore vide de monde, reposaient le regard. Seuls quelques klaxons de voitures rappelaient à Sonia qu'elle était en plein cœur de la ville.

Comme sa mère, à cette heure matinale, elle revoyait mentalement le plan de la journée : son programme n'était pas chargé. Elle devait rencontrer sa sœur au Beau Rivage pour un thé et ensuite, comme chaque mercredi, elle allait rendre visite à ses parents. Là, après un dîner familial, Joseph jouerait quelques parties d'échecs ou de trictrac avec son beau-père, et Sonia bavarderait avec les siens jusqu'aux

environs de 10 heures, après quoi Joseph et elle retourne-
raient chez eux.

Avec un amour et un respect mutuel pour leurs différences,
Sonia et Joseph, en deux ans, étaient arrivés à créer entre eux
des liens que peu d'intempéries pouvaient dissoudre. Lui, plus
extraverti et analytique, complétait sa femme plutôt introvertie
et pourvue d'une sagesse et d'un bon sens innés.

N'ayant pas encore d'enfants, le couple continuait à mener
une vie tranquille. Chaque matin, à sept heures et demie,
Joseph se rendait à son travail. Sonia, après avoir choisi le menu
du soir avec la bonne, disposait de sa journée jusqu'au retour
de Joseph vers les cinq heures de l'après-midi. Après leur café
du soir, ils passaient généralement leur soirée avec des amis.

Au début, Sonia avait l'habitude d'inviter ses amies de
cartes pendant que son mari était au travail. D'autant plus que
ce dernier ne connaissait pas le poker. Et juste avant son retour,
une fois tous les accessoires de jeux cachés, les amies
retournaient au salon pour prendre leur thé.

Mais un soir, Joseph lui fit remarquer qu'il était au courant
de ces parties de poker de midi et ajouta qu'il aimerait bien,
finalement, partager avec elle cette passion. Sonia, ravie
d'entendre ce qu'elle souhaitait depuis longtemps, récupéra
sans plus tarder ses cartes cachées et, en peu de temps, transforma son mari en un mordu du jeu. Et à partir de ce jour-là,
au moins une fois par semaine, le couple recevait ou bien se
rendait chez des amis pour des parties de poker.

Sonia était encore étendue sur sa chaise longue quand son
petit toutou apparut sur le balcon. C'était un joli pékinois à
poil blanc, véritable compagnon de Sonia durant l'absence de
son mari. Elle le traînait partout et il était son jouet.

En réalité, depuis quelque temps, Sonia rêvait d'avoir un
enfant. Presque toutes ses amies mariées en avaient déjà ou en
attendaient un. Mais Joseph, voulant profiter encore de leur
liberté, avait prié Sonia de patienter. Cette dernière, résignée, se
contentait de promener son Mimi.

Regardant sa montre et s'assurant qu'elle avait encore du
temps, Sonia se laissait bercer par ses souvenirs. Elle se

rappelait les mariages d'amies et celui de Màryam, sa nounou, qui avait suscité beaucoup d'émotion dans la famille Kalepdjian. Et, avec un sourire, elle se rappela aussi la réaction de Lévon à l'annonce de la rencontre de sa nounou avec son futur époux. Avec les années, Màryam était effectivement devenue une deuxième mère pour Lévon, et ce dernier avait eu des difficultés à accepter qu'un jour elle puisse se marier et quitter ainsi la maison.

Sonia voyait encore le jour où Màryam, s'approchant timidement de Vahan, lui avait demandé la permission de sortir avec un certain Meguertitch Baronian, un agent immobilier. Avant de donner son consentement, Vahan avait d'abord rencontré le monsieur en question et, après s'être assuré de l'honnêteté et du sérieux de Meguertitch, avait donné sa permission. Peu de temps après, la date du mariage avait été fixée au mois de novembre 1941.

Et Sonia n'oublierait pas avec quelle joie sa mère et sa grand-mère s'étaient mises au travail pour préparer le trousseau de Màryam. Durant les trois mois qui avaient précédé les noces, les deux femmes avaient été fébrilement occupées à broder des chemises de nuit, des déshabillés, des nappes et aussi à confectionner des robes avec la couturière. Même Sonia, sa sœur et son frère avaient pris part à ces préparatifs en décorant la villa, en lançant des invitations. Et quand Màryam, dans sa robe blanche, avait pénétré dans l'église au bras de Vahan, Oumma et Satenik, émues, n'avaient pu retenir leurs larmes en voyant leur Màryam sur le point de fonder enfin sa propre famille.

L'aboiement de son Mimi tira Sonia de sa rêverie et, jetant un coup d'œil à sa montre, elle se dépêcha pour arriver à l'heure à son rendez-vous. Dans sa garde-robe, elle choisit une jupe fourreau de couleur brun clair et une chemise verte au décolleté drapé. Après un léger maquillage, elle mit son collier de perles, choisit ses souliers à talons hauts et un sac assorti et, prenant son petit chien dans les bras, elle quitta la maison.

Zi l'attendait déjà et après avoir échangé un baiser, les deux sœurs passèrent chacune leur commande de thé et de douceurs favorites: pour Sonia, c'était toujours un baba au rhum à la crème Chantilly et pour Zi, une crème glacée.

Leur conversation, comme d'habitude, commença par Jimmy. Zi n'ayant aucune nouvelle de lui depuis déjà plus de deux ans gardait quand même espoir. Elle confia à sa sœur qu'elle se donnait encore un an avant de songer à se marier. Car elle était déterminée à ne pas rester célibataire toute sa vie.

Voulant rassurer sa sœur, Sonia lui avait nommé un à un les prétendants que leurs parents étaient prêts à lui présenter. Mais Zi avait sèchement rappelé à sa sœur que c'était à elle de choisir son mari. Désespérée, Sonia avait détourné la conversation en évoquant la maladie de leur père, un sujet moins explosif. Leur père, souffrant depuis 10 ans de problèmes d'estomac, était obligé de se mettre à la retraite à l'âge de 52 ans. Sa santé les préoccupait tous. Zi avait rassuré sa sœur en lui rappelant les bons soins que sa famille procurait à leur père.

Ensuite, elles parlèrent de Lévon. Zi avait exprimé son indignation devant le refus de leurs parents de laisser Lévon travailler au Caire, plutôt qu'à Alexandrie. Sonia, qui était en principe d'accord avec sa sœur, ajouta que Lévon, étant le fils unique, avait quand même certaines obligations envers ses parents.

— Toi alors, impossible que tu sois objective. Toute ta vie, tu t'es laissée guider par ta mère ou par ton père et maintenant, ce rôle échoit à ton mari. Et pour toi l'idée de t'opposer à quelqu'un est impensable, avança Zi.

— Pense ce que tu veux. Moi, je trouve correcte ma façon d'agir. Dis-moi, à quoi cela sert-il d'ergoter continuellement? Si une autre façon de voir ne change absolument pas l'essence des choses, alors pourquoi aller contre le moulin? Et d'ailleurs, je n'ai jamais compris ton désir permanent d'aller toujours contre le courant. Au moins si tu y avais gagné quelque chose… riposta Sonia.

— Moi, je sais que je ne serais jamais une brebis dans le troupeau, dit Zi et, avec un sourire, elle donna une tape sur la main de sa sœur. Après un court silence, la conversation reprit, mais cette fois-ci, elles parlèrent de réceptions à venir et de robes qu'elles devaient porter.

Vers deux heures, les deux femmes se levèrent. Zi, qui devait rencontrer une amie, partit après avoir posé un léger baiser sur la joue de sa sœur. Sonia, prenant son Mimi dans ses bras, se dirigea à son tour vers l'extérieur de l'hôtel pour aller chez ses parents.

En entrant dans le salon, elle vit sa mère assise dans sa bergère préférée qui s'essuyait les yeux. Prenant place près d'elle, Sonia commença à scruter son visage. Satenik avait vieilli depuis quelque temps. Elle avait 51 ans. Le gris de ses cheveux dominait déjà. Ses yeux, toujours doux, avaient quand même perdu leur éclat juvénile. Et Sonia, poussée par un élan de pitié, s'élança vers sa mère et, attirant sa tête vers elle, couvrit de baisers ce visage si cher. Satenik, émue, voulut partager sa peine avec sa fille aînée.

— Oh, ma chérie, si tu savais comme mon cœur saigne. Lévon va nous quitter… et…

— Mais ce n'est qu'à trois heures de route, coupa Sonia.

— Oui, mais tu ne peux pas comprendre, avait répondu sa mère. Une fois parti de la maison, il ne reviendra plus… Je le sais… Mon cœur me le dit. Et personne ne prendra soin de…, et les sanglots arrêtèrent sa phrase. Sonia avait de la difficulté à comprendre la réaction démesurée de sa mère devant le départ de Lévon. Ne sachant comment apaiser la douleur de Satenik, Sonia serra seulement ses mains séchées dans les siennes en lui promettant qu'avec le temps, les choses s'arrangeraient. Une fois calmée, Satenik, qui devait donner les médicaments à son mari, quitta le salon.

Sonia, restée seule, essaya d'analyser la situation, mais ne trouvant ni réponse ni solution, se promit de parler à son frère dès le soir venu. Elle se leva à son tour et se dirigea vers le jardin pour se changer les idées… En sortant, elle vit sa grand-mère sur la chaise berçante. Cette dernière, en la voyant, ouvrit ses bras en guise de bienvenue.

Oumma, 70 ans, avait déjà des cheveux entièrement blancs. Les rides qui couvraient depuis longtemps son visage s'étaient accentuées. Elle commençait à boiter, ses hanches la faisaient terriblement souffrir, et le médecin de la famille n'avait aucun remède contre ses douleurs. Mais son esprit était toujours très alerte, et elle demeurait le pilier de la maison.

Sonia serra sa grand-mère dans ses bras et commença à l'interroger sur sa mère. La vieille femme fut obligée de raconter brièvement l'histoire d'Avedisse : ce dernier, fidèle à une vieille tradition, croyait que la survie d'une famille arménienne était assurée à condition que son fils aîné ne quitte jamais la demeure familiale, marié ou pas. Il avait transmis sa croyance à Satenik, et Oumma avait ajouté qu'elle comprenait le désespoir de sa fille.

Après une écoute attentive, Sonia trouva inadéquat cet attachement de sa mère à cette croyance et essaya de convaincre sa grand-mère que ces usages étaient dépassés, que l'époque avait changé et qu'il ne fallait pas s'empoisonner la vie pour une tradition.

Mais Oumma, fermée aux explications, répétait que sa petite-fille ne comprenait pas la symbolique de la situation. Désespérée, Sonia embrassa sa grand-mère et se rendit au jardin.

Le soir au dîner, tout le monde parlait, sauf Satenik et Oumma. Le sujet de conversation, comme toujours, fut la guerre. Joseph raconta que presque partout dans la ville, les commerçants décoraient leurs devantures pour souhaiter la bienvenue à Rommel. Lévon avait trouvé cela normal, car Hitler avait promis aux Égyptiens l'indépendance totale et immédiate après la victoire. Zi, de son côté, avait donné son avis en disant :

— Moi, je comprends ces Égyptiens. Dans leur propre pays, ces pauvres gens n'ont aucun pouvoir. Trouvez-vous normal que ce peuple soit gouverné par une nation qui n'a absolument aucun lien avec lui, ni par sa culture, ni par sa religion et ni, surtout, par ses mœurs ?

Tous étaient d'accord là-dessus, et la conversation continua ainsi jusqu'au dessert.

Par la suite, Joseph et Vahan prirent place devant l'échiquier, Oumma et Satenik se retirèrent dans le petit salon, chacune avec sa broderie à la main, Zi retourna dans sa chambre et Sonia sortit dans le jardin en invitant Lévon à la suivre.

Dehors, il faisait déjà noir. Seules les lumières allumées de la villa éclairaient faiblement le sentier menant vers les petits bancs situés au fond du jardin. Sonia, assise à côté de Lévon, interrogea son frère sur ses projets.

— C'est Vahé Tertzakian qui m'a invité à aller travailler avec lui, commença Lévon. Depuis quelques années déjà, il possède une quincaillerie professionnelle et il veut agrandir son commerce. Tu sais bien que je n'ai jamais aimé mon travail à la banque. Je veux éventuellement devenir mon propre patron. Je crois que je ne dois pas rater cette occasion. D'ailleurs, je m'entends bien avec Vahé et j'aime Rosa et leur petit Jiraïr. Je suis sûr qu'ils m'accueilleront temporairement chez eux avec plaisir, expliqua Lévon. Maman réagit comme une vraie mère poule. Trois cents kilomètres seulement nous sépareront. Enfin, je suis assez grand pour commencer à me débrouiller tout seul et à prendre mes décisions. Jusqu'à maintenant, c'étaient nos parents qui décidaient à ma place. Je veux grandir…

Sonia savait qu'il avait raison et, sans dire un mot, serra son frère dans ses bras.

Sonia et Joseph lors d'une soirée.

CHAPITRE 16

La naissance d'Astrid et le mariage de Zi

À l'hôpital français, dans une des chambres encombrées de fleurs, Sonia présenta à sa famille sa première née, Astrid.

Cette dernière, impatiente d'entrer dans ce monde, ne causa aucun problème à sa mère et naquit deux heures après l'arrivée de ses parents à l'hôpital : à huit heures du soir exactement, le 12 janvier 1944.

Joseph, fou de joie, avec sa poupée dans les bras, n'arrêtait pas de trouver des signes particuliers dénotant chez sa fille la présence d'une intelligence hors du commun, surtout après une remarque anodine du médecin qui avait déclaré que sa fille avait la tête d'une physicienne. Transporté de bonheur, il ne se rendait pas compte que les deux grands-mères de l'enfant tournoyaient autour de lui, espérant à leur tour, tenir dans leurs bras la nouveau-née. Et ce fut le cri strident du bébé qui obligea Joseph à présenter avec fierté sa fille à sa mère.

Marie Marikian devenue grand-mère pour la troisième fois après la naissance de Nicole, la fille de Jean, et d'Anna, la fille de Grégoire, espérait avoir cette fois-ci un petit-fils. Mais, en prenant dans ses mains ce paquet si précieux, elle n'hésita pas à demander à Dieu une santé de fer pour sa petite-fille et, faisant une croix sur le front de l'enfant, la tendit à Satenik.

Les Kalepdjian étaient follement émus devant cette première petite-fille, et Satenik affirmait, à la face du monde, que c'était la première fois de sa vie qu'elle voyait une si jolie petite fille. Mais cette dernière, complètement indifférente à ces compliments, dormait paisiblement. L'arrivée du médecin mit fin à ces compliments démesurés et permit enfin à Sonia de rester seule avec Joseph et leur petite.

Une semaine suivant son retour de l'hôpital, avec l'aide de sa mère, de sa belle-mère ainsi que d'une nounou, la vie reprit son rythme normal pour Sonia. À ses sorties et ses journées de cartes s'étaient ajoutées les sorties quotidiennes en plein air avec Astrid.

***

Un jour du mois de juin, un appel de Satenik bouleversa Sonia. Laissant sa fille à sa nounou, elle se précipita chez sa mère.

La villa entière semblait en deuil. Au salon, Sonia avait trouvé sa mère, sa grand-mère et sa tante Haïkouhi les yeux rouges et chacune un mouchoir à la main.

Satenik, debout devant la fenêtre, était en train de psalmodier: « Nous sommes déshonorés… Nous sommes déshonorés… » Oumma, assise dans un fauteuil, la tête dans ses mains, se balançait vigoureusement. Haïkouhi, l'air perdu, caressait le dos de sa mère.

Quand Satenik aperçut sa fille, ses pleurs reprirent de plus belle. Sonia, ne comprenant toujours rien, s'approcha de sa mère et, la tenant par les épaules, s'enquit de la raison de leur détresse. Cette dernière, incapable de se tenir debout, s'effondra brusquement sur une chaise et, secouée de sanglots, présenta la situation à Sonia.

— Hier soir, ta sœur n'est pas rentrée à la maison. Et ce matin, elle me téléphone pour m'annoncer qu'elle ne rentrerait plus chez nous, car elle se marie avec un certain Solly Naggar, un musulman… Nous sommes perdus…

Sonia se rappelait vaguement cet individu aux manières raffinées qui jouaient au basket-ball dans une équipe, au Sporting Club.

Voulant calmer un peu la détresse de sa mère, Sonia dit espérer qu'ils se marieraient pour de bon et voulut ajouter quelque chose quand Oumma, levant brusquement ses mains vers le ciel, cria :

— Mais tu ne comprends pas… c'est un musulman et nous sommes Arméniens. Comment cette communauté qui se rappelle encore le massacre va-t-elle réagir ? Qu'est-ce qu'on va devenir ?

— Ton père aura sûrement une crise… Je ne sais plus… Quel mal ai-je donc fait pour être ainsi punie ? reprit Satenik, tamponnant de son mouchoir les larmes de ses yeux. Sonia, désemparée, l'embrassa et, sans rien dire, sortit du salon pour aller voir son père.

Vahan Kalepdjian, tout seul dans sa chambre assis dans un fauteuil, regardait le vide. Sonia remarqua que son père avait vieilli de 10 ans en l'espace d'une journée. Son visage blême, ses yeux pleins de rage et de tristesse à la fois, son front plissé, ses lèvres serrées lui donnaient l'air d'un vieillard écrasé sous le poids de problèmes insoutenables.

Levant la tête vers sa fille, il lui dit :

— Je vois que tu es au courant du malheur dans lequel nous entraîne ta sœur. Je n'arrive pas à comprendre comment elle peut commettre un acte aussi irréfléchi et aussi impardonnable. Comment peut-elle cracher sur ses racines arméniennes et profondément chrétiennes ?

Et, d'un geste de la main signifiant son incompréhension et son accablement, Vahan se tut.

S'approchant de son père, Sonia suggéra timidement d'aller rencontrer sa fille. Mais Vahan, hors de lui, sauta de sa chaise en hurlant :

— Celle qui voulait à tout prix prouver sa volonté et sa liberté et celle qui déshonore ses parents ne peut pas comprendre son père.

D'un pas décidé, il sortit, abandonnant Sonia au milieu de la chambre.

Le soir, toute la famille était réunie dans le grand salon. Lévon, qui s'était dépêché de rentrer du Caire, restait silencieux à côté de sa mère. Joseph, après un long silence, proposa à son beau-père d'aller parler à sa belle-sœur. Mais la réponse de Vahan fut catégorique :

— Personne ne fera quoi que ce soit. Je suis son père, c'est à moi d'être blâmé. Aucune supplication et aucune prière ne feront revenir celle qui, froidement, a lancé un défi à ses origines.

Le silence revint. Personne n'avait de solution. Mais tout le monde était conscient que, dans quelques jours, le nom de la famille serait sur les lèvres de tous les Arméniens.

Quelque temps après son mariage, Zi se présenta enfin toute seule devant ses parents. Sa mère l'accueillit sans rancune, à bras ouverts. Son père, Vahan, profondément blessé, ne voulut rien entendre au début. Mais les larmes et les supplications de sa femme et de sa belle-mère l'obligèrent à accepter le triste retour de sa fille. Malgré tout, la plaie laissée par ce mariage frivole de Zi ne se cicatriserait jamais. Et à partir de ce jour, par une entente tacite, cet événement fâcheux fut volontairement mis en veilleuse et personne n'osa y revenir.

Zi, qui avait déjà 25 ans, n'avait aucun espoir de voir revenir son Jimmy, disparu depuis 5 ans. Aucun autre homme ne pouvant remplacer son Jimmy, elle avait alors décidé de ne plus jamais se remarier.

Et même si, apparemment, elle regrettait son geste, elle restait quand même persuadée qu'elle avait tous les droits de disposer de sa vie. Et malgré tout, Zi garda enfermée dans son cœur une grande rancune envers ses parents et même envers toute la communauté arménienne pour leur incompréhension face à son mariage. Elle croyait fermement que l'appartenance à une religion quelconque était inutile et que s'obstiner à entretenir la mémoire du génocide était inapproprié, voire malsain.

Son acharnement à lancer des défis à tout le monde en tout temps resta vivant tout au long de sa vie. Elle qui écrivait sans fautes et parlait très bien l'arménien avait, bien des années plus tard, banni sa langue maternelle de son vocabulaire et commença à ne s'exprimer qu'en français, créant ainsi une animosité inutile dans son entourage. Elle qui avait toujours eu une âme remplie d'une compassion sans borne pour autrui et beaucoup d'amour à donner n'avait pas été appréciée à sa juste valeur, à cause de son entêtement et aussi de son destin...

CHAPITRE 17

La décision du rapatriement

D eux ans après la fin de la guerre, l'Europe, préoccupée tant bien que mal à soigner ses plaies, ne pouvait rien faire contre la fièvre indépendantiste qui, comme une maladie contagieuse, se propageait en Asie et en Afrique. Des manifestations contre les colonisateurs devenaient le lot quotidien de presque toutes les anciennes colonies. Et ces mouvements apporteraient, tôt ou tard, des changements sur la carte politique du monde entier.

L'Égypte, protectorat anglais, ne faisait pas exception. Le pays était ravagé par l'inflation. Les Égyptiens, désillusionnés par le Parti Wafd prometteur à ses débuts, cherchaient désespérément des moyens de libérer leur pays de l'occupation des Anglais qui remontait à 1882. Et de nouvelles organisations politiques surgissaient, accompagnées de manifestations souvent sanglantes. Parmi ces organisations, les plus importantes étaient le Parti des frères musulmans et le Parti communiste, chacun ayant sa vision d'une Égypte libre avec un objectif commun au départ : la libération du territoire, suivie d'une nationalisation des principaux biens du pays.

Et tout le monde se rendait compte que le peuple égyptien, désormais responsable et plus fort, se préparait à reprendre le gouvernail de son pays. Le nationalisme était en train de naître et la menace pesait non seulement sur les Anglais, mais aussi sur tous les groupes ethniques présents dans le pays. Dans les communautés grecques, italiennes, arméniennes et juives, l'idée de quitter éventuellement l'Égypte commençait à germer.

Joseph était conscient qu'un jour ou l'autre, l'Égypte passerait entre les mains des indépendantistes et il sentait que quitter ce beau pays deviendrait, un jour prochain, impératif.

Il avait donc commencé à mener une enquête minutieuse pour trouver un pays qui les accepterait et satisferait à leurs aspirations. Un an plus tard, au début de 1947, il arrêta son choix sur le Canada ainsi que sur l'Australie. Ces deux pays, relativement jeunes, avaient besoin de main-d'œuvre pour se développer et, par ce fait même, étaient considérés par tous comme l'eldorado des travailleurs.

Persuadé qu'il pourrait créer dans un de ces pays une vie décente pour lui et pour sa famille, et ayant obtenu le consentement de sa femme et de sa mère, Joseph avait donc fait sa demande d'immigration simultanément dans les deux pays. Et en attendant la réponse, la famille continuait à mener une vie normale.

Sonia, de son côté, avait une confiance absolue en son mari. Elle ne doutait pas que Joseph pourrait lui assurer une vie confortable, indépendamment du pays choisi et elle ne se préoccupait pas vraiment des détails de sa vie future, préférant se laisser porter par le moment présent. Elle continuait à rencontrer ses amies, à sortir avec sa fille, à mener une vie insouciante et légère.

Depuis peu, elle avait trouvé une autre occupation : elle avait commencé, avec sa belle-sœur, la femme de Grégoire qui était une excellente brodeuse, à confectionner des tenues de déguisement pour leur fille. En effet, le club arménien Ramgavar Tigrane Yerkat organisait souvent des bals masqués pour les enfants, et presque toutes les mamans de la communauté étaient à la recherche d'idées originales pour habiller leur progéniture. Et Astrid, tantôt en petite Hollandaise, tantôt en petit cow-boy, adorait se présenter ainsi métamorphosée devant tout le monde.

Astrid avait presque trois ans et demi. C'était une jolie petite fille, espiègle, pleine d'entrain et parlant déjà très bien le français et l'arménien. Elle était choyée par tous les membres de la famille Kalepdjian. Souvent, avec son grand-père, ils allaient au jardin zoologique ou bien ils faisaient un petit tour en tramway au deuxième étage, ce qu'elle aimait particulièrement. Elle adorait aussi passer ses journées à la villa de ses grands-parents où, durant le jour, elle pouvait courir à son aise dans le jardin. Parfois, lorsque le petit Kévork, le fils de Màryam, se joignait à eux, cette bande de « voyous » remplissait la villa de leurs cris et de leurs rires. Et le soir, après avoir épuisé son énergie en sautant sur le grand lit de sa grand-mère, elle écoutait sagement les histoires racontées par Satenik et fermait ensuite ses yeux au chant d'une vieille berceuse arménienne chantée par sa grand-mère.

Zi, qui était folle de sa nièce, aimait se promener avec la petite. Elle l'amenait souvent à San Stefano ou bien au Baudrot où Astrid choisissait toujours des gâteaux de couleur rouge. Elles assistaient souvent aux présentations données par le théâtre de marionnettes, à l'Alhambra, ou bien se rendaient au bord de la mer. Chacune de ses sorties avec sa tante se terminait, pour Astrid, dans un magasin de jouets, d'où elle ressortait chaque fois avec des paquets plein les bras.

Durant ces mêmes années, la communauté arménienne d'Égypte devint partagée entre la possibilité d'immigrer dans n'importe quel autre pays étranger prêt à les accueillir et celle de retrouver la patrie en République soviétique d'Arménie.

Cette dernière, qui faisait partie de l'URSS depuis 1920, avait largement ouvert ses portes à la diaspora arménienne du monde entier dès 1946. Cette ouverture avait deux raisons : d'un côté, il s'agissait d'une pure propagande du régime communiste face au monde libre ; et d'un autre, nettement plus important, l'Arménie soviétique avait désespérément besoin d'augmenter sa population, car le pays craignait de perdre, à cause de sa faible démographie, son statut de « république » contre celui de « territoire autonome », ce qui signifierait, à long terme, une assimilation totale. Mais le dilemme continuait à hanter et, en même temps, à diviser la diaspora, car le désir d'aller vivre enfin sur leurs terres ancestrales était contrebalancé par la peur du régime communiste qui régnait dans ce pays. Et cela, malgré toute la propagande menée par les membres du Parti socialiste arménien du Hntchak. Ses membres, s'appuyant sur les sentiments patriotiques de leurs concitoyens, ne rataient aucune occasion pour vanter, par tous les moyens, les mérites du système totalitaire pour leur patrie.

Ainsi, au début du mois de mars, deux vassaux de l'Arménie soviétique rendirent visite à Joseph. Leur intention était de persuader Joseph de se rendre en Arménie et s'y installer définitivement. Et pour enflammer l'amour patriotique de Marikian, ils commencèrent à chanter les louanges du système communiste en insistant sur la gratuité de l'éducation et de la santé, sur la facilité d'obtenir des terrains de l'État pour la construction de leur maison.

Joseph, après les avoir écoutés attentivement, mit fin à leur rencontre en citant textuellement l'avertissement lancé par Churchill en 1946 : « Un rideau de fer est tombé à travers le continent, et cela constitue une menace pour le monde libre ». Et il ajouta qu'il préférait quand même la liberté à sa patrie.

Joseph, qui depuis 1943 travaillait à son compte comme expert-comptable, comptait parmi ses clients le port d'Alexandrie. Il s'occupait des comptes du chargement et du déchargement des bagages de tous les bateaux amarrés dans le port.

Un jour, alors qu'il achevait son travail sur le navire russe *Pobeda*, il entendit, du haut de la passerelle, quelques chansons patriotiques arméniennes. Tout d'un coup, le monde autour de lui chavira. Il en fut bouleversé. Étaient-ce les paroles de ces chansons qui décrivaient des couleurs intenses de la nature de l'Arménie, de ses vallées florissantes, de ses torrents impétueux et de la beauté sublime du mont Ararat, cette référence éternelle et immuable dans le cœur de chaque Arménien, ou encore était-ce le son langoureux du doudouk (flûte orientale) ? Joseph était incapable d'analyser sa réaction. Son cœur, pour la première fois, fut envahi d'un sentiment patriotique inconnu jusqu'alors. Jamais il ne s'était trouvé dans un état pareil. Toujours est-il qu'il se mit à pleurer, chose qu'il n'avait jamais faite dans sa vie. Il dut s'asseoir, secoué qu'il était et comme sous le choc d'une révélation. Au milieu de ses larmes, une certitude se dessinait dans sa tête: il sentait que son unique havre se trouvait dans un minuscule pays appelé Arménie...

Après un certain temps, alors qu'il s'éloignait tranquillement du bateau, il entendit de nouveau les échos de ces chansons qui avaient su si bien parler à son âme.

Sa tête était prête à éclater. Vainement, il essayait de trouver des réponses logiques à ses sentiments si inattendus et si spontanés, mais aucune ne le satisfaisait. Pourtant, il en avait soudain la certitude: il devait prendre le chemin de sa patrie.

Pendant ce temps, après avoir couché Astrid, Sonia attendait sur le balcon le retour de son mari. En voyant enfin Joseph garer sa voiture devant la maison, elle voulut retourner dans la chambre, quand elle aperçut son mari qui courait vers l'immeuble. Inquiète, elle se précipita alors sur le palier pour l'accueillir. Joseph, dans tous ses états, oubliant son repas, demanda à sa femme d'aller s'asseoir un moment au salon. Là, debout devant Sonia, en proie à une grande excitation, il essaya, en toute franchise, de lui décrire la profondeur des émotions qu'il avait ressenties en écoutant ces airs arméniens. Sa femme, étonnée de le voir dans un état émotionnel si intense, garda le silence. Elle avait de la difficulté à comprendre que ces quelques mots anodins, comme *patrie*, *Arménie* ou *Ararat*, pouvaient susciter autant d'émois chez quelqu'un. Finalement, Joseph se tut. Elle rétorqua d'abord qu'elle n'a jamais eu envie de voir ce pays communiste et, ensuite, que ce projet était trop important pour lui donner une réponse sur-le-champ.

— Je sais, répondit Joseph, je ne veux pas prendre une décision hâtive. Peut-être étais-je fatigué ou peut-être le fait d'entendre parler l'Arménien à mon travail m'a bouleversé. Je ne sais pas, je n'en ai aucune idée. Mais... je vais réfléchir, parler aux gens, recueillir des informations et après, et seulement après, on décidera...

Et durant des semaines, Joseph chercha sans relâche à s'informer. Il s'adressa d'abord aux dirigeants des partis politiques arméniens d'Alexandrie, surtout à ceux qui incitaient ses compatriotes à se rapatrier. Et tous, à l'unisson, répétaient que leur pays avait besoin de ses fils, que l'Arménie était une république prospère et que les Russes étaient là pour assurer la protection et la continuité du peuple Arménien. Mais étonnamment, tous ces gens-là affirmaient qu'ils n'étaient pas prêts, du moins pas encore, à prendre le chemin vers leur patrie… Ce refus catégorique, prononcé par les têtes dirigeantes des partis, était diamétralement opposé à leurs discours patriotiques et cela dérangeait beaucoup Joseph.

Il interrogea aussi ceux qui s'étaient déjà inscrits sur la liste de départ. Ceux-là, issus en majeure partie de la classe ouvrière et artisanale, trouvaient qu'ils n'allaient pas perdre grand-chose, mais qu'en retour, ils gagneraient une patrie.

Il passa des soirées à discuter du sujet avec ses amis. Noubar et quelques amis proches de Joseph avaient tenté de le dissuader en apportant des arguments solides. Ils pensaient que tout le bien qu'ils entendaient sur l'Arménie n'était qu'une pure propagande, que le fait qu'aucune nouvelle ne pouvait échapper du pays des Soviets était déjà suspicieux… Mais paradoxalement, ces mêmes amis parlaient de leur propre désir de vivre un jour sur le sol de leurs aïeuls.

Malgré tout ce travail de recherche, Joseph savait qu'il n'obtiendrait pas de réponse assez claire pour mettre fin à ses tourments. En effet, c'était à lui de la trouver, de peser le pour et le contre entre le Canada, l'Australie et l'Arménie, et d'arriver enfin à une décision qui apaiserait son âme. Il s'interrogea sur l'avenir qu'il souhaitait vivre, sur la possibilité de voir sa fille et ses futurs enfants grandir sur les terres arméniennes ou au sein de cette diaspora qui déchirait son peuple. Peu à peu, plus il y pensait, plus il concluait que leur place était en Arménie et non ailleurs. Qu'un pays étranger, le plus accueillant qu'il soit, resterait toujours un pays étranger, un pays où les arbres arméniens ne pourraient prendre racine, où ses fruits, manquant le soleil ardent de l'Arménie, et son sol aride n'auraient jamais la même saveur.

Graduellement, une réponse nette se dessina dans sa tête : il avait enfin pris sa décision. Et une fois encore, debout devant sa femme, Joseph étala avec foi et conviction les raisons de son choix.

— Sonia, il faut que tu me comprennes. Je suis quelqu'un qui a vécu le génocide. Je me rends compte aussi du danger que courent nos femmes dans un pays musulman. Je sais aussi que, partout ailleurs, je serai un étranger. Je ne veux plus de cela. Je veux donner une patrie à ma fille, un endroit où elle sera parmi les siens, où elle parlera la même langue, où elle partagera les mêmes traditions...

Sonia sentit le sol se dérober sous ses pieds. Mais elle put quand même formuler sa pensée :

— Mais... tu ne maîtrises même pas ta langue maternelle. Et tu disais aimer ta liberté. Comment pourras-tu trouver ta liberté dans un pays complètement fermé à l'extérieur ?...

Sonia se tut et se perdit dans ses pensées, n'ayant pas entendu les derniers arguments de Joseph. Elle était consumée par une appréhension ; elle sentait qu'un danger les guettait. Elle se rappela des bribes de conversations entendues ici et là par les parents de ceux qui étaient partis en Arménie au début de 1947. Tout ce monde disait que les lettres reçues d'Arménie étaient toutes remplies de sous-entendus, de paraboles, de non-dits. Et aucune ne contenait de descriptions précises de leur situation et de leurs conditions de vie. Et ceci était probablement une indication que ces gens avaient peur... Sonia était encore plongée dans ses pensées quand elle entendit Joseph dire :

— Dans le pire des cas, nous reviendrons en Égypte ou bien nous irons où tu voudras. C'est une promesse. Qu'est-ce que tu en dis ?

Sonia ne répondit rien. Mais cette dernière proposition la rassura un peu.

Le jour suivant, dans le salon de la villa, Sonia racontait en détail à ses parents sa conversation avec Joseph. Après avoir écouté attentivement sa fille, Vahan lui dit regretter de ne pas pouvoir les suivre vu son âge. Il ajouta que, selon lui, la place de chaque Arménien se trouvait en Arménie, là où il n'existe aucune menace d'assimilation et où tout le monde est de même origine. Et, serrant sa fille dans ses bras, il murmura :

— Où que tu sois, sache que ma bénédiction te suivra. Ta mère et moi nous serons toujours fiers de notre fille.

Après un baiser posé sur le front de sa fille, Vahan quitta le salon. Une fois seule avec sa fille, Satenik rompit le silence en disant :

— J'aurais aimé te montrer le juste chemin, mais… moi-même je ne le sais pas. J'ai vieilli sûrement. Je ne sais qu'une seule chose : quel que soit l'endroit où tu iras, tu seras loin de moi et cela m'est insupportable. D'abord Lévon, ensuite toi… Ce n'était pas comme ça que j'avais imaginé notre vieillesse…

Et les larmes brouillaient ses yeux. Essuyant ses pleurs, sa mère reprit :

— Je sais que ton père serait le premier à se présenter à l'appel de l'Arménie, si ce n'était son âge. Il a presque 70 ans et il ne supportera pas ce long voyage. Même si j'ai peur pour vous, je sais aussi n'avoir aucun droit de m'immiscer dans votre vie et je ne peux pas t'attacher à moi. Tu as ta vie et ta destinée à suivre et j'ai confiance en Joseph. Et une femme doit suivre son mari en toute circonstance.

Et Satenik avait serré longtemps sa fille dans ses bras.

De retour à la maison, Sonia repensait aux événements de la journée. Elle se dit qu'une fois de plus, ses parents avaient trouvé les mots appropriés pour apaiser ses craintes. Tout d'un coup, sans savoir pourquoi, elle se rappela les paroles du prêtre catholique qui espérait faire d'elle une « vraie chrétienne ». Un sourire illumina le visage de Sonia : « Ce pays communiste et athée, où je dois me rendre, m'aidera au moins à effacer le souhait de cet ignorant. » Et satisfaite de sa découverte, Sonia rentra chez elle.

Pendant ce temps, Joseph proposait à sa mère et à son frère de l'accompagner en Arménie. Marie Marikian écoutait en silence son benjamin. Quand Joseph eut terminé sa demande, sa mère prit les mains de son fils, les serra sur son cœur et, en le regardant droit dans les yeux, dit :

— Ta décision te fait honneur. C'est vrai que notre pays a besoin aujourd'hui de ses fils. Mais n'oublie jamais que c'est un pays où règne le communisme et qui, de ce fait même, est athée. Et là où Dieu n'existe pas, la justice ne peut exister. Et je refuse de t'accompagner, même si mon cœur en souffrira.

Couvrant sa bouche de la main, elle éclata en sanglots. Après s'être calmée, elle ajouta :

— Mon fils, je sens que je ne pourrai pas te sauver cette fois-ci : ta décision est déjà prise. Mais reconsidère-la, de grâce, car la foi et la justice sont des éléments nécessaires à une vie décente.

Joseph s'était agenouillé devant sa mère et, embrassant ses mains déjà déformées, avait exprimé son regret de ne pas pouvoir l'emmener avec lui.

Son frère Grégoire, qui assistait à cette scène émouvante, ne sut quoi dire.

Lui qui, quelques mois auparavant, avait divorcé de sa femme, Marie Erkat, et avait accepté en silence que sa fille Anna, âgée de six ans, parte en Arménie avec sa mère, était aussi d'accord avec le départ de son frère.

Le soir en revenant à la maison, les doutes commencèrent à assaillir Joseph : qu'était-il en train de faire ? Pourquoi recommencer une nouvelle vie ? Avait-il le droit de quitter une vieille mère qui avait sacrifié sa vie pour lui ? Pouvait-il recréer pour sa famille une vie aussi heureuse ?…

Il se sentit très mal et ses mains tremblantes l'obligèrent à arrêter sa voiture sur la corniche. Il sortit du véhicule, descendit vers la plage et, s'asseyant sur le sable encore chaud, essaya de se calmer.

Quelques minutes après, le bruit lancinant du clapotis des vagues qui mouraient sur la plage commença à apaiser les battements désordonnés de son cœur. Sa tête finit par émerger de ce brouillard qui l'avait envahi en quittant sa mère. Rasséréné, Joseph commença à se reposer les questions qui, tout à l'heure, l'avaient dérouté et essaya d'en trouver les réponses calmement et à tête reposée.

Une demi-heure plus tard, il savait que sa décision était juste : « Je suis prêt à affronter les difficultés. Ma fille grandira en Arménie. En dehors de l'Arménie, les chansons arméniennes auront toujours le pouvoir de perturber mon âme. »

Et se levant, il tourna le dos à la mer et se dirigea fermement vers sa voiture.

CHAPITRE 18

Le départ des Marikian vers l'Arménie

Quelques jours plus tard, toute la communauté arménienne savait que la famille Marikian était inscrite sur la liste de ceux qui partaient vers l'Arménie. Le départ étant fixé au mois de septembre, cela laissait amplement de temps à la famille de se préparer. Joseph, conscient que le pays pouvait se trouver dans les vicissitudes d'après-guerre, avait le projet d'implanter des fermes pour assurer leur survie en cas de besoin. Il avait donc ajouté à ses bagages tout ce qui était nécessaire à la réalisation de son projet.

En attendant leur départ, Sonia et Joseph s'étaient installés à la villa. Joseph commença à apprendre le russe et à approfondir son arménien. Désireux d'en savoir plus sur le pays où ils allaient vivre, il avait pris quelques cours sur l'histoire de l'Arménie.

Quel fut son étonnement de découvrir que l'Arménie était le premier pays au monde à se convertir au christianisme en 301 apr. J.-C., sous le règne de Trdat III (287-330). Il apprit aussi que l'alphabet arménien avait été inventé en 405 par le prêtre Mesrop Machtots. Joseph se sentit gonflé de fierté en lisant des passages sur la guerre de Vardanank, au Ve siècle, contre la domination des Perses: les conditions de paix imposées par les Arméniens victorieux du roi de Perse Valach constituaient une leçon de droits humains. Un des principes sur lequel reposaient les conditions de paix était le suivant:

«Nul ne sera jugé selon sa condition sociale, mais uniquement selon la valeur de ses actions». Joseph trouvait que ce principe, aujourd'hui encore, méritait d'être mis en pratique dans bon nombre de circonstances.

Puis, il constata avec douleur qu'au cours de son histoire, l'Arménie s'était inclinée devant plusieurs empires, entre autres les Byzantins, les Arabes, les Perses, les Ottomans et les Russes. Ces derniers, en 1828, accaparèrent une grande partie de l'Arménie ancienne, y compris les régions de Batoumi et de Kars. Et c'est cette partie-là qui, après une courte période d'indépendance (1918-1920), allait devenir en 1920 une des républiques de l'URSS, là où Joseph avait choisi de s'installer.

Sonia, à son tour, suivit un cours accéléré d'art culinaire et de couture, outils additionnels pour affronter leur nouvelle vie.

Quelques jours à peine avant le départ, le choléra, d'une source dite inconnue, fit son apparition dans la ville d'Alexandrie et aucun bateau ne put entrer dans le port ou le quitter. Ainsi, le départ des Marikian fut reporté au mois d'août 1948, ce qui permit aux deux familles de profiter au maximum de ce délai. Malgré l'idée d'une séparation provisoirement écartée, la vie reprit son cours normal.

Un jour, à la demande de sa grand-mère, Sonia rendit visite à un cheik pour qu'il lui lise son avenir. Ce vieux bonhomme, après lui avoir prédit un long voyage, avait ajouté aussi que l'homme avec qui elle voyagerait irait pendant six ans encore plus loin dans le «blanc», et que plusieurs années après cela, la roue de la fortune tournerait enfin. Sonia qui au fond ne croyait pas à ces choses oublia vite ces prédictions qui, on le verra, n'étaient pas sans fondement.

Au mois de décembre, une bonne nouvelle ravit tout le monde: Sonia était de nouveau enceinte, et la naissance du bébé était prévue, cette fois-ci, vers la fin du mois d'août.

***

Le jour du départ arriva enfin. Les Arméniens, au nombre de trois mille environ, étaient prêts à prendre la route vers l'Arménie soviétique. Le quai, devant le bateau *Pobeda*, était bondé. La musique, les pleurs, les cris, tous ces bruits s'entremêlaient. La plupart de ceux qui partaient étaient pleins d'espoir, et presque tous ceux qui restaient étaient perplexes et nourrissaient des doutes pour les partants. Mais tous étaient tristes de se séparer.

La première sirène retentit, invitant les passagers à monter à bord. Et à ce moment-là, le quai se transforma soudain en centaines de bouquets composés de groupes de familles enlacées, dont chacune perdait un être cher…

À côté de Grégoire, Joseph regardait sa mère, et les larmes ruisselaient sur ses joues. Lui qui espérait toujours ne jamais être la cause de son chagrin, voilà que c'était lui aujourd'hui qui lui assénait le coup le plus dur. La pauvre femme qui n'avait pas revu son fils aîné, Jean, parti 20 ans plus tôt à Paris pour ses études était en train de perdre son second fils. Écrasée par la douleur, minuscule dans sa solitude, les yeux mouillés, Marie embrassait sans relâche les mains de son fils en invoquant la protection de tous les saints sur son petit.

De l'autre côté, la famille Kalepdjian faisait des adieux aussi émouvants et aussi déchirants à Sonia et à Astrid. Une longue sirène annonça le départ et le gros paquebot quitta majestueusement le port.

Sonia et Joseph, Astrid dans les bras, fixèrent le quai aussi longtemps qu'ils le purent. Et quand la mer eut complètement entouré le bateau, ils comprirent qu'ils étaient tout seuls, face à leur destin, sans famille ni amis…

Exactement cinq jours plus tard, la famille Kalepdjian reçut le visa d'entrée pour le Canada pour la famille Marikian.

La famille en 1948, avant le départ des Marikian vers l'Arménie. En haut : Joseph, Zi, Vahan, Lévon. En bas : Sonia, Astrid, Satenik, Oumma.

TROISIÈME PARTIE

La réalité derrière le rêve

La nature ignore la justice. L'équité est une création de l'homme.

GUSTAVE LE BON

CHAPITRE 19

L'arrivée à Batoumi
et la naissance de Marianne

Au milieu de la Méditerranée, un gros bateau naviguait tranquillement, un immense drapeau rouge hissé sur le mât.

Un beau soleil de mois d'août dans un ciel bleu, l'espace infini et une mer calme dont les seules vagues naissaient de l'avancée du bateau, donnait l'impression d'assister à une croisière de plaisance.

Mais la réalité était tout autre. Ce bateau avait à son bord des «chanceux» au nombre de trois mille personnes et plus, qui avaient hâte de se trouver dans les bras de leur «mère patrie». C'étaient les Arméniens d'Égypte, embarqués sur le navire soviétique *Pobeda* dans le port d'Alexandrie trois jours plus tôt.

Le bateau était plein à craquer. On aurait dit qu'une horde de Tziganes avait pris d'assaut ce grand navire. Ils étaient partout: sur le pont supérieur et sur le pont arrière, sur la promenade, sur les terrasses extérieures et même dans les corridors. Entassés par familles, les unes à côté des autres, les gens, debout ou assis, avaient tous le regard perdu.

La plupart de ces Arméniens savaient bien que cela ne serait pas une croisière de luxe, mais ils s'attendaient quand même à recevoir un minimum de services, un toit sur la tête, par exemple, ou bien le droit de disposer d'un restaurant ou d'une cafétéria. Mais tout ce que ce bateau leur offrait, c'étaient des planches nues pour dormir, de l'eau et cinq cents grammes de pain blanc par famille. Ni cabine ni salon n'étaient proposés aux passagers. Pour leur malchance, une grande délégation de dirigeants soviétiques retournait au pays avec les officiers de l'Armée blanche, réfugiés à l'étranger dans les années 1920. L'élite, qui avait besoin d'énergie pour gouverner, ne pouvait se passer de son confort, et le peuple devait comprendre. Et les pauvres Arméniens commencèrent à comprendre et se mirent à aller et venir en silence vers les soutes à bagages, cherchant le nécessaire pour passer, à la belle étoile, leurs jours et leurs nuits.

Le commandant, un homme généreux, avait permis quand même aux passagers d'utiliser les deux toilettes du pont supérieur. Alors dès l'aube et durant toute la journée, une longue ligne de personnes, âge, sexe et classe sociale confondus, attendaient patiemment le moment venu pour soulager leur corps. Mais aucun ne savait où chercher le soulagement de l'appréhension grandissante qui lui serrait le ventre.

Personne n'était préparé à un tel accueil. Il était encore tôt pour comprendre que, pour la patrie, il n'existait pas de moment propice pour les sacrifices. Était-ce l'apparition d'un énième sens qui les retenait pour ne pas exprimer leur colère ou bien étaient-ce encore les belles paroles, toujours envoûtantes, de ce Papikian, fidèle représentant du Parti communiste arménien, qui faisaient encore effet? Toujours est-il que personne n'osait ouvertement critiquer cet accueil.

Le troisième jour, les nuages qui s'amoncelaient depuis la veille étaient devenus carrément menaçants quand leur teinte gris foncé vira soudainement au noir. On entendit d'abord un très fort grondement accompagné d'éclairs qui illuminèrent la mer jusqu'à l'horizon, avant que le ciel ne relâche des tonnes d'eaux emprisonnées. En une seconde, un rideau épais de pluie se forma, empêchant les passagers de voir leurs voisins. La nature se déchaînait. À cette inondation s'ajouta un vent violent, prêt à emporter vers la mer tout ce qui n'était pas solidement attaché sur les ponts.

C'est à ce moment que le commandant, toujours généreux, décida après avoir obtenu le feu vert des hauts dirigeants du parti d'ouvrir enfin les deux grands salons pour abriter les passagers trempés jusqu'aux os.

Immédiatement après cette annonce charitable, tout le monde se précipita vers les escaliers. Quelques-uns tombèrent, d'autres se blessèrent, mais la plupart se trouvèrent un abri. À l'extérieur, les couvertures, les matelas, les boîtes, les jouets et tout ce qui avait été laissé par les passagers se retrouvèrent dans la mer. Et après trois heures de déluge, le ciel s'éclaircit de nouveau et le soleil fut de retour.

Le lendemain, quand le bateau traversa le détroit des Dardanelles et entra dans la mer de Marmara, la couleur du pain devint noire, sans aucun avertissement ou explication.

Au début, les gens pensaient que les matelots étaient en train de leur distribuer des gâteaux au chocolat. Pendant un très court moment, l'espoir de la fin de leur misère à l'approche de leur patrie effleura leur esprit. Et tous, avec joie, avaient tendu leur main pour avoir cette manne. Mais quel fut leur désenchantement quand ils voulurent la goûter ! C'était un pain noir, sec comme de la pierre et qui avait un goût de sciure. Quelques minutes plus tard, le monde aquatique avait inclus le pain russe à son menu régulier.

Au matin du quatrième jour de voyage, Sonia et Joseph, réfugiés dans leur voiture dans la cale, buvaient leur café en silence. Sonia qui avait déjà des difficultés à marcher restait, la plupart du temps, assise ou allongée sur la banquette arrière de l'auto avec Astrid. Elle qui appréhendait de donner naissance à son enfant dans ces conditions inappropriées priait continuellement pour que son enfant vienne au monde sur la terre ferme.

Dès le premier jour, le capitaine avait refusé la demande de Joseph de faire une exception et d'ouvrir une cabine pour sa famille, vu l'état de Sonia. La famille avait donc choisi de dormir, tant bien que mal, dans sa voiture. La seule concession que Joseph avait obtenue de ce capitaine était la permission de prendre une douche matinale.

Joseph, qui avait appris le russe en Égypte, ne s'attendait pas à entendre tant de *niet* dans une phrase. À chaque *niet*, son appréhension augmentait et sa confiance diminuait. Et pour se donner du courage, il se disait qu'une fois sortis de ce bateau, tout redeviendrait normal. De son côté, en voyant échouer tous les efforts de Joseph pour assurer leur bien-être, Sonia préférait garder pour elle la seule question qui trottait dans sa tête : « Mais pourquoi ? »

Tôt un matin, Joseph quitta sa femme et sa fille. Inquiète de la longue absence de son mari, Sonia prit Astrid par la main et partit à sa recherche. En titubant dans les étroits passages laissés par les familles étalées sur le sol, elle arriva enfin au quartier du responsable de leur groupe, Papikian. Ce dernier n'avait aucune idée de l'endroit où se trouvait son mari.

Ne sachant que faire, Sonia voulut revenir sur ses pas quand Astrid, lâchant la main de sa mère, courut vers un groupe d'enfants qui jouaient. Une femme debout près de ce groupe s'approcha de Sonia et lui suggéra de laisser sa fille s'amuser là, lui promettant de la ramener un peu plus tard. Sonia accepta et continua son chemin. Juste avant de prendre les escaliers, elle remarqua un bout de passerelle libre, d'où l'on pouvait enfin voir la mer. Avant que quelqu'un d'autre n'arrive, elle s'approcha et, pour la première fois en quatre jours, admira tranquillement les flots. Elle tourna son regard vers l'horizon, là où l'Égypte devait se trouver. Mille et une questions lui traversaient l'esprit. Elle essaya d'imaginer ce que faisaient ses amies à cette heure précise, ce qu'elle ferait si elle y était encore... En fermant les yeux, Sonia passait en revue les êtres chers qu'elle avait vus peut-être pour la dernière fois sur le quai : sa mère toute rapetissée de chagrin, son père qui essayait sans succès de retenir ses larmes, sa grand-mère qui, à la dernière minute, avait ôté ses propres boucles d'oreilles pour les lui donner, les visages tristes de Zi et de Lévon. Sonia pleurait doucement. Le soleil caressait son visage, la brise jouait avec son écharpe, et le temps s'était arrêté. Une tape sur son épaule la réveilla. L'inconnu lui dit que son mari l'attendait près de leur voiture. Mettant fin à sa rêverie, Sonia se dirigea vers Joseph.

À mesure qu'elle s'approchait, elle vit Joseph parler avec une femme. Sonia la reconnut. C'était la femme d'un ami éloigné de ses parents. Elle s'appelait Kata. Son mari, un peintre, M. Meguerditchian, lui avait demandé avant de mourir de sauver leur fils unique en l'emmenant dans sa patrie. Elle, qui était Hongroise d'origine, avait pris courageusement la route vers un pays totalement inconnu, pour exaucer le dernier vœu de son mari.

Sonia, qui avait rencontré Kata en quelques occasions seulement, était chaque fois impressionnée par sa beauté et sa culture. Kata était effectivement une très belle femme. Âgée d'une quarantaine d'années, elle était grande et ses yeux étaient d'un bleu clair. Elle avait un front bombé, une peau très blanche satinée, un tout petit nez et des lèvres charnues. Issue d'une famille d'intellectuels, elle avait reçu une bonne instruction, jouait du piano à la perfection et n'avait aucune gêne à défendre ses idées dans une conversation.

En apercevant Sonia, Kata avait largement ouvert ses bras et les deux femmes s'étaient enlacées. Et immédiatement, chacune d'elles sut, sans parler, qu'elles pourraient mieux supporter, avec l'aide l'une de l'autre, les difficultés de leur nouvelle vie.

À son tour, Joseph se calma, car il vit que Sonia avait trouvé en Kata une amie véritable. Lui qui cherchait depuis trois jours quelqu'un pour tenir compagnie à sa femme était content de voir se terminer la solitude de cette dernière. Car, même si sa belle-sœur Marie, ex-femme de Grégoire, voyageait avec eux, Sonia ne la voyait pas souvent. En effet, la belle-sœur, avec sa petite fille Anna, entourée des membres de sa grande famille n'avait pas vraiment de temps à consacrer à Sonia.

Depuis leur embarquement, Joseph était empli de doutes. Il oscillait entre l'incertitude, née dès les premières heures passées sur le bateau, et la panique après les *niet* répétés. Mais convaincu de la justesse de sa décision, Joseph s'opposait farouchement à ce que ses doutes prennent racine et, voyant réapparaître la joie dans les yeux de Sonia, reprit confiance et voulut croire que l'Arménie effacerait ses craintes.

Le 27 août, cinq jours après leur départ, le *Pobeda* jeta l'ancre dans le port de Batoumi.

C'était une belle journée ensoleillée. Sur le quai clôturé, un orchestre jouait et plusieurs pancartes rouges vantaient, en russe et en arménien, les privilèges de vivre dans un pays où l'homme respirait aisément.

De l'autre côté de la clôture, une centaine de badauds criaient, avec une voix à tout casser, des hourras aux dirigeants du parti pour avoir enfin sauvé ces Arméniens des griffes de l'impérialisme. Et tout cela créait l'atmosphère typique d'une artificielle fête collective soviétique.

Les trois mille personnes qui débarquaient étaient heureuses de laisser leur calvaire. Et les journaux du lendemain parlèrent de la joie immense de ces nouveaux venus qui allaient enfin marcher de concert avec le peuple soviétique vers l'avenir radieux du communisme.

Mais avant d'entreprendre cette marche glorieuse, les Arméniens rapatriés apprirent qu'ils devraient passer en quarantaine leurs premiers 15 jours sur cette terre promise, dans des hangars construits à cet effet. Ces bâtiments, où s'alignaient des lits en fer superposés, dépourvus de matelas et de couvertures, avaient été construits à la hâte. Ils n'avaient pas de murs, et seul un toit devait protéger les gens des intempéries.

Sur ce terrain immense, on trouvait aussi une baraque sanitaire occupée par un médecin et deux infirmiers, deux toilettes et une toute petite cantine presque vide, pour servir on ne savait quoi aux trois mille personnes. Avant que ces gens ne prennent possession de leur nouveau gîte, le commandant les avait avertis que selon le *zakon**, seulement deux lits avaient été prévus pour un groupe de cinq personnes. Encore une fois, l'idée d'avoir été dupés s'insinua dans l'esprit des émigrés, mais personne n'émit de commentaires. Ils comprenaient déjà que devant le *zakon*, on devait seulement s'incliner.

Et les jours tristes se succédèrent, immuables, monotones et lugubres, jusqu'au jour où, le septième exactement, les sourires réapparurent sur le visage de tous les rapatriés. On venait d'apprendre que le *Pobeda*, en quittant le port de Batoumi, avait été entièrement consumé par le feu. Chacun pensa secrètement avec joie, et sans l'ombre d'un doute, que cette destruction par le feu avait été le résultat de leur malédiction collective.

***

C'était l'après-midi du 29 août. Sonia sentit les premières contractions. Joseph courut aussitôt chercher un médecin. Ce dernier était un des rares Allemands à ne pas avoir été exilés, comme les autres, vers l'immensité des steppes de la Russie. Ce médecin fut donc très heureux d'échanger avec Joseph quelques mots dans sa langue maternelle. Et pour exprimer sa gratitude, il obtint de son supérieur la permission que Sonia puisse accoucher dans un des hôpitaux de la ville. En montant en voiture avec le couple, il les accompagna lui-même à l'hôpital.

L'hôpital était un petit immeuble de deux étages, peint tout en blanc, avec des fenêtres protégées de grilles en fer forgé. En voyant ces fenêtres, la peur envahit Sonia. Elle était sûre que c'était une prison et, se tournant vers son mari, elle le pria de faire demi-tour. Mais Joseph, qui avait confiance en ce médecin, put calmer sa femme et, descendant de voiture, il l'accompagna vers la réception.

Sachant d'où elle venait, le personnel habituellement bien apathique dans ces circonstances agit en conséquence à la vue de cette belle femme élégamment vêtue. Et en peu de temps, grâce aux boîtes de chocolats, aux parfums et autres petits cadeaux, Sonia fut entourée d'une attention sans précédent dans ce petit hôpital. N'ayant pas le droit d'être avec sa femme, Joseph retourna quant à lui avec le médecin pour chercher Astrid, laissée aux soins de Kata.

Le lendemain, le 30 août, naquit leur deuxième fille, Mona-Marianne. Et Sonia, avec sa nouveau-née, passa 10 jours entre les murs de cet hôpital, sans avoir l'autorisation d'en sortir.

CHAPITRE 20

Erevan et le premier appartement

La quarantaine prit fin le 13 septembre. Le commandant, après un long hommage rendu à l'unique parti humanitaire du monde, avait annoncé la veille aux immigrants qu'ils pouvaient enfin entamer la dernière partie de leur voyage. Il avait ajouté que les dirigeants du parti, à la suite d'une analyse approfondie visant toujours le bien-être des citoyens, avaient établi de façon irrévocable la liste de leurs futures résidences. Puis, invitant chaque famille à aller s'informer auprès de leur représentant de l'endroit où elle devait s'établir définitivement et rappelant que chacun était responsable du transport de ses biens personnels, il mit fin de façon abrupte à son discours. Et quand quelques courageux, dans la foule, osèrent poser des questions concernant le transport, le podium était déjà vide.

Le lendemain, Joseph accompagna Sonia, Kata et les trois enfants à la gare. Une fois sa famille installée dans le wagon, Joseph descendit du train, car il devait rester encore quelques jours à Batoumi pour s'occuper de leurs bagages.

Sonia, qui venait de sortir de l'hôpital, était fatiguée et ne se sentait pas très bien. Sa petite, qui pleurait tout le temps, refusait le lait maternel et elle était obligée de lui donner du lait en poudre qu'elle avait rapporté d'Égypte. Mais le problème n'était pas tout à fait réglé, car elle commença à développer une mastite. Le vieux médecin allemand, n'ayant aucun médicament pour la soulager, lui avait suggéré, à part les compresses, d'aller se faire traiter dans un grand hôpital d'Erevan.

Sonia était à bout. Et le fait d'avoir à continuer son voyage dans cet état, sans son mari, la déstabilisa complètement. Elle voulut hurler sa douleur, sa colère contre ce pays qui n'était pas préparé à les recevoir, mais en voyant les yeux tristes de son mari et son regard qui implorait son pardon, Sonia se tut.

Avant de se quitter, Joseph tenta de réconforter sa femme en l'assurant que dès leur arrivée, ils pourraient enfin se reposer dans leur logement, offert par l'État et que d'ici deux jours, ils seraient tous réunis.

Après avoir couché Astrid et Souren, le fils adolescent de Kata, dans leur compartiment sans porte, Kata alla chercher de l'eau. Sonia était en train d'allumer le réchaud pour préparer le lait de la petite lorsque le conducteur de la voiture l'arrêta. Et d'une voix autoritaire, il déclara que le *zakon* interdisait formellement l'utilisation des réchauds.

Kata, qui était de retour, assistait aux supplications inutiles de Sonia et ne pouvant plus se contenir, cria très fort en invitant toutes les passagères de la voiture à intervenir en leur faveur. Quelques secondes après, toutes les femmes, déjà à bout de nerfs, commencèrent à attaquer verbalement le fonctionnaire. Ce dernier, qui ne faisait que son devoir, fut finalement obligé de céder, et Sonia prépara enfin son lait. Et quand Marianne, rassasiée, se rendormit, les deux femmes, assises devant leur tablette, se mirent à sangloter.

Le train continuait son chemin. Mais le bruit monotone des wagons sur les rails, qui habituellement avait un effet calmant, n'arrivait pas à apaiser ces passagers continuellement sur le qui-vive depuis fort longtemps.

À chaque arrêt, une nouvelle image de misère surgissait devant leurs yeux consternés. Tantôt, c'était une masse imposante de femmes et d'enfants agglutinés sur le quai, vêtus de guenilles, qui tendaient fébrilement leurs mains pour recevoir des miettes de nourriture données par des gens qui pouvaient se permettre de voyager, tantôt c'étaient les images de désolation des villages délabrés qu'on apercevait à travers les fenêtres.

Toutes ces scènes affligeantes contribuaient à accroître l'appréhension des nouveaux arrivants devant leur nouvelle vie.

Sonia qui regardait à l'extérieur tourna son regard vers Kata et, rompant le silence, dit :

— Je ne me sens pas capable de pouvoir supporter tout cela… Au nom de quoi sommes-nous traités de cette façon? Notre vie est devenue pire encore que celle du dernier des *fellahins*. Ces paysans égyptiens avaient quand même leur liberté. Regarde-nous. Deux femmes, dans un train minable, dans des conditions encore plus misérables, sans mari ni protection, dans un pays hostile… Et on ne sait même pas ce qui nous attend.

Un large sourire apparut sur le visage de Kata, qui devant le regard interrogatif de son amie, répondit :

— Oui, j'en ris figure-toi. De toi, de moi. Mais surtout, de moi… Toi, tu as encore ton mari à tes côtés. Mais moi, je suis toute seule, et ma présence ici est tellement absurde que cela en devient comique.

Serrant dans ses mains celles de son amie, Sonia l'assura qu'elle serait toujours à ses côtés, qu'elle pouvait lui faire confiance, et les deux amies se regardèrent tristement. Kata, reprenant la conversation, demanda :

— Mais qui peut-on blâmer, si ce n'est nous-mêmes? Pourquoi ne s'être pas informé davantage? Pourquoi nous sommes-nous précipités aveuglément?

— Moi, j'ai suivi mon mari. Et d'ailleurs, même si quelqu'un avait osé nous décrire ces misères, je crois bien que Joseph aurait voulu le voir pour le croire, répondit Sonia.

Kata qui elle aussi était persuadée que rien ne pouvait ébranler le patriotisme de Joseph voulut ajouter quelque chose, mais le bébé commença à pleurer. Prenant sa petite dans les bras tout en la berçant, Sonia reprit la conversation :

— Je suis inquiète pour Joseph. Il savait qu'il rencontrerait des difficultés, mais il ne s'attendait pas à voir bafouer ainsi son identité. J'espère qu'en Arménie, tout sera différent. Tu sais, en ce moment, je commence à regarder autour de moi et je me console en me disant que nous ne sommes pas seuls à vivre ce cauchemar. Comme le dit le vieux proverbe, «Mourir avec son ami, c'est presque vivre une noce».

Le train s'arrêta à la gare de Leninakan, la deuxième grande ville d'Arménie. Les quatre cents familles devaient vivre à jamais dans cette ville selon la décision du parti. Ces pauvres gens ne savaient pas encore que, dorénavant, c'étaient les dirigeants du parti «le plus humanitaire du monde» qui disposeraient de tous les aspects de leur vie. Et les néo-*Leninakantzis**, après plusieurs *Bientôt* et *Dieu soit avec vous*, quittèrent leurs compagnons de voyage.

Le prochain arrêt fut Kirovakan, une ville industrielle qui devait accueillir un autre groupe de deux cents familles. Ici aussi, comme à l'arrêt précédent, les mêmes mots furent prononcés, et le train poursuivit son chemin vers son arrêt final. Deux heures après, le train entra dans la gare centrale d'Erevan, capitale de la république soviétique d'Arménie.

Les deux amies étaient contentes de mettre fin à leur vie nomade et elles rêvaient, au plus vite, de se retrouver dans leur appartement où elles avaient décidé, après une bonne douche, de déguster leur première tasse de café sur le sol d'Arménie.

Sur le quai se trouvait une foule composée en majorité, curieusement, d'anciens Arméniens d'Égypte qui avaient connu la même aventure un an auparavant. Et il était facile, dans cette masse, de distinguer ces gens de la population locale. Les ex-Égyptiens se différenciaient des autres pas seulement par les bouquets de fleurs qu'ils tenaient dans leurs mains, mais aussi par les couleurs vives de leurs habits, leur visage racé, leur sourire...

La présence de ces derniers s'expliquait doublement. D'abord, ils étaient là pour accueillir leurs amis, proches ou lointains, et aussi pour avoir des nouvelles de leurs familles restées en Égypte. Mais au fond, la raison majeure et la plus réconfortante était, bien sûr, le désir de s'assurer qu'ils n'étaient pas les derniers écervelés de la communauté arménienne d'Égypte à avoir pris la décision de suivre le même chemin qu'eux. Et comme toujours, un orchestre jouait, et des pancartes vantaient les mérites du régime communiste.

En descendant de la voiture, Sonia, Marianne et Astrid furent chaleureusement accueillies par les couples Arakelian et Nercissian, accompagnés de leurs enfants. Yéran Arakelian, la femme de Yeghia, et sa sœur Lucie Nercissian, étaient les cousines germaines de Noubar, l'ami de Joseph. Sonia les connaissait, les ayant déjà rencontrées à plusieurs reprises. Même si ces familles n'appartenaient pas à son milieu, Sonia était vraiment heureuse de les retrouver, vu qu'elle avait partagé avec eux quelques moments de son passé. La joie suivait la tristesse, les *pourquoi* et les *comment*.

Après une légère baisse du niveau des émotions, Yeghia s'était rapproché de Sonia et de Kata, et les avait prévenues tout bas de ne jamais exprimer leur mécontentement en présence d'étrangers, car, avait-il ajouté, les *apparatchiks* sont partout[1]. Sonia, qui n'avait jamais entendu ce mot-là, avait quand même retenu qu'il ne fallait pas parler ouvertement de ses malheurs.

Quelques jours plus tard, Sonia put vraiment saisir le sens de cet avertissement. Elle apprit que les agents du ministère de la Sécurité (MGB : en 1954, le MGB est devenu le KGB, et pour simplifier la lecture, seul ce dernier nom sera retenu) circulaient en civil partout et glanaient des informations auprès des gens. Et au moment propice, ils les utilisaient contre ces mêmes personnes pour les inculper.

Le groupe continuait à parler quand on entendit citer dans un haut-parleur des noms de familles qui devaient passer leur nuit à la gare en attendant que leurs appartements soient prêts

---

1. En Arménie, comme dans toutes les autres républiques de l'URSS, la situation après la guerre était désastreuse dans tous les domaines. La grande famine qui avait sévi pendant les années 1946 et 1947 n'était pas encore résorbée. Un manque sévère de ravitaillement et de logements, et la pénurie d'éléments de première nécessité avaient laissé plusieurs milliers de gens sans abri et le ventre creux. À cette situation désastreuse s'était ajoutée une nouvelle répression massive du peuple soviétique. Personne n'avait le droit de critiquer, de quelque façon que ce soit, le régime, les dirigeants, leurs conditions de vie. La peur totale régnait dans ce pays gouverné par «le grand mécanicien de la locomotive de l'histoire», alias Staline. Malheur à celui dont le nom apparaissait sur les listes *Traîtres de la patrie* ou bien *Rebuts de la société*.

à les recevoir. Les Marikian et les Meguerditchian étaient de ceux-là. Sonia et Kata se regardèrent, et cette dernière, avec un sourire narquois, fit remarquer que sa destinée était décidément toujours au rendez-vous. Tout le monde garda le silence.

Pour apaiser un peu l'atmosphère, Yéran commença à décrire avec humour leur première journée à Erevan. Elle racontait comment son mari était allé chercher de l'eau. Suivant l'indication donnée par une passante concernant l'endroit où se trouvait la source, Yeghia avait pris allègrement le chemin avec un petit seau. Après deux heures d'attente inutile, Yéran, inquiète, était sortie dans la rue, laissant ses deux enfants toutes seules à la maison. Ne voyant pas revenir son mari, elle avait repris à son tour le même chemin. Après une heure de marche sur les cailloux et dans la boue, elle avait aperçu enfin la silhouette de son mari. En s'approchant de sa femme, Yeghia, posant à terre son petit seau à moitié vide, s'était assis sur le sol et s'était mis à pleurer. Voyant le seau à moitié rempli et l'état lamentable de son mari, Yéran avait commencé à rire sans pouvoir s'arrêter. Alors Yeghia, pris soudain par la contagion, s'était mis à rire lui aussi sans retenue assis auprès de sa femme, au beau milieu de la rue.

La nuit tombait déjà. Les anciens, qui devaient retourner chez eux à pied à cause de l'absence de transport, avaient encore des kilomètres de route à faire. Avant de partir, Yéran proposa à Sonia d'emmener Astrid avec eux afin qu'elle puisse jouer avec les enfants et passer, enfin, une nuit dans un lit normal.

Restées seules, les deux femmes en compagnie de Marianne et de Souren suivirent leur représentant à l'intérieur de la gare. Là, ce monsieur demanda d'abord aux femmes de s'adresser à lui en usant du terme de *camarade* et, désignant de la main un long banc qui devait leur servir de lit, il les quitta.

Sonia n'en croyait pas ses yeux : comment pouvait-on envisager de passer toute une nuit, deux enfants et deux adultes, sur un minable banc de bois ? Les deux amies se regardèrent et, comme Yéran, se mirent à rire pour ne pas pleurer. Après avoir fouillé dans ses valises, Sonia retrouva la couverture d'Astrid et l'étala. D'un côté du banc s'allongeait Kata, la tête de son fils sur les jambes, et de l'autre, Sonia, avec Marianne dans les bras. Ils essayèrent de passer la nuit dans ces conditions. Vers minuit, Astrid, affolée, vint se jeter dans les bras de sa mère. Sonia, étonnée, leva les yeux et vit alors le regard désolé de Yeghia. Astrid ne voulait plus rester sans sa mère, et le pauvre Yeghia avait été obligé de faire, dans la nuit, un long trajet pour la ramener auprès d'elle.

Tôt le matin, leur représentant les invita à l'extérieur, où le transport les attendait. Les deux femmes, heureuses de l'approche de la fin de leur misère, se dépêchèrent. Mais à l'extérieur, seuls deux gros camions, destinés habituellement au transport de pierres pour la construction, semblaient les attendre. Les deux amies se regardèrent et Kata, avec un large sourire, devina que ces camions seraient leur moyen de transport.

Et effectivement, après que toutes les familles furent réunies, le monsieur les invita à monter sur la plate-forme. Toutes les femmes, abasourdies, grimpèrent tant bien que mal avec chargement et enfants sans dire un mot, et les camions démarrèrent. Alors qu'ils passaient sans le savoir devant l'Opéra, Sonia demanda à leur représentant s'ils étaient encore loin de la ville. Un désespoir profond envahit toutes les femmes quand il leur fut confirmé qu'elles se trouvaient en plein centre-ville.

Quelques minutes plus tard, le camion s'arrêta devant des baraques, non, plutôt des étables? «Non, pas avec des animaux!!!» entendit-on crier les femmes, les yeux écarquillés. «Tout le monde descend!» fut donné l'ordre. Et le représentant, les assurant que tous les animaux avaient été transportés ailleurs et que tout avait été repeint à neuf, donna à chaque famille le numéro de sa «chambre» et, leur souhaitant bonne chance, retourna vers son camion.

CHAPITRE 21

La première journée en ville

Les camions étaient déjà repartis, et la plupart des familles avaient pris possession de leur «appartement». Les deux amies, assise chacune sur une valise dehors sous le soleil brûlant, regardaient, l'air abattu et prostré, leur logement «royal». Autour d'elles régnait une désolation totale.

Sur un grand terrain vague, couvert de pierres de toutes tailles, de boue et d'une montagne de déchets, il y avait aussi, à part leur étable, trois petites maisons d'un étage, construites grossièrement avec de la terre. Ce terrain était bloqué d'un côté par une colline avec des pentes abruptes par où passait un raidillon, le chemin sans doute le plus court pour se rendre de l'autre côté de cette colline, d'où l'on entendait parfois le bruit des tramways. Juste en face de ce versant, à l'autre extrémité, ce terrain se terminait par une vallée creusée par les eaux de la rivière Hrazdan. Et c'était là que se trouvaient les deux toilettes artisanales, sans serrure ni papier. Enfin, trois arbres regroupés au milieu de cet espace complétaient le tout.

Les pleurs de la petite tirèrent Sonia de sa prostration. Elle se leva, prit une de ses valises et se dirigea vers son étable. Cette dernière avait en guise de porte d'entrée une ouverture béante d'où débouchait un large et très long corridor, muni d'une toute petite fenêtre aux vitres cassées à son extrémité et de plusieurs portes qui s'ouvraient des deux côtés.

Ce corridor était plongé dans la pénombre. La seule clarté était la lumière du jour qui entrait par l'ouverture béante, car l'électricité était présente uniquement dans les cellules, généreusement appelées « chambres ». Et les nouveaux arrivants ne savaient pas encore que leurs ampoules ne s'allumeraient que dans des occasions très spéciales, comme le jour de la naissance du Grand Sauveur, Staline, ou bien à la fête du 7 novembre, le jour de la victoire de la Grande Révolution. Le reste du temps, la ville entière resterait plongée dans l'obscurité, à la plus grande joie des *voronkas**.

Les chambres de 16 mètres carrés avaient une fenêtre aux vitres poussiéreuses. Chaque chambre possédait une seule prise de courant, placée en plein milieu du plafond, histoire probablement d'en faciliter l'accès. Le parti, dont l'unique souci était le bien-être de ses citoyens, voulait à tout prix contrôler le zèle des femmes au foyer, au cas où ces dernières auraient voulu brancher et débrancher plusieurs fois par jour leurs inexistants appareils ménagers.

Après avoir repéré le numéro de la chambre, Astrid ouvrit la porte à la demande de sa mère. Mais une forte odeur de moisissure, mêlée à l'odeur des corps des anciens propriétaires, la fit reculer. Refusant de franchir le seuil de leur nouvelle demeure, Astrid resta dehors. Laissant sa fille sur le seuil, Sonia pénétra dans la pièce et après avoir installé Marianne sur une couverture étalée sur le sol, elle ouvrit la fenêtre et alla chercher sa fille aînée.

— Chérie, tout cela est temporaire. Tu verras, dès que papa sera de retour, nous aurons une très belle maison avec une très jolie chambre juste pour toi. Allez, *hokiss*, allez mon âme, ne fais pas de caprice à maman.

Et, doucement, elle la poussa vers l'intérieur.

À son tour, Kata passa par les mêmes procédures que Sonia et promit à son fils que bientôt il reprendrait ses cours de violon. Puis, elle sortit de sa chambre pour aller chez son amie. Dans le corridor, elle rencontra un couple venu rendre visite à leurs amis. En voyant le visage sombre de Kata, la femme la salua avec un sourire timide et entama la conversation. Elle lui dit de ne pas trop s'en faire, qu'ils finiraient, avec le temps, par s'accommoder de leur situation, comme l'avaient fait, avant eux, des milliers d'autres immigrants et ce, malgré les difficultés. Le mari, silencieux jusque-là, glissa d'une voix faible :

— Hormis quelques suicides et quelques coups de folie dont on entend parler ici et là.

Sa femme lui jeta un regard furieux et ajouta que le gouvernement les aidait quand même en leur donnant des terres pour la construction de leur maison et que, en vendant leurs biens au marché noir, ils pourraient à leur tour se créer une vie convenable. Et souhaitant à Kata une adaptation rapide, le couple continua son chemin.

En entrant chez son amie, Kata découvrit Sonia appuyée contre un mur, près du bébé, racontant une histoire à sa fille assise sur ses genoux. Puis, Astrid demanda de l'eau. Sonia alla en chercher chez la voisine d'en face. Cette dernière, après lui avoir donné un verre d'eau, lui prêta aussi un de ses seaux et lui expliqua en détail le chemin de la fontaine. Laissant ses filles sous la surveillance de Kata, Sonia entreprit son odyssée, en maudissant le géniteur de ce pays qui avait décidé de bâtir son communisme sur les malheurs de ses concitoyens.

Après avoir escaladé la colline presque à quatre pattes, Sonia se trouva enfin à l'arrêt du tramway. Après une vingtaine de minutes d'attente, ce dernier arriva bondé, toutes portes ouvertes. En équilibre sur le marchepied, son seau à la main, Sonia sentait qu'elle allait tomber quand un homme, se plaçant derrière elle sur un seul pied et s'accrochant solidement aux rampes, la poussa vers l'intérieur. Là, le seau, que Sonia tenait dans sa main, heurta violemment la femme devant elle. Alors cette dernière, avec un cri strident, tournant son visage rouge de douleur et de rage vers Sonia, commença à maudire à la fois le seau et sa propriétaire. Et quand Sonia demanda où mettre son seau, la dame lui répondit de se le mettre sur sa tête.

Deux stations plus loin, le wagon s'allégea un peu. Sonia monta enfin à l'intérieur de l'habitacle où régnait une odeur de corps qui n'avaient pas connu le savon depuis longtemps. En respirant par la bouche, elle commença à observer les passagers. Des hommes aux épaules voûtées et non rasés ainsi que des femmes toutes vêtues de couleurs sombres avaient des visages tristes et sérieux à la fois. C'étaient des visages sur lesquels le sourire était absent depuis fort longtemps...

À la quatrième station, Sonia n'eut pas besoin de demander où se trouvait l'endroit de la source, car, en descendant du tramway, elle aperçut une longue file, formée de gens qui portaient tous des récipients de tailles différentes. Elle prit sa place et attendit patiemment son tour.

À un moment donné, une femme se trouvant juste devant Sonia se tourna et, scrutant cette dernière de la tête aux pieds, lui demanda si elle était *aghpar**. Après avoir compris le sens du mot *aghpar*, Sonia répondit par un bref « Oui » et, désireuse de ne plus poursuivre la conversation, tourna la tête. Ce geste offusqua profondément la femme. Cette dernière s'adressa aux gens debout dans la queue et cria avec véhémence qu'il ne suffisait pas à ces *aghpars* de voler leur petit pain, mais qu'ils osaient aussi les ignorer. Et là, chacun à son tour se mit à la dénigrer[1].

Une heure après, le seau une fois rempli, Sonia reprit le chemin du retour, mais cette fois-ci à pied, de peur de renverser ce liquide précieux. Mais après avoir perdu quand même la moitié du contenu lors de sa dégringolade de la colline, Sonia, très frustrée, se promit de ne plus aller chercher d'eau. Après le retour de Joseph, elle ne s'occuperait plus jamais de cette besogne.

***

---

1. Les Arméniens de la diaspora, séparés depuis fort longtemps de ceux qui avaient continué à vivre en Arménie, n'avaient en commun que leurs ancêtres. À force de vivre dans des conditions de vie diamétralement opposées, la langue et la culture des Arméniens de la diaspora avaient été modifiées. Et la population locale, qui s'était vue obligée de partager le peu qu'elle avait avec ces nouveaux arrivants, les traitait de *aghpars*, terme presque raciste. D'ailleurs, cette appellation se perpétua au-delà de la deuxième génération de ces immigrants.

Tard dans la soirée, après avoir couché les enfants et terminé la boîte de biscuits laissée à moitié vide par Astrid et Souren, Sonia et Kata, assises dans un coin de la pièce, se mirent à évoquer des souvenirs. Aucune d'elles n'évoqua l'avenir beau et joyeux que proclamaient les pancartes de la propagande. Ce futur n'existait pas pour elles. Seuls les graves problèmes de leur vie quotidienne les préoccupaient. Alors que Sonia disait qu'elles ne pouvaient plus continuer d'utiliser des boîtes de conserve pour se nourrir et qu'il fallait penser à la préparation de véritables repas, on entendit frapper à la porte. C'était la voisine d'en face venue les avertir que, le lendemain, un groupe de femmes allait se rendre au marché noir pour vendre et acheter le nécessaire. Elle ajouta que les enfants resteraient sous la surveillance de vieilles femmes qui restaient à la maison. Les deux amies décidèrent de se joindre au groupe et, après avoir fait la liste de ce dont elles avaient besoin, elles se quittèrent pour la nuit.

Une fois couchée par terre, à côté de ses filles, Sonia eut de la difficulté à s'endormir. Son sein gauche lui faisait très mal et elle savait qu'elle avait besoin d'un médecin. Mais où le trouver et comment laisser ses enfants ? Et les questions sans réponse commencèrent à l'assaillir : comment expliquer à Astrid qu'elle devait oublier ses grands-parents et son téléphone rouge ? Par quels moyens assurer la survie de sa petite, qui avait eu la malchance de naître dans ces conditions lamentables ? Quelle serait l'attitude de Joseph à son retour ? Anéantie par l'absence de réponses, elle avait hâte que cette nuit horrible finisse et avec elle, tous ses problèmes…

Le lendemain, après avoir donné des instructions à la femme en charge de ses filles, Sonia prit avec Kata le chemin du marché noir. Chacune de ces femmes s'y dirigeant portait un gros sac rempli d'objets auxquels elle était attachée autrefois. Après plusieurs arrêts du tramway toujours bondé, elles arrivèrent au marché. Quelle ne fut pas la surprise de Sonia d'y rencontrer presque toutes ses connaissances. Tous ces gens, debout sous une chaleur torride, discutaient du prix de vente de leurs biens. En voyant Sonia les mains vides, les gens furent étonnés. Elle dut leur expliquer qu'elle était là pour acheter seulement, car, pour le moment, elle n'avait rien à vendre. Après avoir acheté le *primous* et l'essence pour ce réchaud, elle se dirigea vers la partie où se vendaient les fruits et les légumes quand elle reconnut la voix d'une femme rencontrée sur le bateau. Cette dernière, entourée de ses amies, riait aux larmes avec les autres, pliée en deux. Elle raconta à Sonia qu'elle venait de vendre une de ses chemises de nuit qu'elle avait fait passer pour une robe de soirée pour aller à l'opéra... Son hilarité était telle qu'elle ne parvenait pas à poursuivre son histoire. Elle fit signe de la main à Sonia de patienter. Puis, retrouvant enfin son calme, elle reprit son récit pour dire que son amie, à son tour, avait vendu sa sortie-de-bain à un professeur d'université, en la faisant passer pour un manteau...

La nuit tombait déjà et les femmes, ployant sous le poids de leurs achats, prirent le chemin du retour. La ville était plongée dans le noir. En s'approchant de la colline, les femmes purent apercevoir, autour de leur étable, la lueur des flammes de quelques feux de camp. Mais le sentier était invisible et chacune d'elles, empruntant une voie, essayait de descendre. Et là, on entendit des cris mêlés de pleurs et de rires: «Mes patates!», «Oh, j'ai perdu mes aubergines», «Et mes carottes?». Et Kata, qui n'avait rien perdu, proposa en riant de retourner tôt le matin sur cette colline, devenue probablement multicolore par tant d'objets perdus, pour les ramasser.

Les hommes, au retour de Batoumi avec leurs bagages, se précipitèrent pour aider leurs femmes. Enfin dans les bras de son mari, Sonia était sûre que la misère n'aurait plus de prise sur elle...

CHAPITRE 22

L'arrivée de Joseph

Le silence régnait partout. L'immense terrain était englouti dans la nuit. Seuls les bruits des rares voitures qui parvenaient de l'autre côté de la colline et quelques faibles lueurs présentes aux fenêtres indiquaient que ce lieu était habité.

Sonia et Joseph, assis face à face, sur le sol à la lumière des bougies, conversaient. Après s'être raconté leurs aventures respectives, tous les deux se regardèrent longuement. Aucun d'eux ne voulait attrister l'autre davantage et chacun garda pour lui-même ses inquiétudes et ses peines.

Joseph, qui avait beaucoup à dire, n'osait pas ajouter à cette nuit déjà très noire les horreurs entendues et vues au cours de son voyage. Sonia examinait attentivement le visage fatigué de son mari. Elle avait constaté, avec regret, la disparition dans les yeux de Joseph de cette énergie vibrante qui lui était si caractéristique.

Rompant le silence, elle dit seulement que Marianne allait bientôt manquer de lait et, ne voulant rien ajouter de plus, elle ferma les yeux. D'ailleurs, son état empirait, et la fièvre qui montait commençait à user le peu d'énergie qui lui restait.

Joseph, préoccupé, ne sachant où trouver un médecin, aida sa femme à s'allonger et, promettant de l'emmener à hôpital dès le lendemain matin, pria Sonia de dormir. Et il resta à côté d'elle, caressant tendrement les mains de sa femme.

Tard dans la nuit, alors que tout le monde dormait, Joseph sortit à l'extérieur et alluma une cigarette. Dans le ciel étoilé, la demi-lune accomplissait déjà sa tournée.

Appuyé contre sa voiture, Joseph repensait à leur situation. Il regrettait que, sur cette terre ancestrale, ses idées nobles n'aient trouvé que mensonge et misère. Il se rendait compte qu'aucun remède ne pouvait sauver ses sentiments patriotiques en train de fondre comme neige au soleil. Le temps qui s'était écoulé, depuis son premier jour sur cette terre communiste, n'avait pas été long, c'était vrai. Mais ce court laps de temps, chargé d'horreurs et d'absurdités, avait été suffisant pour que Joseph en tire ses propres conclusions. Il savait déjà que seul un miracle pouvait les libérer de cette cage de fer. Et, repensant à Sonia, il se reposa la question qui le hantait depuis quelques jours : « De quel droit puis-je infliger à ma femme et à mes enfants cet enfer insupportable ? » Tout d'un coup, Joseph se rappela mot à mot la réponse patriotique qu'il avait adressée à sa femme le jour où il avait essayé de la convaincre de partir pour l'Arménie :

« Je sais que nous n'aurons probablement pas cette liberté. Mais nous ne serons pas seuls. Ensemble, avec les autres, nous bâtirons notre pays et, avec lui, notre liberté. Je suis conscient que nous n'aurons pas la vie que nous connaissons aujourd'hui, mais nous sommes jeunes, nous franchirons ensemble les obstacles et surmonterons les difficultés. Nous construirons notre pays qui deviendra alors une terre merveilleuse pour nos enfants, pour tous les enfants arméniens. Et je suis persuadé qu'un jour viendra où tous les Arméniens de la diaspora cesseront de tenir le bâton du voyageur errant en quête de ce pays utopique prêt à les accepter inconditionnellement. »

Un rictus moqueur apparut sur son visage. « Où sont-elles ces idées nobles ? Qu'est-ce qui a pu les balayer aussi facilement ? » se demanda Joseph. Mais il connaissait déjà sa réponse qu'il savait irrévocable : privation de la liberté sous la contrainte et la peur. « Oui, c'est cela. Surtout la peur… », conclut Joseph.

Les premières lueurs de la nouvelle journée commençaient déjà à illuminer le ciel quand Joseph retourna auprès de sa femme.

Tôt le matin, l'étable s'éveilla. Les rayons solaires avaient à peine effleuré le sol qu'un mouvement de va-et-vient incessant avait déjà commencé. L'animation était celle d'une ruche. Partout fusaient des cris. Les enfants de tout âge émergeaient les uns après les autres de l'ouverture béante de l'étable, monopolisaient le terrain et remplissaient l'air de leur voix insouciante. La plupart d'entre eux attendaient leur tour devant les toilettes, un morceau de journal dans les mains. Quelques garçons se trouvaient déjà sous les trois arbres situés au milieu du terrain et un autre groupe, plus courageux celui-là, criait, en sautant, sur des meubles entassés.

Les femmes, qui étaient presque toutes dehors, étaient aussi agitées que leur progéniture. Un groupe de femmes échangeait à haute voix les nouvelles rapportées par leur mari. Quelques-unes appelaient leurs enfants. Il y avait aussi quelques «lève-tôt» qui, avec leur linge déjà lavé, attendaient que leur mari eût fixé une corde à linge.

Les hommes, de leur côté, ne restaient pas passifs. La plupart, s'aidant mutuellement, transportaient des caisses et des boîtes. Et les «Tiens par là…», «Fais attention!» étaient incessants et rythmaient la journée. Tout cela donnait l'impression qu'on se préparait à une fête commune où chacun avait une tâche précise à accomplir. D'ailleurs, un groupe d'adolescents fut choisi pour aller chercher du pain. Un autre groupe, avec des récipients dans les mains, était déjà parti, depuis longtemps, chercher de l'eau.

***

Il était une heure de l'après-midi. La plupart des familles avaient presque fini de transporter leurs meubles, et deux hommes étaient en train de vider la cour de toutes les boîtes et les caisses qui l'encombraient.

En attendant le retour de Sonia et de Joseph de l'hôpital, Kata s'était assise dehors, Marianne dans les bras, quand les trois voisines l'avaient invitée à les rejoindre pour prendre un café. Elles avaient à peine commencé à déguster leur café que les adolescents, partis chercher du pain, étaient de retour. Ils avaient les mains vides. Devant les regards interrogateurs des femmes, ils avaient expliqué qu'après trois heures d'attente pour l'arrivée du pain et une quinzaine de minutes pour la distribution, le vendeur, fermant les portes du magasin, avait déclaré que le pain était *prtzav**.

Après avoir compris la signification de ce mot nouveau, une des femmes, bien optimiste, avait suggéré aux garçons de se présenter la prochaine fois dès l'ouverture du magasin. Mais cette pauvre femme ne savait pas que le mot *prtzav* était le sosie du mot *niet* : plus on l'utilisait, plus on devenait soviétique. Ces femmes ne pouvaient s'imaginer qu'elles entendraient ce mot partout et constamment, dans les mois, et même dans les années à venir...

Vers trois heures de l'après-midi, Sonia et Joseph étaient de retour. L'épaule gauche entourée d'un bandage, Sonia avait encore quelques douleurs, mais son sourire avait réapparu. Joseph qui tenait d'une main le bras de sa femme et de l'autre, un *boughanka*, un pain blanc et dodu, avait un visage triomphant. Et comment ne pas avoir ce visage devant tous les regards envieux posés sur une denrée aussi rare ?

Quand le couple eut pénétré dans l'étable, il s'aperçut que le corridor, large le matin, s'était transformé en un long passage très étroit. Même la fenêtre de l'autre bout était bloquée par des meubles : ne pouvant placer tous leurs meubles dans leur minuscule chambre, les familles étaient obligées d'entasser dans le corridor le reste du mobilier qui formait ainsi une montagne de boîtes et de caisses. À partir de ce jour-là, tout le monde se promena avec des écorchures et des ecchymoses. Et les « Aïe » et les « Outch » qu'on entendait chaque nuit étaient toujours accompagnés d'injures, souvent bien arrosées, à l'endroit de ce pays et de ses dirigeants.

Après un bon repas chaud, le premier depuis très longtemps, Joseph commença à transporter avec l'aide d'autres hommes les meubles de Kata ainsi que les siens. Deux heures suffirent pour que leur chambre devienne vivable, quoique fortement encombrée...

Le même soir, dès que le soleil eut disparu, plusieurs feux de camp furent allumés sur le terrain, et les familles, formant des cercles autour des feux, essayèrent de raccourcir leur nuit en se racontant des histoires.

Le lendemain, des amis accompagnés de leurs enfants rendirent visite à Sonia et à Joseph. En plus des Arakelian et des Nercissian, il y avait aussi le couple Zoulalian, dont les deux filles avaient été les demoiselles d'honneur de Sonia, puis la famille Tcherkezian et un ami, Voskan Garibian.

Dès que tous les enfants furent sortis pour jouer dehors, les adultes essayèrent, avec des rires et des gags, de se trouver une place dans ce minuscule espace. Une fois assis, une conversation animée s'amorça où chacun avait quelque chose à raconter.

D'emblée après avoir scruté les murs, Kévork Tcherkezian demanda très sérieusement à Joseph la raison de l'absence de la photo de «Notre père à tous», le bien aimé Staline. Et sans attendre la réponse, il avait repris :

— Blague à part, Joseph, tu dois accrocher cette photo…

Yeghia arrêta son cousin en disant :

— Cela n'a pas empêché quelques familles de prendre le chemin vers où tu sais !

— Oui, mais…, coupa Kévork, cette photo assurera les apparatchiks que tu es déjà imprégné de la peur et que tu n'essayeras pas, sous les ordres de tes «amis» impérialistes pourris, de renverser la vapeur du communisme.

Et poursuivant, il avait ajouté que, chaque soir immanquablement, il faisait sa prière devant ladite photo et que cela lui apportait un soulagement complet, touchant le nirvana…

Sa femme, regardant ses amis tour à tour, dit :

— Combien de fois je l'ai prévenu de ne pas faire sa prière en présence des enfants… Ils sont encore jeunes, et à la question quotidienne de leur professeur «De quoi vos parents parlent entre eux?», ils pourraient répondre en rapportant les faits.

Et se tournant vers son mari, elle ajouta :

— Un jour, à cause de toi, nous nous retrouverons tous dans le *voronka* une fois que ta litanie touchera les oreilles des apparatchiks, et tu n'auras même pas la photo de ton sauveur pour faire tes «prières»…

Et tout le monde fut unanime pour dire qu'il fallait être sur ses gardes.

Voskan, qui avait pris la parole après avoir juré de la véracité de son histoire, commença à raconter:

— Un jour en traversant la rue, mon voisin n'avait pas remarqué un gros nid-de-poule et, en tombant, s'était cassé la jambe. Se plaignant devant les bons samaritains, il avait dit que les travailleurs devaient quand même prévenir les piétons du danger en plaçant un petit drapeau rouge. Et là, un des secouristes lui avait demandé comment celui qui n'avait pas remarqué le gros drapeau rouge sur le mât du *Pobeda* pouvait-il voir le petit?

C'était du délire…

Quand il fut question de travail, quelqu'un suggéra à Joseph de se présenter au *raïsoviet**, puis la conversation, nourrie de souvenirs et de regrets, se poursuivit jusqu'à la tombée de la nuit.

Après le départ des visiteurs, Joseph et Kata se mirent d'accord pour se présenter, dès le lendemain matin, au *raïsoviet* pour demander du travail.

Vers minuit, mari et femme assis dehors analysaient leur journée. Sonia dit à son mari que le rire était devenu la seule arme des immigrants pour passer au travers de cet enfer. Joseph, d'accord avec elle, ajouta:

— Mais les problèmes ne disparaissent pas pour autant. Tu ne sais pas encore tout ce qui se passe à l'échelle de ce pays. La Sibérie, presque vide sous le tsar, est transformée en un vaste camp de concentration. Les *voronkas* et les goulags ne sont pas un mythe.

Et après un court silence, Joseph poursuivit:

— Il faut faire quelque chose; il faut se sortir de cette souricière, coûte que coûte. Pour le moment, je n'ai qu'une idée… On va voir… et il se tut.

Le lendemain, de retour du *raïsoviet*, Kata racontait en riant que le fonctionnaire, après avoir entendu qu'elle était pianiste de répertoire classique, lui avait dit : « Justement, on a besoin de quelqu'un pour jouer de la musique prolétarienne dans les parcs de la ville. Apportez votre piano et jouez… » Et Kata, ne sachant comment répondre à cette absurdité, avait posé la première question qui lui était passée par la tête : « Et le soir, qu'est-ce que je ferai de mon piano ? » Le camarade, très sérieusement, lui avait proposé de le rapporter chez elle. Sonia, imaginant Kata avec son gros piano au sommet de la colline, ne put s'empêcher de rire, malgré la douleur qu'elle ressentait à son épaule gauche. Ce même type avait proposé à Joseph de vendre de la bière dans les rues.

CHAPITRE 23

Le plan d'évasion
et le baptême de Marianne

C'était une journée grise du mois de novembre. La plupart des arbres étaient dégarnis. Un vent glacial, qui soufflait depuis le matin, arrachait les dernières feuilles entêtées restées sur quelques branches. Les rues de la ville, encombrées sous un mélange de feuilles mortes, de boue et du restant de la première neige tombée la veille, devenaient presque impraticables. La population, qui attendait avec appréhension l'installation définitive de cet hiver annoncé comme très froid, cherchait vainement les réchauds spécialisés pour le chauffage appelés communément les *pedjes*. Mais tout ce qu'elle obtenait, c'étaient des *niet* catégoriques[1].

La situation était pire encore pour les nouveaux arrivés. Ce n'est qu'après avoir vu leur première neige et senti sur leur peau l'effet de la saison hivernale qu'ils se réveillèrent. Et, à la dernière minute, de peur de finir leurs jours transformés en bloc de glace, les immigrants se ruèrent vers le marché toujours

---

1. Il y avait un manque de matériaux nécessaires à la fabrication de ces réchauds, car tout ce que le pays possédait jadis, comme ressources d'acier, de fonte et de fer, avait été englouti durant la dernière guerre. Même l'électricité et l'eau étaient distribuées de façon sporadique. Et devant ces graves problèmes, l'ensemble de la population de l'URSS avait jeté son dévolu sur des primous et des kérogaz artisanaux, vendus uniquement sur le marché noir.

noir, mais «florissant», pour acheter ces réchauds à un prix exorbitant. Les rues de la ville étaient pleines des passants de tout âge, vêtus surtout de noir, avec des visages assombris par leur quotidien misérable et qui traînaient difficilement la patte, sous le poids de leurs acquisitions.

Joseph était l'un de ces passants. Marchant difficilement, il était quand même heureux de son *pedje* et de son *kérogaz*. Il se rappela le jour de son premier achat, le fameux *boughanka*, et après un hochement de la tête et un court arrêt pour se redresser, il se dit: «Je suis sûr qu'aujourd'hui est l'un des plus beaux jours de ma vie. Curieux d'éprouver tant de joie pour un simple *pedje*! Chapeau à ce pays qui, en si peu de temps, a pu ainsi déplacer mes valeurs!»

Il était déjà sept heures quand il arriva à la maison où une soupe chaude l'attendait. Son repas terminé, il joua avec Astrid pendant une demi-heure et échangea quelques chatouillements avec Marianne, après quoi les fillettes furent prêtes pour aller au lit.

Mari et femme, libres enfin, commencèrent à prendre leur thé avec des abricots séchés en guise de sucre. Ce dernier était devenu un souvenir «impérialiste» pour la plupart des familles immigrantes. D'ailleurs, il n'était pas rare, à Erevan, de recevoir une invitation pour un «thé *nayovi**». La «recette» que Sonia avait eue de Mme Zoulalian, une ancienne rapatriée, était très simple. Selon cette dame, il fallait trouver un carré de sucre et l'attacher à un long fil. Ensuite, on accrochait ce fil au plafond, juste au milieu de la table et, avant chaque gorgée, il fallait regarder directement ce morceau et se rappeler son goût exquis. On pouvait aussi égayer cette procédure en l'accompagnant de quelques citations, du genre: «Vive la population soviétique! Des gens si simples et pratiques!»

Depuis son arrivée en Arménie, Joseph cherchait du travail, mais sans résultat. Le pays, paraît-il, n'avait pas besoin de ses qualifications. D'ailleurs, parmi les immigrants, à part quelques médecins et quelques ouvriers spécialisés dans différents domaines, les autres professionnels restaient sans emploi.

Une seule fois, les agents du MGB s'étaient présentés chez Joseph pour lui offrir un travail, qui consistait à écrire des articles de propagande en différentes langues destinés à l'étranger. Mais la réponse de Joseph ressembla beaucoup à un *niet*: elle fut courte et précise. «Même pour sauver ma vie, je ne me prostituerai pas», pensa Joseph.

Et sans se décourager, il se présenta chaque jour, avec tous ses diplômes, au département des cadres de différentes entreprises et proposait ses services. Et chaque fois, on lui parlait en russe et on exigeait en retour une réponse dans la même langue. Mais le peu de russe qu'il savait ainsi que l'absence du fameux *Carnet rouge** l'empêchaient d'obtenir le poste convoité.

Ce qui énervait le plus Joseph, c'était le fait que sa langue maternelle était souvent considérée par les fonctionnaires de l'État comme une langue secondaire. Et les personnes qui ne parlaient que l'Arménien étaient considérées comme des incultes ou comme des paysans arriérés[1].

Un jour, alors que Sonia était toute seule à la maison, elle entendit des coups frapper à la porte. Elle l'ouvrit et vit devant elle quelqu'un en uniforme militaire. Oubliant tous les mots d'usage en pareille circonstance, Sonia, sans savoir pourquoi, cria: «Nous n'avons rien fait!» Mais l'officier, en souriant, l'assura qu'il était seulement venu voir leur voiture qui était mise en vente. Essayant de retrouver son calme, Sonia sortit avec lui à l'extérieur et le monsieur, après une observation minutieuse du véhicule, demanda à Sonia de donner *ghod**. Et Sonia qui ne comprenait pas le russe, resta bouche bée. À la seconde demande, elle lui répondit que leur voiture n'avait jamais mangé le *ghot*. Le lendemain, cet officier acheta la voiture, épargnant ainsi à Joseph cinq visites au marché noir.

---

1.   Malheureusement, ce processus de russification envahissait l'Arménie. Sous le «Grand homme de tous les temps», les peuples de l'URSS devaient oublier leur nationalisme et s'identifier au peuple russe, le «frère aîné». Et c'était pour cette raison que la langue des «grands frères» était devenue la marque de distinction de l'élite arménienne.

La vie de Sonia se déroulait selon une routine bien détermi-née. Elle savait qu'elle commençait à ressembler aux femmes typiquement soviétiques, à qui les tonnes de problèmes ne laissaient aucun moment pour analyser leur vie ou, encore, pour se lamenter.

Chaque matin après un déjeuner en famille et en compa-gnie de Kata et de son fils, Joseph quittait la maison. Astrid se rendait chez la voisine pour jouer avec ses enfants, et Kata retournait chez elle pour accompagner son fils à l'école.

Restée seule, Sonia faisait la vaisselle, lavait le linge de Marianne et celui de la famille. Ensuite, elle chauffait le lait frais de vache, qu'une Kurde apportait chaque matin, puis elle ramassait toujours la crème formée au-dessus du lait bouilli pour en tartiner le pain et le donner à Astrid et à Souren en guise de dessert. Après avoir nourri et couché Marianne, elle commençait à préparer le dîner sur le *primous*. Vers midi, toutes les voisines se réunissaient chez l'une d'elles pour une tasse de café. Par chance, quelques familles avaient encore leur réserve de café et de sucre, rapportée d'Égypte.

En buvant leur café, ces femmes échangeaient les nouvelles et les anecdotes qui circulaient en ville. Et lors de ces réunions, Sonia entendait des histoires d'horreur, arrivées à des gens ordinaires qui se trouvaient dans la même situation qu'elle. Un jour, une des voisines, Anoush, entama la conversation en racontant l'histoire suivante :

— Il paraît que le KGB envoie souvent un de ses agents chez des familles d'immigrants pour s'informer d'un présumé «oncle», M. Untel. Le nom choisi pour cet oncle correspondait toujours à un des membres du Parti *Dashnak**. Et si la famille interrogée avait la malchance de connaître ce bonhomme, alors la nuit même, le *voronka* stationnait devant leur maison. Et le lendemain, les voisins, trouvant la chambre vide, savaient que toute la famille était partie pour «respirer l'air pur de la Sibérie» selon le code pénal 58.6[1].

---

1.   Ce dernier statuait : «Relation avec une personne suspecte d'espionnage».

La voisine immédiate de Kata, Syrvart, une vieille femme, déclara après avoir écouté l'histoire :

— Chaque fois que quelqu'un frappe à notre porte après neuf heures du soir, mes jambes tremblent et la sueur m'envahit et me glace. J'ai extrêmement peur...

Alisse, la fille de Syrvart, qui écoutait en silence, reprit la conversation en disant :

— C'est vrai ce que raconte Anoush. Moi aussi, j'ai entendu la même chose. L'autre jour, mon beau-frère nous a dit qu'une fois ces imbéciles avaient mal coordonné leurs recherches. En une seule journée, huit agents s'étaient présentés, à des heures différentes, auprès de la même famille, cherchant toujours le même «oncle». Et la grand-mère de la maison, bien au courant de leurs ruses, s'adressa au dernier agent : «Mais dis donc, mon fils, ta mère était bien prolifique pour pouvoir donner naissance à tant de fils du même âge !... » Et il semblerait que, après le départ de cet agent, personne d'autre ne les avait plus jamais dérangés.

Après l'heure du café, la plupart des femmes retournaient chez elles pour continuer leur besogne. Parfois, quelques-unes d'entre elles, les plus courageuses, remplies d'un optimisme démesuré, s'aventuraient à l'extérieur pour aller se placer dans une file, devant le magasin, en espérant qu'après des heures d'attente, elles auraient la chance de tenir dans leurs mains quelques grammes de beurre ou bien du pain noir. Mais très souvent, elles revenaient chez elles avec un gros *prtzav*.

Avec l'arrivée de l'hiver, les visites étaient devenues plus rares. Les Arakelian, qui étaient en train de construire leur maison, furent obligés d'arrêter les travaux, faute d'argent. Kévork, qui avait enfin trouvé du travail, conduisait des camions à travers l'Arménie et restait rarement au même endroit. M. Zoulalian, à son tour, commença à travailler dans une usine et arrivait à peine à subvenir aux besoins de sa famille.

Les Nercissian avaient également arrêté la construction de leur maison à cause de l'hiver et surtout, faute d'argent. Lucie, une excellente couturière, pouvait facilement aider son mari. Mais comme des milliers d'autres immigrants, elle avait une peur démesurée de se retrouver sur la liste de *Finebajine**, une terreur pour les travailleurs. En effet, chaque travail, en dehors du système établi, était considéré par l'État comme une entreprise privée, et les fautifs étaient sévèrement punis. On entendait souvent dire que les maisons d'anciens horlogers ou de cordonniers égyptiens étaient perquisitionnées. Les agents de *Finebajine*, munis de leur carte blanche ou plutôt de leur Carnet rouge, fouillaient partout à leur guise.

Un soir, au mois de décembre, Joseph mit Sonia au courant de ses projets. Il lui déclara :

— Notre seule solution est de fuir ce pays. J'ai un plan. J'ai décidé de partir d'abord au sud de l'Arménie, vers le Khapan. Là, je veux m'informer de la possibilité de traverser la frontière avec l'aide de contrebandiers, vers l'Iran. Tu resteras seule avec les enfants et tu diras à tout le monde que je suis parti chercher du travail. Si rien ne fonctionne de ce côté, je me dirigerai vers la partie ouest et nord de l'URSS, vers l'Estonie, l'Ukraine, la Moldavie… Je te promets de faire tout mon possible pour te sortir d'ici.

Trois jours plus tard, Joseph était de retour. Là-bas, les gens lui avaient conseillé de tenter sa chance du côté de l'Azerbaïdjan et du Turkménistan. Mais Joseph voulait suivre son plan et il quitta Erevan pour les républiques frontalières de l'ouest de l'URSS, en commençant par l'Estonie.

Sachant que, selon le *zakon*, il n'avait que trois jours au maximum pour rester sans enregistrement dans le même endroit, il essaya de ne pas se faire trop remarquer. Pour cela, dans chaque nouvel endroit, il se dirigeait directement vers les ports ou bien vers le village le plus près de la frontière. Et grâce à des questions indirectes, il arrivait à recueillir les informations nécessaires.

À la fin de son voyage, un Moldave, rencontré à Ounguéni, lui avait assuré que même un oiseau ne pourrait traverser la frontière de ce côté de l'URSS.

Deux semaines plus tard, Joseph était de retour, pas découragé pour autant. Il comptait recommencer ses recherches au printemps, mais, cette fois-ci, du côté sud-est du pays.

Et la vie reprit son cours normal.

De son côté, Kata trouvait que la vie était encore plus difficile pour une femme seule. Elle avait donc accepté, sans vraiment réfléchir, la proposition de mariage d'un immigrant roumain. Sans écouter les avertissements de ses amis, ainsi que ceux de Joseph, Kata s'était engagée et, quittant l'étable, était partie vivre dans la partie nord de la ville, avec un mari qui ne la méritait pas. Ce dernier, un paresseux de la pire espèce, entreprit sans aucun remords de vivre grâce à l'argent de la vente des biens de sa femme.

Pour l'arrivée de la nouvelle année, la famille Marikian fut invitée chez les Arakelian. Ce fut une très belle soirée, au cours de laquelle une vingtaine de personnes, entassées les unes sur les autres, purent enfin oublier sous les lumières leurs soucis et laisser libre cours à leur joie.

À la fin du mois de janvier, les Marikian déménagèrent dans une toute petite maison, près de la famille Zoulalian, à l'autre bout de la ville. Le logis comptait toujours une chambre, mais celle-ci était spacieuse et dotée de deux grandes fenêtres donnant sur un canal qui charriait tranquillement, tout au long de la journée, les déchets domestiques des maisonnettes avoisinantes. Le seul avantage de cet appartement était que ses anciens locataires n'étaient pas des animaux de ferme, mais de vrais citoyens du pays. On n'y respirait donc pas la puanteur spécifique des étables.

C'est ainsi que le couple Marikian avait fait un tout petit saut dans l'échelle sociale et que leur fille aînée avait trouvé trois jolies demoiselles prêtes à s'occuper d'elle. Ces demoiselles étaient les filles Zoulalian.

Le temps était venu de baptiser la petite Marianne. Curieusement, ce pays profondément athée permettait quand même le fonctionnement de quelques églises. La nouvelle génération et tous ceux qui détenaient le Carnet rouge n'osaient même pas s'approcher de ces lieux de l'opium du peuple. Mais les Arméniens, qui avaient pu traverser les siècles grâce à leur foi, ne pouvaient pas laisser leurs enfants sans les baptiser et trouvaient toujours des moyens d'organiser la cérémonie. Par exemple, si le père de l'enfant était communiste, il priait ses parents de baptiser son petit alors qu'il était parti en voyage d'affaires. Ainsi, à son retour, il «accusait» sa vieille mère de suivre ses rites ataviques…

Le 25 février, Sonia, sa petite dans les bras, entra dans l'église Sourp Sarkis. Plusieurs pensées lui traversaient l'esprit, mais l'une d'elles était à l'origine de son sourire narquois: «Oui, je suis arrivée à baptiser mon enfant dans la foi apostolique arménienne. Mais est-ce que cela en valait vraiment la peine?… »

Chapitre 24

L'événement de juin
et le départ pour Bakou

Cela faisait déjà une semaine que le printemps était arrivé avec ses premiers perce-neige. Ces fleurs signifiaient la fin des jours glacials, du ciel couvert et du vent sans merci qui arrivait à pénétrer jusqu'aux os. Cet hiver vigoureux, qui ne finissait pas, céda enfin la place à un bon soleil printanier qui permettait de rêver.

Et les passants, qui s'étaient débarrassés de leurs habits hivernaux, avaient l'impression de mieux supporter leur détresse quotidienne. Les rues de la ville étaient soudainement envahies par les cris et les rires des enfants qui se ruaient tous dehors, prêts à oublier les journées sombres et les soirées passées à la lueur des bougies. Erevan se réveillait.

C'était dimanche. Les quelques rayons du soleil, passant par la fenêtre, illuminaient tout le mur du côté gauche de l'unique chambre de la famille Marikian, laissant l'autre partie dans l'obscurité. En sentant une chaleur douce effleurer son visage, Sonia avait ouvert les yeux. À ses côtés, ses deux filles dormaient paisiblement sous ce soleil matinal. Tout était calme. Sonia voulut étirer ce moment délicieux et remonta la couverture sur elle et referma les yeux. Elle essaya de se souvenir du rêve qu'elle faisait juste avant de se réveiller: c'était dans leur jardin de la villa. Astrid, perchée sur les épaules de son grand-père, poussait des cris joyeux. Sonia revoyait aussi sa mère qui, à côté de son mari, les bras ouverts, attendait de serrer enfin sa petite-fille…

Revenant au présent, Sonia pensa à son mari parti depuis déjà une semaine à Bakou pour trouver des moyens sûrs de traverser clandestinement la frontière et de quitter définitivement ce pays où la menace de la persécution était suspendue au-dessus de leur tête, comme une épée de Damoclès. Elle se rendit compte tout d'un coup qu'elle n'avait plus les appréhensions et les doutes qui, depuis quelque temps, étaient devenus ses compagnons habituels. À la place de ces sentiments négatifs, tout son cœur vibrait d'un espoir fou. En effet, malgré les quelques réserves de Joseph, Sonia était certaine de la réussite du plan de son mari et elle attendait impatiemment son retour pour qu'ils prennent tous enfin le chemin de la liberté. Elle rêvait d'effacer au plus vite ces sept mois d'enfer passés dans ce pays maudit.

Sonia était persuadée qu'elle ne voulait pas et ne pouvait pas ressembler à la majorité des femmes soviétiques qui, avec une pioche et une pelle, travaillaient aux côtés des hommes, d'égal à égal. Ces femmes, vieillies avant l'âge, avaient depuis longtemps oublié leur féminité. Leur peau qui n'avait jamais senti la douceur d'une crème, leurs ongles qui n'avaient jamais été soignés et leur corps déformé à force de travaux physiques ne pouvaient qu'inspirer la pitié. En plus, ces pauvres femmes, après une dure journée de labeur, devaient chaque jour faire la queue et attendre pendant des heures interminables pour obtenir quelques grammes de beurre ou de sucre, car elles ne pouvaient pas se permettre d'avoir recours au marché noir, vu leur salaire dérisoire. Jusqu'à très tard le soir, elles devaient préparer le repas et s'occuper, sous la lueur des bougies, de leurs enfants.

Sonia savait que dans ce pays où l'éducation et les soins de santé étaient gratuits, les femmes soviétiques pouvaient devenir médecins et ingénieures, et qu'elles pouvaient même accéder au poste de ministre et de député. Mais Sonia ne pouvait s'expliquer au nom de quoi et de qui ces femmes, qui enduraient des sacrifices permanents, continuaient à chanter les éloges de ce même système qui les transformait en robots. Elle avait de la difficulté à croire en la sincérité de ces ouvrières et des *kholchoznitzi* qui répétaient, sans fin, à la radio l'accomplissement et même le dépassement des objectifs du plan quinquennal du parti, et qui offraient leur succès, avec une fierté incompréhensible, à leur infatigable «Guide génial». Sonia sentait le mensonge et la peur dans chacun des mots prononcés par ces femmes et ne voulait pas s'attarder sur leurs motifs. Devant cette énorme injustice bien rodée, elle savait qu'elle était désarmée. Depuis son jeune âge, elle suivait une philosophie pragmatique, selon laquelle on devait accepter ce qu'on ne peut changer. Pour Sonia, un combat à la Don Quichotte n'était d'aucun intérêt. Elle essayait de s'accommoder à la situation plutôt que d'essayer d'en changer les éléments.

Durant tout ce temps passé en Arménie, elle n'avait jamais voulu s'apitoyer sur son sort ou accuser Joseph de quoi que ce soit. C'était leur vie et il fallait la vivre en gardant toujours l'espoir que le temps, ce grand magicien, finissait par arranger les choses. Et ce n'était pas non plus sa foi qui la poussait vers la résignation, car elle se rappelait de l'existence de Dieu seulement dans les moments difficiles. Elle possédait tout simplement une sagesse innée qui l'avait guidée jusque-là en lui épargnant des douleurs inutiles.

Après s'être prélassée encore un petit peu, Sonia décida de se lever. C'était l'heure où une paysanne lui apportait le lait de chèvre pour Marianne. «Si cela continue encore, pensa Sonia, ma petite aura goûté au lait de tous les animaux de la ferme.» Et elle sourit intérieurement.

Un peu plus tard, plaçant Marianne sur la couverture étalée par terre, Sonia voulut lui donner ses jouets. Quel fut son étonnement de découvrir la boîte à jouets à moitié vide! Interrogeant Astrid, Sonia découvrit que sa fille aînée échangeait ses jouets contre des boîtes vides de cigarettes! Même en lui expliquant que ces jouets appartenaient aussi à sa petite sœur, Astrid ne fut pas convaincue, car deux jours plus tard, sa fille continuait son commerce, toujours persuadée qu'une boîte vide de cigarettes valait bien mieux que des jouets… Et l'idée que sa fille serait plus tard une fumeuse invétérée traversa la tête de Sonia.

Dès qu'elle eut terminé son travail, Sonia se retourna vers Marianne et remarqua que sa petite, pour la première fois, jouait assise. Folle de joie, Sonia se précipita vers sa fille et, la prenant dans ses bras, la serra en regrettant de ne pouvoir partager sa fierté avec quelqu'un.

Lundi matin, elle reçut enfin la première lettre d'Égypte. L'enveloppe avait été malmenée, froissée, et son contenu probablement lu et relu, mais la lettre, au moins, était entière. Les larmes aux yeux, Sonia lut à haute voix, à elle et à Astrid, cette missive pleine du mot *karot**. Le soir venu, après avoir couché ses enfants sous la lumière des bougies, elle se mit à rédiger sa réponse en se félicitant mentalement d'avoir eu l'idée de créer, depuis l'Égypte, un langage codé avec ses parents. Ainsi, sans avoir peur d'être comprise par la censure, elle exprima librement ses sentiments et décrivit à sa famille la réalité de la vie soviétique, quoique allégée, de peur de peiner les siens.

Deux semaines s'écoulèrent. Joseph était enfin de retour de son voyage. Après avoir raconté en détail ses péripéties, il avisa Sonia qu'ils devraient quitter Erevan à la mi-juillet pour Bakou où un navire, à destination de l'Iran, les attendrait. Le capitaine de ce bateau, en échange d'une somme considérable, avait accepté de prendre à bord clandestinement la famille Marikian. Le couple décida de ne rien changer à sa vie régulière jusqu'au jour du départ. Cependant pour la forme, Joseph n'avait pas cessé de chercher du travail. Mais il passait la majeure partie de ses journées dans les files d'attente, devant les magasins, et procurait ainsi un peu de confort à sa famille. Souvent, les fins de semaine, ils recevaient leurs amis. Et comme chaque fois, ces soirées passées en leur compagnie leur procuraient un immense plaisir. À l'une de ces rencontres, Hagop Kouyoumdjian, une vieille connaissance, avait remarqué que Yéran avait l'air basané. Et la pauvre femme avait répondu, en riant, que le seul moyen qu'elle avait de voir le soleil dans leur minuscule sous-sol cimenté, c'était quand sa fille, avec un miroir, en reflétait les rayons.

Au cours de cette même soirée, Yeghia, qui ne pouvait pas poursuivre la construction de sa maison faute d'argent, demanda à Joseph un prêt de six mille roubles. Ce dernier, poussé par son caractère habituel, avait déjà planifié leur vie si la fuite devait s'avérer un échec, une possibilité qu'il ne pouvait ignorer. Et voulant assurer ses arrières, il consentit, sans aucune hésitation, à cet arrangement en versant à Yeghia le montant demandé.

***

C'était la fin du mois de juin de 1949. La ville entière était au courant des arrestations massives survenues deux semaines auparavant. Tout le monde parlait de ces quatre-vingt mille personnes déportées le 14 juin. Des familles entières de la population locale, de tous les milieux, auraient été transportées vers l'Altaï, à l'est de la mer Caspienne, près des frontières de la Chine, dans des trains transportant le bétail La nuit du 13 juin, les maisons avaient été envahies par des agents armés du NKVD* qui avaient arraché les gens du lit en ne leur donnant qu'une heure pour ramasser tout ce qu'ils pouvaient, avant de les embarquer dans les *voronkas*. Voskan Garibian, qui avait rendu visite à Joseph quelques jours après le drame, racontait, après avoir haussé le volume de la radio, comment il avait été lui-même un témoin involontaire de la déportation de la famille entière de son voisin. Il avait ajouté qu'il n'oublierait jamais le visage de ce professeur d'université qui, en se jetant au pied de l'officier du NKVD, avait imploré, inutilement, d'épargner sa femme malade et leur fils unique.

Joseph écoutait en silence ces horreurs. Mais juste à ce moment, la radio commença à diffuser des chansons populaires arméniennes. Pendant quelques secondes, le visage de Joseph devint blême. Quelques larmes, brouillant son regard, commencèrent tranquillement à couler sur ses joues. Il savait que ce qu'il pleurait désormais, c'était ses rêves perdus, cet élan patriotique qui n'avait pas pu résister à ce cauchemar inhumain. Mais que faire?... Qui blâmer?... Quelle était la limite de la souffrance qu'une personne devait supporter au nom de la patrie? Devait-on sacrifier la vie pour un pays gouverné par un étranger assoiffé de vies?

Et tranquillement, les réponses commençaient à se préciser dans sa tête. Joseph était de plus en plus convaincu de la justesse de sa décision: ils devaient, à tout prix, échapper à ce long tentacule qui, depuis Moscou, pouvait un jour s'abattre sur lui et sur sa famille.

Joseph était suffisamment intelligent pour savoir que ses courts voyages à travers un pays où chaque pas de ses habitants était enregistré n'étaient pas passés inaperçus aux agents du NKVD. Lui qui avait visité suffisamment de lieux, rencontré et discuté avec de nombreuses personnes ne pouvait ignorer le danger auquel il s'était exposé. Il savait que sa chance de réussir était presque inexistante, mais il était quand même prêt à la tenter, si minime fût-elle. Il voulait croire que l'étoile qui avait guidé sa mère dans le désert de Deir ez-Zor pouvait aussi les accompagner dans leur voyage ultime et qu'un courage, issu d'un désespoir profond, serait, qui sait, peut-être récompensé...

Ayant pris l'habitude d'analyser minutieusement toutes ses actions, Joseph avait appris par des sources fiables qu'en cas d'effondrement de son plan, sa femme serait probablement épargnée à cause de Marianne. Sonia le savait et elle avait assuré Joseph qu'elle acceptait les conséquences de leur geste. Et après avoir examiné et réexaminé toutes les conséquences de leur évasion, le couple se décida et attendit patiemment le jour du départ.

Le 20 juillet, le couple Marikian, avec ses deux filles et trois valises, quitta ses amis sous prétexte d'un emploi, déniché par Joseph, dans le port de Bakou. Aux petites heures du matin dans le train qui les emportait, mari et femme, main dans la main et toujours éveillés, priaient en silence pour la réussite de leur aventure insensée.

CHAPITRE 25

La traversée de la frontière

Très tôt ce matin-là, Sonia ouvrit les yeux. Le bruit monotone du wagon lui rappela immédiatement le but de leur voyage. Encore une fois, des sentiments mêlés de peur et de joie envahirent son être. Cet état d'âme était devenu sa deuxième nature, pensait-elle.

En se levant, elle trouva le lit de Joseph non défait. « Une autre nuit blanche. Comment pouvait-il tenir le coup ? » se demanda-t-elle en fermant les rideaux. En ouvrant la porte de leur compartiment, elle sortit dans le couloir.

Devant une fenêtre entièrement ouverte, elle aperçut son mari qui, accoudé sur le bord, regardait sans bouger les paysages fuyants. Au contact de la main de sa femme, Joseph se tourna et, avec des yeux tristes et las, regarda Sonia, sans dire un mot, comme s'il cherchait une réponse aux questions non formulées qui le tourmentaient depuis longtemps. En guise de réponse, Sonia se blottit doucement contre son mari.

Quelque temps après, quand tous les quatre eurent fini leur toilette matinale et eurent pris leur petit-déjeuner, mari et femme, laissant Marianne aux côtés d'Astrid, sortirent de nouveau dans le couloir.

Le train entrait dans les faubourgs de Bakou et plus on approchait, plus une odeur spécifique de pétrole devenait persistante. On commençait déjà à apercevoir au loin la silhouette de la ville enveloppée d'un nuage épais d'air pollué ainsi que plusieurs puits de pétrole, alignés comme des soldats, dans une mer noire. Dehors, les petites maisons en pierre grise se succédaient rapidement pour faire place à des immeubles gris sur des rues plus larges. «Mon Dieu, pensa Sonia, dans ce grand pays n'existe-t-il pas un petit coin ensoleillé? Est-ce que le monde est devenu gris?»

Le convoi s'immobilisa à son arrêt final dans la gare de Bakou. À sa descente du train, la famille eut des difficultés à se déplacer parmi une horde humaine. L'immense espace de la gare était encombré de grosses valises en bois et de paquets énormes à côté d'hommes trapus, moustachus, vêtus d'habits noirs et qui gesticulaient en parlant tout en crachant abondamment. À l'écart, les femmes, généralement petites et corpulentes, aussi en habits sombres, créaient tout un vacarme en essayant de calmer leur progéniture. Tout ce grouillement humain, ces cris incessants et ces amoncellements avaient transformé ce terminus en une espèce de ruche humaine d'où l'on avait envie de sortir le plus vite possible.

Jouant des coudes, Joseph se fraya un mince passage parmi ces gens agglutinés et, en un temps record, la famille se retrouva propulsée de l'autre côté du quai. Là, grâce à sa maîtrise de la langue turque, Joseph trouva facilement quelqu'un pour les conduire à l'autre bout de la ville, chez une certaine Varya Bagdassarian avec qui il avait fait connaissance lors de son premier voyage. C'était elle qui lui avait présenté le capitaine qui devait, clandestinement, leur servir de passeur sur son bateau.

En traversant la ville, Sonia avait constaté que Bakou, plus qu'Erevan, ressemblait à une capitale. Il était vrai que cette ville, balayée de vents, était sale et noire, mais c'était une ville importante et achalandée avec des rues vastes et des immeubles assez élevés.

Une bonne trentaine de minutes plus tard, la voiture s'arrêta devant un immeuble à deux étages. Varya, qui les attendait déjà, se tenait devant les portes extérieures.

C'était une femme dans la quarantaine avancée. Elle était grande, avec un corps solidement bâti. Ses mouvements étaient brusques et hâtifs. Malgré la tristesse profonde de ses yeux, on décelait une détermination sans borne. C'étaient les yeux de quelqu'un sur qui on pouvait compter, qui ne vous laisserait jamais tomber. Elle reçut la famille avec un large sourire chaleureux et, prenant Marianne dans ses bras, monta les escaliers, suivie du reste de la famille.

Varya habitait avec sa mère paralysée dans une *communalka** prévue pour trois familles et possédait les deux chambres adjacentes juste en face de la porte principale. En entrant, on apercevait, du hall, une cuisine où chacune des trois familles avait son petit coin pour préparer ses repas. Parce qu'elle était en bons termes avec ses voisins, Varya expliqua à Joseph qu'elle avait pu avoir facilement leur accord pour les loger chez elle au-delà des trois jours permis par l'État.

Après avoir déballé le peu de choses qu'ils possédaient et installé Marianne par terre avec ses jouets, le couple et Astrid furent invités à passer à table pour un petit-déjeuner royal, car à part du pain noir trônait à côté du beurre et de la confiture du vrai sucre pour un bon thé chaud.

Dès que la table fut débarrassée, Sonia retourna dans sa chambre avec ses filles, laissant Joseph converser tranquillement avec Varya. Cette dernière l'avait mis au courant des événements survenus après son départ. Elle informa Joseph de l'arrestation du capitaine du bateau qui devait normalement quitter le port dans deux jours. Lors de l'inspection de routine du bateau, les apparatchiks auraient découvert 10 passagers clandestins cachés dans la salle des machines et prêts à fuir le pays. Mais apparemment, le capitaine avait pris le soin de mettre son adjoint au courant de l'arrivée de la famille Marikian et lui avait remis une partie de la somme à retourner à Joseph en cas d'échec. Varya ajouta aussi que la rencontre avec ce même adjoint était fixée au lendemain et qu'elle était prête à l'accompagner.

En écoutant ce récit, le visage de Joseph changea plusieurs fois de couleur. Il transpirait abondamment et tapotait nerveusement la surface de la table avec ses doigts. Plusieurs scénarios traversèrent rapidement son esprit : le capitaine avait trahi sa parole et, le soir venu, le *voronka* serait devant les portes; il serait obligé de retourner en Arménie, sans même tenter sa chance. Que devait-il faire? Comment et où trouver un autre contact? Comment expliquer tout cela à sa femme? Toutes ces questions se bousculaient dans sa tête. Quand Varya eut terminé son récit, Joseph la remercia et, sans ajouter un mot, alla rejoindre Sonia.

Le lendemain, Joseph et Varya attendaient la personne en question à l'heure dite dans un des parcs du centre-ville de Bakou. Peu de temps après, un gaillard de deux mètres, de nationalité ouzbek, se présenta. Après avoir décliné son identité, l'adjoint raconta à Joseph que ce contretemps était hors du contrôle de son capitaine, et que le bateau avait été mis en cale sèche depuis ce jour. Ensuite, il remit à Joseph le montant exact convenu. Joseph, désespéré, décida de prendre un risque encore plus grand et, dans un turc parfait, il demanda l'aide de l'officier de marine. Ce dernier, après avoir longuement scruté Joseph, lui conseilla d'oublier les frontières de l'Azerbaïdjan qui, selon lui, étaient toutes sous surveillance accrue. La seule possibilité de fuir le pays, proposa-t-il, serait de se rendre du côté du Turkménistan où le trafic de drogue avec l'Iran était florissant, et où les contrebandiers étaient donc très actifs. Il ajouta que, par chance, un des chefs contrebandiers se trouvait actuellement à Bakou pour affaires et que, tout ce qu'il pouvait faire était de mettre Joseph en contact avec cet homme. Joseph accepta, et les deux hommes se serrèrent la main et se quittèrent après s'être donné rendez-vous pour le lendemain chez Varya.

Tard dans la soirée, Joseph, se mit à convaincre sa femme encore une fois. Il lui disait qu'il était prêt à tenter sa chance une dernière fois, mais que la réaction de Sonia resterait déterminante. Cette dernière, déjà très abattue par la nouvelle du bateau en cale sèche, se sentait tellement lasse et fatiguée qu'elle n'avait envie ni de penser ni de prendre une décision. Elle répondit seulement qu'elle suivrait son mari et qu'elle s'en remettait à Dieu...

À ce moment, Varya, qui avait Marianne dans les bras, s'approcha du couple et demanda la permission d'intervenir.

Joseph la pria de s'asseoir et Varya, installée devant eux, commença à parler :

— Je sais que vous avez la ferme intention de fuir ce pays devenu une prison à ciel ouvert. Mais les chances que vous réussissiez ici ou ailleurs, croyez-moi, sont minimes. De grâce, reconsidérez vos projets. Peut-être retournerez-vous en Arménie ? Avec le temps et de la patience, vous pourrez vous créer une vie décente. Ta femme est belle et jeune. À qui pourras-tu la laisser ? Et tes enfants ? Qu'est-ce qu'elle fera si vous échouez ? fit remarquer Varya.

— Nous avons déjà échoué il y a presque un an. Tôt ou tard, ils viendront me chercher, je le sens. Rien que de songer à l'idée que nous avons peut-être une infime chance me donne du courage. Pourquoi ne pas s'y accrocher ? Je ne peux envisager de regretter, ma vie entière, d'avoir laissé filer cette possibilité. Je dois cela à ma femme, répondit Joseph.

— Je ne sais que dire, reprit Varya.

Après un court silence, elle continua :

— Moi-même je suis une femme forte. J'ai vu passer trop de choses dans ma vie : j'étais présente quand les communistes ont fusillé mon père ; j'ai assisté aussi à la déportation de mon frère, à l'époque à peine âgé de 22 ans, quand il a refusé d'admettre que son père était un agent impérialiste. Aujourd'hui, je suis seule avec une mère paralysée et je ne suis pas sûre que j'oserais essayer de m'enfuir. Je n'arrive même pas à vous comprendre : êtes-vous des lâches ou bien des héros ?

La réponse de Joseph suivit immédiatement :

— Varya, je veux te dire ceci, écoute-moi bien. Si un jour je réussis à faire sortir toute ma famille de cette géhenne, tout le monde, d'une seule voix, dira quel homme courageux j'ai été. Mais si la malchance nous poursuit et si nous échouons à la frontière, le monde, avec raison, trouvera que j'étais le dernier des imbéciles et un égoïste fini qui a mis en danger la vie de toute sa famille. Donc, je te suggère, à ton tour, de patienter un peu jusqu'au résultat final pour nous classer dans une de tes catégories.

Plus tard dans la soirée, Sonia n'arrivait toujours pas à fermer l'œil. Joseph, qui était installé par terre sur un matelas près de leur lit, ne dormait pas non plus. Les bras croisés sur le front, il fixait le plafond. N'osant pas le déranger, Sonia tourna le dos à son mari et contempla ses filles endormies à côté d'elle.

«Que va-t-il advenir de nous? Faut-il à tout prix que je retrouve le bonheur perdu du passé? Est-ce que mes filles ont absolument besoin d'avoir une vie identique à la mienne? Mais ne suis-je pas contrainte, en tant que mère, d'offrir le meilleur à mes filles? D'un autre côté, pourquoi ne pas tout simplement se résigner comme l'ont fait des milliers d'autres avant nous?» se questionna Sonia. Un peu plus tard, accablée de fatigue par ces questions sans réponse, elle se laissa sombrer tranquillement dans le sommeil.

Le jour suivant, vers 10 heures, Sonia sortit pour une petite promenade avec Marianne, endormie dans ses bras, et Astrid trottant à côté d'elle. Elle faisait les cent pas dans cette grande cour ensoleillée et déserte tout en réfléchissant à leur avenir. Elle rêvait seulement d'oublier totalement son passé, de l'engloutir dans le néant pour laisser toute la place à un présent où elle pouvait se sentir chez elle, ici ou ailleurs, n'importe où, avec un quotidien bien établi où elle ne serait pas obligée de comparer avec le passé, de faire des choix et de prendre constamment des décisions. Elles marchaient encore quand un vent violent se leva, soulevant dans l'air des ordures jetées ici et là, accompagnées d'une poussière tourbillonnante qui rendait la marche difficile. Sonia se dépêcha alors de rentrer chez elle.

Dans la chambre, Joseph et Varya étaient assis en compagnie de deux hommes corpulents. L'un d'eux ressemblait à un Chinois dont on voyait à peine les yeux à travers une fente étroite du visage. Il était de petite taille avec une barbe grisonnante, très bien garnie. Son épiderme permettait de croire que cet homme passait beaucoup de temps au grand air, au vent et au soleil. L'autre individu, plutôt grand, avait aussi les yeux bridés, mais son visage était plus raffiné et plus soigné. C'était l'adjoint du capitaine et il se leva dès que Sonia entra dans la pièce. Après les salutations d'usage, Sonia retourna dans sa chambre avec ses filles, et les autres reprirent leur conversation en langue russe pendant environ une heure. Vers midi trente, les deux hommes quittèrent la maison, et Joseph ainsi que Sonia, laissant leurs enfants au soin de Varya, sortirent à leur tour.

Dehors, le vent s'était calmé, et le couple se dirigea vers un petit parc, non loin de leur maison. Là, assis sur un banc, Joseph raconta à sa femme tout ce dont il avait été question avec les deux hommes.

— Le petit homme que tu as vu, commença Joseph, est responsable du passage des contrebandiers. Pour une somme de quinze mille roubles, il est prêt à nous aider, à certaines conditions évidemment. Tout d'abord, il veut que, au lieu de valises, nous ayons deux sacs à dos. Il faudrait que tu aies une espèce de sac attaché dans le dos pour porter Marianne. Cela facilitera ta marche à travers le désert. Ensuite, il a insisté pour qu'Astrid et toi portiez des robes turkmènes, confectionnées à partir de tissus spéciaux utilisés par les femmes de son pays. Il a ajouté aussi qu'en cas d'échec, il refusera d'admettre sa participation à notre évasion et pour cette raison aussi, il n'a voulu me donner ni son nom ni son prénom. Voilà. Ah oui! Notre départ est fixé au 28 juillet. Qu'est-ce que tu en dis? Sache une chose: il ne nous a donné aucune garantie. C'est nous et notre Dieu!

Sonia écouta attentivement Joseph et ne répondit pas. Quelque chose la tracassait. Quelque chose qui était lié à sa grand-mère et qui contenait un avertissement. Sonia, en vain, essaya de se fixer sur ce pressentiment, car elle était sûre que ce qu'elle voulait se rappeler avait une importance majeure, mais rien ne vint: aucun souvenir n'émergea.

Finalement, Sonia, oppressée, fit juste un signe de tête signifiant qu'elle acceptait. Dès le lendemain, Varya et Sonia se perdirent dans les magasins à la recherche de ce tissu spécial destiné à la garde-robe de fuyardes.

Le 28 juillet, à l'heure convenue, le passeur les attendait devant l'immeuble.

Varya descendit en compagnie du couple, et dès que la voiture commença à rouler, elle lança un verre d'eau derrière la voiture en guise de souhait de bonne chance, selon un ancien rite arménien.

De Bakou, ils prirent le bateau jusqu'au Turkmenbashi et, quelques heures plus tard, ils se trouvèrent dans l'autobus qui les emmenait vers Achkhabad, capitale du Turkménistan, où le petit groupe devait passer deux jours avant de gagner leur destination finale : Cérachs, un bled, pas loin de la ville Maré.

À Achkhabad, la famille s'installa chez le frère de leur accompagnateur. Et comme on le faisait partout en Orient, leurs hôtes reçurent la famille Marikian à bras ouverts. Après une heure de repos, tous les hommes, assis par terre devant une table basse, dégustaient des mets turkmènes. Au même moment, entourée de ses enfants, Sonia mangeait dans l'autre pièce avec les femmes.

Le jour suivant, Joseph, désireux de se changer les idées, avisa ses hôtes qu'il allait faire une petite promenade en ville avec sa famille. Coiffé de sa nouvelle casquette turkmène et avec Marianne dans les bras, il sortit dans la cour pour attendre sa femme et sa fille. Peu de temps après, ces dernières firent leur apparition dans leur nouvelle robe turkmène. En faisant tournoyer devant lui sa fille aînée, Joseph l'embrassa et lui chuchota qu'elle était sa princesse à lui. Astrid, très fière, tourna la tête en quête d'autres regards admiratifs. Aussitôt après, les yeux émerveillés de Joseph se posèrent sur sa femme, à qui il déclara, en riant, qu'elle passerait pour une très belle Turkmène, quoiqu'elle fût un peu mince… Tous les trois riaient encore au milieu de la cour quand les pleurs de Marianne leur rappelèrent qu'ils étaient tous les quatre sous un soleil brûlant et qu'il fallait bouger avant d'attraper une insolation.

Achkhabad était une ville typiquement orientale où la vie des citadins se déroulait pratiquement à l'extérieur, sur la place publique. Dans la plupart des rues encombrées de la ville, une cohabitation parfaite existait entre humains et bêtes, ânes et chiens. Les voix humaines se mêlaient aux aboiements et aux braiments, et on avait l'impression de se trouver dans un village situé en plein cœur d'une ville. La plupart des femmes, en habits multicolores, avaient les cheveux couverts par un foulard du même tissu que leur robe. Curieusement, avant de répondre à chacune des questions de Joseph, elles esquissaient un sourire timide qu'elles cachaient immédiatement de leur main.

Partout, on voyait des enfants qui, presque nus, remplissaient les rues de leurs cris, de leurs rires et de leur agitation incessante et ludique.

Ici et là, on remarquait des groupes de vieillards, assis devant la porte de leur maison, au soleil, avec leur barbe longue et blanche, leur turban savamment enroulé autour de la tête, sirotant tranquillement leur thé avec les yeux mi-clos. Seules quelques rares voitures dérangeaient cette image d'un autre temps.

Toute cette atmosphère fit remonter en Sonia des souvenirs chers et réconfortants. Cette ambiance lui rappelait celle des villages de son pays natal. Elle déambulait dans ces rues sans vouloir s'arrêter. Elle voulait toucher ces gens-là, s'imbiber de ce soleil et de cette odeur. Elle appréciait ce folklore qui l'aurait laissée indifférente il n'y avait pas très longtemps de cela et à quelques milliers de kilomètres de là…

Après trois heures de marche, Astrid montra des signes de fatigue. Et quand la famille passa devant un *tchaïkhana*, Joseph proposa d'y faire halte. En peu de temps, leur table fut garnie d'un bon *shashlik*, de pilaf turkmène, de yogourt à couper au couteau, de fruits appétissants, de thé et… d'un peu d'eau chaude pour diluer le lait de Marianne.

La famille fit honneur au repas. Même les mouvements continuels de leurs mains pour éloigner les mouches de la nourriture n'arrivaient pas à gâcher le plaisir de manger ensemble, entourés de gens inconnus, mais combien gentils. Sonia ne se rappelait pas avoir mangé un melon aussi sucré et aussi divin. Astrid se gavait voluptueusement de figues et de raisins, Joseph riait et Marianne, collée contre sa poitrine, gazouillait…

Sonia regardait le visage souriant de son mari et celui de ses deux filles, et elle se sentit vraiment heureuse pour la première fois depuis fort longtemps. Elle se sentait bien dans cette ville perdue, et rien ne la distrayait du moment présent : ni l'incertitude ni le danger qui les guettaient. Toutes les images des grands sauveurs du peuple et tous les visages tristes de pauvres bâtisseurs de leur grand avenir avaient disparu. Elle avait la certitude que le soleil ardent de ce pays et la sagesse millénaire de son peuple avaient quelque chose de magique, capables d'effacer chez un simple mortel toutes les peurs si caractéristiques de l'*homo soviéticus*.

Pour Sonia, cette journée, comme chaque jour de l'année, était un anneau lumineux parmi ceux qui composaient la vie en général, et elle sentait qu'il fallait la vivre entièrement, laissant à demain le soin de penser au maillon qui devait suivre. Elle aurait tellement aimé que ce moment s'éternise…

Deux jours plus tard, l'autobus les conduisait vers Mary, une petite ville entourée de champs de coton, au sud-est du pays. L'autobus était plein à craquer. Les voyageurs dévisageaient sans gêne et avec le sourire chacun des membres de la famille Marikian qui, mis à part le costume turkmène, n'avait rien de commun avec eux. Et cela suscitait leur curiosité : ils voulaient connaître les raisons de leur présence dans ce coin perdu de leur pays. Cependant, cette attention dérangeait celui qui accompagnait les Marikian. S'adressant aux voyageurs, il leur demanda de cesser de se comporter comme dans un zoo. Après cette remarque, tout ce monde retourna à ses affaires.

Vers onze heures du soir, l'autobus se gara au terminus de la ville où une voiture les attendait déjà pour les conduire vers un village dans les montagnes. Une heure de route plus loin, la famille, accompagnée de son guide, descendit devant une toute petite yourte, cette tente typique de la région. À l'intérieur, à la lumière de la lampe à gaz, on voyait par terre quatre matelas entassés les uns sur les autres, une large table basse, plusieurs coussins multicolores jetés ici et là et, dans un coin, la présence de quelques marmites avec un *kérogaz* et un très gros contenant d'eau indiquant la présence d'une cuisinette.

Après avoir informé Sonia que le vaste étendu entourant la yourte leur servirait de toilettes, le guide invita Joseph à l'extérieur. Assis sur une souche, à côté de l'entrée, il commença à expliquer à Joseph le déroulement de leur plan :

— D'abord, lui dit-il, la traversée des contrebandiers se fait chaque samedi. Mais cette semaine, vu l'insuffisance d'articles de contrebande, vous serez les seuls à traverser. L'heure exacte du passage est fixée à trois heures du matin. C'est le moment du changement de patrouille qui prend environ une vingtaine de minutes jusqu'à l'arrivée de la nouvelle équipe. Ces 20 minutes sont suffisantes pour franchir les quelques centaines de mètres qui séparent les deux pays. Là, du côté iranien, vous n'avez rien à craindre, car leurs frontières ne sont même pas surveillées. Une fois là-bas…

— Mais comment saurai-je que nous sommes arrivés là-bas ? demanda Joseph.

— Je vais te le dire, répondit l'homme et il poursuivit. À partir du moment où vous aurez pris le chemin indiqué par le chauffeur, soit environ une quinzaine de minutes plus tard, vous êtes arrivés. Généralement, cela prend sept minutes à mes contrebandiers. Là, à ta gauche, tu verras une construction délabrée, tu ne peux pas la manquer, et immédiatement après, le chemin monte en pente. Vous continuerez votre marche pendant environ un demi-kilomètre et vous apercevrez leur poste. Ce sont les mêmes gardes frontière qui nous achètent notre marchandise et je les connais tous ; ils vous accueilleront très bien. En attendant, à aucun prix ta femme ne doit se montrer au village. Cette yourte, tu le verras demain, se trouve isolée. La maison la plus proche est située à deux kilomètres de distance. Ta fille peut jouer dehors, mais encore une fois, pas de village pour elle.

Il prit une pause et poursuivit :

— Durant les deux jours où vous allez rester là, tu achèteras votre nourriture chez un des villageois. Et s'il te demande la raison de ta présence, tu répondras que tu es géologue et que tu fais l'analyse du sol, point. La frontière se trouve à environ 100 kilomètres. Vous y rendre vous prendra à peu près trois heures. Donc, la nuit du 5 août, à minuit moins le quart, vous devrez être prêts. Un camion viendra vous chercher. À Cerachs, il vous mettra sur le chemin et il vous quittera. C'est tout. Tu me payes maintenant et moi, à partir de ce moment, je ne vous connais plus. Que votre Allah vous protège !

Les deux hommes retournèrent à la yourte où Joseph paya le montant exigé. Avant de les quitter, le monsieur, qui s'était retourné pour jeter un regard rapide sur Sonia et les enfants, demanda à Joseph de le suivre à l'extérieur et lui dit :

— Allah m'est témoin ! Je vais prier pour vous. Mais si ça tourne mal, ta femme a beaucoup de chances de s'en sortir vu la présence du nourrisson et, surtout, si elle affirme ne pas être au courant de tes plans.

Invoquant une dernière fois la protection d'Allah sur eux, le monsieur monta dans la voiture et disparut dans le noir.

***

Le jour du départ arriva. Dès le matin, le cœur de Sonia battait la chamade. Ses mains moites et tremblantes avaient de la difficulté à tenir des objets. Même ses occupations routinières n'arrivaient pas à la distraire. Pour se calmer un peu, elle pensa qu'une petite promenade à pied dans le sable, que le soleil matinal n'avait pas encore eu le temps de réchauffer, lui serait salutaire. Alors, prenant la main d'Astrid, elle sortit.

Joseph aussi était nerveux. Mais il savait que c'était la dernière journée de cette tension insupportable. Demain, leur sort serait déterminé. Ou, dans un monde libre, il choisirait sa nouvelle route, ou il aurait amplement le temps le chercher le moment où l'erreur avait été commise…

Vers sept heures du soir, sur la demande de Joseph, Sonia cacha tous leurs bijoux dans la couche que portait Marianne. Après avoir pris la dernière tétée de la journée, sa petite fille devait se réveiller normalement entre sept ou huit heures le matin suivant, ce qui rassurait Sonia. Astrid, qui sentait la fébrilité de ses parents, était devenue capricieuse et pleurait, refusant de se coucher. Sonia la rassura en la prenant dans les bras et en lui disant que bientôt, ils seraient chez sa grand-mère. Apaisée par sa mère, Astrid ferma les yeux.

La nuit, à onze heures et demie, ils entendirent le bruit du moteur. En sortant de sa yourte, Joseph vit un petit camion stationné duquel descendit un jeune homme. Après un bonjour à peine audible, celui-ci prit Astrid endormie et invita Sonia, accompagnée de Marianne, à monter dans la cabine. Joseph, de son côté, prit place avec les deux sacs à dos sur le plancher du camion.

Au début, le chemin passait en pleine terre au milieu de vastes espaces, et la voiture roulait à toute allure. Une heure plus tard, une chaîne de montagnes et des vallées commencèrent à se succéder et le chemin, déjà en très mauvais état, devint presque dangereux. Des pierres de toutes tailles, ainsi que des branches, et même des arbrisseaux entiers arrachés par le vent encombraient la piste et exigeaient toute l'attention du chauffeur.

Après avoir dépassé quelques baraques délabrées, le camion s'arrêta et après avoir descendu, le chauffeur demanda l'aide de Joseph pour déplacer du chemin le cadavre en décomposition d'un cheval. L'odeur nauséabonde dégagée par ce corps obligea les deux hommes à respirer par la bouche, tout en tirant cette lourde masse. Quelques minutes plus tard, le camion reprit son chemin sinueux pour atteindre une montée vertigineuse, sans accotements protecteurs. Avec adresse, le chauffeur put enfin faire grimper son camion jusque sur le plateau. Le seul repère de cette vaste étendue aride était des ornières, à peine visibles, que le camion suivait à grande vitesse. Mais il dut vite ralentir, car le chemin, devenu plus étroit, commença à descendre, maintenant entouré des deux côtés par des gorges profondes. Ayant Astrid endormie sur les genoux et Marianne collée à sa poitrine, bien enfoncée dans son sac, Sonia n'émettait aucun son. Elle récitait et récitait sa prière en silence, demandant à Dieu de les sortir sains et saufs de ce cauchemar.

Après la descente, le chemin traversa un désert de pierres. Il leur restait encore une bonne quarantaine de minutes de route à faire. Le camion roulait très vite quand on entendit soudain un coup sonore suivi d'un bruit métallique. Le jeune homme jura entre ses dents, arrêta sa voiture et sortit pour constater l'éclatement du pneu arrière gauche.

Joseph, descendu à son tour à la demande du chauffeur, chercha un des quelques pneus qui se trouvaient sur le plancher du camion et aida l'homme, à la lumière d'une lampe de poche, à remplacer le pneu éclaté. Et ce n'est qu'une bonne dizaine de minutes plus tard qu'ils reprirent la route.

À peine avaient-ils roulé une centaine de mètres que le camion se mit à zigzaguer, ce qui obligea le conducteur à arrêter de nouveau son véhicule : c'était le pneu avant qui venait de subir le même sort que le précédent…

Joseph regarda sa montre et, sans rien dire, recommença avec le conducteur les mêmes procédures entreprises un peu plus tôt. La voiture redémarra enfin et, cette fois-ci, elle arriva à sa destination sans autre pépin.

Il était exactement trois heures dix quand le camion fit son arrêt final. Tous descendirent y compris le chauffeur à qui Joseph jeta un regard interrogateur. Ce dernier lui assura qu'en marchant à un bon rythme, la distance serait vite franchie. Il leur souhaita bonne chance, courut vers son camion et disparut rapidement, avalé par l'obscurité.

Après avoir fixé son sac à dos et celui de sa femme, Joseph prit Astrid, toujours endormie, dans ses bras et suivit le chemin indiqué.

Tout se passa dans l'obscurité. Seul le reflet de la lune permettait de voir les contours des arbrisseaux et des montagnes au loin. Le silence régnait. Le seul bruit perceptible de temps à autre était celui de petits cailloux qui roulaient sous leurs pieds.

Le couple marchait sans prononcer un mot. Dans sa tête, Sonia décelait chaque battement de son cœur. Elle avait peur de tomber et de blesser Marianne. Elle avait peur d'être attrapée. Elle se sentait extrêmement fatiguée. Ses jambes molles avaient de la difficulté à avancer. Mais elle continuait sans faillir, suivant la silhouette de son mari et psalmodiant : « Il faut que nous réussissions. Nous approchons. Voilà ! Nous arrivons… »

Le couple avait à peine franchi une centaine de mètres qu'Astrid se réveilla en pleurant. Son père couvrit aussitôt la bouche de sa fille avec sa main, la priant de cesser de pleurer. Mais ouvrant les yeux et ne trouvant pas sa mère à ses côtés, Astrid se mit à pleurer de plus belle. Les paroles réconfortantes de Sonia la calmèrent enfin et elle décida finalement de marcher à côté d'elle. La main d'Astrid dans la sienne, Sonia chuchota à sa fille qu'ils étaient en train de jouer à un jeu où personne ne devait prononcer un mot. Si elle gagnait, elle aurait une récompense...

La famille continua sa marche nocturne. Joseph accéléra le pas. Quelques mètres plus loin, il s'arrêta net. On entendit des hennissements. Tout à coup, des lumières jaillirent, tels des projecteurs. De tous côtés, des cavaliers convergeaient vers eux, dans un roulement de sabots.

Joseph regarda d'abord sa femme, puis Astrid, et se laissa tomber par terre comme un vieil homme que ses jambes n'arrivent plus à soutenir. Il baissa la tête articulant difficilement ces deux mots: «C'est fini...»

En quelques secondes, plusieurs officiers avaient formé un cercle autour de la petite famille, et l'un d'eux, donnant un coup de fouet par terre à côté de Joseph, cria: «*Vstatz, prédatiel**!»

CHAPITRE 26

Le KGB et la prison centrale

Il était quatre heures du matin. Les étoiles commençaient déjà à disparaître l'une après l'autre, et le ciel se préparait à l'arrivée du soleil. Toutes les lumières du poste frontalier étaient allumées. Dans la baraque du commandant, les trois officiers rapportaient l'incident.

— Toute une famille, vous me dites? D'après les passeports, ces ordures venaient d'être rapatriées il y a un an à peine et les voilà déjà prêtes à retourner dans leur pays pourri! Leur conseiller était sûrement quelqu'un d'ici! fulminait le commandant et, se tournant vers son adjoint, il donna l'ordre d'interroger ces prisonniers et de revenir avec le nom de leur agent de liaison. L'adjoint, après un bref «Oui, camarade», quitta le bureau, suivi de deux autres officiers.

À ce moment-là, la famille Marikian se trouvait dans deux baraques plus loin, sous la surveillance d'un soldat armé. Dans la pièce où on les avait parqués se trouvait une longue table rectangulaire, éclairée d'une lampe, trois chaises et une horloge ronde, sous les portraits des maîtres incontestés du pays: Lénine d'abord, puis Staline et un peu à l'écart, Beria.

Assise avec Marianne encore endormie dans les bras, Sonia regardait en silence son mari. Astrid, debout à côté d'elle, avait placé sa tête sur les genoux de sa mère et avait les yeux fermés. Joseph, assis lui aussi, mais de l'autre côté de la table, tenait la main de sa femme et lui parlait à voix basse:

— Chérie, j'implore ton pardon. J'ai voulu bien faire…
Je regrette pour nous tous. Il est possible que nous ne nous
voyions plus, mais tu seras libérée. Le jour où tu arriveras à
Erevan, Yeghia pourra t'aider. Il nous doit de l'argent…

Joseph voulait encore ajouter quelque chose, mais la porte
s'ouvrit brusquement et deux femmes officières, de nationalité
russe, entrèrent dans la pièce. L'une d'elles, un colosse de
presque deux mètres, poussa l'épaule de Sonia et lui ordonna de
la suivre. L'autre officière, prenant la main d'Astrid, la tira sans
ménagement vers la sortie. Cette dernière, réveillée brusquement, se mit à pleurer et se débattit voulant de toutes ses forces
se libérer. Et Joseph, qui suivait le manège, voulut secourir sa
fille et bondit de sa chaise. Mais le soldat, plus rapide que lui,
sortit son fusil et lui ordonna de ne plus bouger. Sonia quitta la
chambre avec ses enfants, suivies par les deux femmes.

En reprenant sa place, Joseph comprit soudainement que,
dorénavant, il ne serait plus d'aucune aide pour sa famille… Il
savait que tout était perdu, et que rien ne pourrait plus les
aider. La seule chose qu'il lui restait à faire, pensa-t-il, c'était de
sauver sa femme de la prison…

Quelques minutes passèrent. La porte s'ouvrit encore une
fois. L'adjoint et un autre officier se présentèrent. L'adjoint prit
place en tirant la chaise et la plaçant de biais. Ensuite, orientant
la lampe vers le visage de son prisonnier, il l'alluma. Et l'interrogatoire débuta.

— Donc, vous avez décidé que les gardes frontière soviétiques
seraient incapables d'arrêter les espèces de votre genre? demanda
l'adjoint avec un sourire triomphant sur les lèvres et il poursuivit,
sans attendre de réponse. Vous êtes ici depuis trop peu de temps
pour connaître tous les coins et les recoins de cette république.
Vous étiez donc aidés par quelqu'un du pays. On vous suggère
donc de nous donner son nom et nous serons cléments avec vous.

— Je suis le seul responsable. Personne d'autre n'était au
courant de mes plans, articula clairement Joseph.

— Écoutez-moi, continua l'officier, vous savez et je sais
aussi que vous mentez. Donc, pour votre salut, dites-nous tout
simplement la vérité.

Regardant l'inspecteur droit dans les yeux, Joseph lui répondit d'une voix assurée :

— Je vous dis la vérité. Ma femme pensait qu'on allait prendre des vacances dans le désert de Kara...

Joseph n'eut pas le temps de terminer sa phrase qu'une voix stridente retentit dans ses oreilles.

— Tu mens, *gad** ! cria l'autre officier qui était debout, en arrière de la chaise de Joseph et, avec la crosse de son arme, il lui assena un coup violent dans le dos.

Un cri de douleur échappa de Joseph et, penchant la tête sur sa poitrine, il resta un moment sans bouger. Puis, un long silence régna dans la pièce. Pas plus de trois à cinq minutes ne s'étaient écoulées, et même si Joseph était incapable d'en préciser la durée exacte, il savait qu'il préférerait les cris ou les questions de l'enquêteur à ce silence suspect. Soudain, la main de l'adjoint s'abattit fortement sur son visage, puis l'homme lâcha un hurlement :

— Crache le nom de celui qui vous a aidés !

Pendant un court instant, Joseph s'affola, mais il savait qu'il devait s'en tenir à son histoire, et l'interrogatoire continua sur le même ton pendant une heure encore.

Il était près de six heures du matin quand le soldat, sur un signe de tête de l'adjoint, s'approcha et, tout en lui passant les menottes, lui ordonna de se lever. Et les quatre hommes, Joseph en tête, sortirent dehors où une Jeep les attendait au milieu de la cour.

Après l'avoir fait monter dans le véhicule, les deux officiers s'en allèrent, laissant le prisonnier sous la surveillance du soldat.

Le soleil levant n'arrivait pas encore à réchauffer l'air. Une petite brise jouait dans les cheveux de Joseph et, en même temps, rafraîchissait son visage. Il repassait dans sa tête le déroulement de l'interrogatoire du début à la fin. Et il s'estima chanceux de n'avoir jamais demandé le nom de leur accompagnateur, car il était persuadé que cette ignorance lui avait épargné des questions additionnelles.

Le temps passait, et Joseph était toujours seul avec le soldat. Ce dernier, de temps en temps, lui jetait un regard méprisant accompagné de quelques jurons. Une trentaine de minutes plus tard, la porte de la baraque d'en face s'ouvrit, et Sonia sortit avec ses filles, suivies des officiers à qui Joseph avait déjà fait face. Astrid, dès qu'elle eut repéré son père, courut vers lui et, montant dans la Jeep, se jeta à son cou. Mais, sentant qu'elle n'était pas serrée dans ses bras comme à l'habitude, elle remarqua que les mains de son père étaient entravées. Et voulant faire comme lui, elle présenta au soldat ses petites mains, lui demandant avec un sourire de lui passer les menottes à elle aussi...

Dès que Sonia et Marianne eurent pris place à côté de Joseph, ce dernier demanda à sa femme si elle avait été interrogée. À son grand soulagement, elle secoua la tête. Jetant un coup d'œil aux poignets de son mari, elle comprit qu'il était devenu un prisonnier et, posant sa main sur les siennes, elle murmura :

— Je ne t'en admire pas moins malgré ce qui nous arrive. On va survivre, j'en ai la certitude ! On...

Et l'adjoint, coupant court à la conversation, avisa Joseph qu'ils allaient se rendre à la prison d'Achkhabad, accompagnés par l'officier. Quand Joseph, à la demande de Sonia, pria l'officier d'apporter une provision d'eau pour les enfants, l'adjoint rétorqua qu'ils ne partaient pas en pique-nique et ordonna au chauffeur de mettre le moteur en marche. La Jeep fit demi-tour, sortit de l'enceinte du poste et prit la route vers la capitale.

Une demi-heure plus tard, Astrid demanda à boire, et Joseph pria l'officier de s'arrêter quelque part pour lui trouver de l'eau. Se retournant, ce dernier voulut répondre par la négative, mais en croisant les yeux suppliants de Sonia, il se ravisa et ordonna au chauffeur de s'arrêter et d'aller chercher de l'eau.

En cours de route, Sonia raconta à Joseph que toutes les trois avaient été tour à tour dévêtues et fouillées, même Astrid qui, au début, refusait de se mettre nue devant les étrangères. Elle ajouta aussi que les deux matrones, après avoir défait la couche de Marianne, avaient confisqué les bijoux.

Joseph ne répondit rien et ferma les yeux. «Quelle ironie… Moi, qui rêvais d'entourer ma femme d'amour, de joie et de luxe, je la plonge aujourd'hui dans une misère absolue avec mes deux enfants. Oh, mon Dieu, qu'ai-je fait?» se demanda-t-il…

La Jeep roulait toujours sous le soleil brûlant, mais on pouvait croire que la ville n'était plus très loin, car la route était maintenant goudronnée. «C'est drôle de retourner dans cette ville où nous étions si heureux, il y a quelques jours à peine…», pensa Sonia.

Comprenant le tourment de sa femme, Joseph hésitait à lui dire ce qui lui tournoyait dans la tête depuis le matin. Et quand il comprit, après la conversation entre l'officier et le soldat, que la prison était proche, il se décida enfin à lui parler:

— Je t'aime follement et plus que tout, mais… et il se tut quelques instants pour reprendre… Mais si je suis envoyé en Sibérie, et si… refais ta vie…

— Joseph, tu es fou! Je me suis mariée à toi pour la vie et peu importe dans combien d'années ils te libéreront: je serai là. Ne l'oublie jamais…

Et, serrant les mains de son mari, elle continua:

— Je sais qu'on vieillira ensemble. Màryam disait toujours que chaque malheur est le garant de futurs bonheurs. Aujourd'hui, nous n'avons pas réussi. Cela doit être notre destinée. Mais un jour, toi et moi, entourés de nos enfants, nous nous rendrons bien compte que le temps aura effacé ces moments insupportables…

La Jeep traversa les immenses grilles et s'arrêta au centre de la cour de la prison centrale où deux soldats et un officier les attendaient déjà. Après être descendu de la voiture, Joseph, coincé entre les deux soldats, se dirigea vers la porte principale.

Bien qu'il sentît le bout du fusil du soldat dans son dos, Joseph osa quand même jeter un bref regard vers sa famille. Il vit Marianne, éveillée, explorant de ses petites mains le visage de sa mère. Astrid, la tête penchée, suivait des yeux son père qui s'éloignait, sans trop se rendre compte de la gravité de la situation. Sonia, assise bien droite et immobile, regardait Joseph. Seules ses lèvres frémissaient. C'était là la dernière image de sa famille, celle qui allait rester fixée dans la mémoire de Joseph pendant très longtemps.

Le nouveau détenu resta à peine quelques heures dans cette prison. Le même soir, Joseph fut transféré, toujours sous surveillance, d'abord vers le Krasnovodsk, ensuite à Bakou, pour arriver enfin à Erevan après deux jours de voyagement.

Durant tout le trajet, Joseph n'eut pas le droit de parler, même sous les insultes d'*ordure impérialiste* ou bien de *vendu de capitaliste*, les menaces et, parfois, les coups de crosse.

À Erevan, on l'emmena directement à la sinistre prison du KGB, sur la rue Nalbandian. De l'extérieur, c'était une jolie bâtisse, construite pendant les années 1930 [1]. Très vite, elle avait été transformée en lieu de tortures et d'horreurs. Tout ce qui se passait de l'autre côté de ses murs et, surtout dans ses sous-sols, n'était évidemment pas dans les médias. Mais les faits racontés par quelques rares rescapés donnèrent à jamais, à cet édifice, une réputation diabolique. Et chaque Arménien, saisi par une peur viscérale, évitait à tout prix de passer par cette rue. Ou si on le faisait, on utilisait alors le trottoir d'en face...

Une fois à l'intérieur du bâtiment, on conduisit Joseph au premier sous-sol où il subit une fouille complète, allant jusqu'à l'intestin et l'estomac. «Ils cherchent probablement l'entente signée en bonne et due forme entre moi et les impérialistes du monde entier», pensa ironiquement Joseph.

Après que Joseph eut passé l'examen et que les détails administratifs eurent été dûment réglés, la ronde infernale des *doprosses** commença.

Toujours vers les petites heures du matin, quand Joseph n'en pouvait plus et qu'il tombait endormi d'épuisement suite au *doprosse* précédent, un bruit insupportable se répandait dans les corridors. Tout de suite après, les soldats, généralement par deux, ramenaient, ou plutôt traînaient, Joseph devant l'enquêteur qui lui demandait, pour la millième fois: «Allez-vous nous dire qui vous a envoyé en URSS et pour quel pays vous travaillez?»

---

1. L'ironie du sort voulut que l'architecte de cet édifice, le camarade G. Kotchar, en soit la première victime à y résider.

Les premiers jours, tant que l'esprit de Joseph était encore alerte, il lui arrivait de répéter qu'il ne travaillait pour personne. Que sa présence dans ce pays n'était dictée que par un élan patriotique… Mais après une semaine, tout ce qu'il pouvait articuler à haute voix était : « Personne… »

Le prévenu fut frappé et insulté. Son examinateur, un certain camarade Toutundjian, le menaça même de lui passer « la chemise » (un genre de camisole de force) s'il continuait à persister à ne pas avouer le véritable but de sa présence en Arménie. Mais Joseph en fut épargné grâce au médecin qui jugeait son état de santé trop précaire pour subir ce procédé.

Après une semaine de ces mauvais traitements, Joseph fut placé en isolation dans une cellule du troisième étage du sous-sol, le pire endroit de cette prison qui pouvait inonder, à certaines heures de la journée, jusqu'à mi-hauteur des murs. L'enquêteur avait décidé que l'absence de contact pourrait briser plus rapidement la résistance du prisonnier.

Mais les quatre semaines d'interrogatoire quotidien l'avaient finalement épuisé. Il commençait à perdre la notion du temps. Chaque fois que ses cerbères le jetaient dans sa cellule, Joseph profitait de la solitude et de l'obscurité pour calmer son âme agitée et, surtout, pour reposer ses yeux extrêmement irrités par l'éclairage intense subi lors de chaque séance. Seul, dans le noir, il essayait en vain de comprendre ce qui pouvait bien motiver toutes ces tortures.

Au début, il ne comprenait pas la logique du système qui voulait absolument obtenir un aveu du prisonnier sur ses liens inexistants avec l'ennemi du peuple soviétique. Il lui semblait que ces bourreaux pourraient impunément signer les aveux imaginaires de n'importe quel prisonnier et, après une sentence, l'envoyer là où il le méritait. Ils auraient ainsi pu mettre fin à ces interrogatoires interminables et inutiles. Ce n'est que quelques mois plus tard, une fois rendu dans la prison centrale de l'Arménie, que Joseph saisit toute la signification de ces tortures. Car, de toute évidence, les dirigeants du parti ne cherchaient pas uniquement à remplir les camps, ce qui aurait été facile. Ils voulaient surtout que ces prisonniers fussent brisés à jamais, moralement et physiquement. Qu'ils ne puissent jamais plus chercher à comprendre ni la raison ni la logique de leur esclavage. Et, plus important encore, que leur exemple entretienne la terreur, déjà omniprésente, dans l'âme de chaque citoyen camarade.

Très souvent, quand le sommeil tardait à le visiter, Joseph aimait laisser voguer son imagination : il se revoyait en Égypte, avec Sonia et ses enfants. Il se rappelait les dîners avec leurs amis, il se remémorait la saveur des mets exquis disposés sur des tables joyeuses. Il commençait aussi à analyser sa vie à haute voix. À ces moments-là, il se disait qu'il était en train de devenir fou, mais cela lui était égal…

Après deux mois de ce régime, Joseph était tellement épuisé qu'on dut l'admettre à l'hôpital de la prison. Malheureusement, les trois semaines de soins, accompagnées d'une nourriture consistante, furent suffisantes pour qu'on puisse recommencer les interrogatoires.

Le lendemain de son retour de l'hôpital, la porte de sa cellule s'ouvrit à une heure inhabituelle, et quelqu'un fut balancé à l'intérieur. C'était un homme maigrichon qui, après s'être présenté, commença, les larmes aux yeux, à raconter son histoire. Il disait qu'il était enseignant et qu'il avait été rapatrié du Liban en 1947 avec sa femme et ses deux enfants. Il ajouta :

— Il y a 10 jours que ces chiens se sont présentés, une nuit, pour venir me chercher. Je ne sais pas ce que j'ai fait et je ne sais pas non plus combien de temps je vais rester là, mais je suis prêt à avouer n'importe quoi pourvu que je sorte d'ici.

Et il se mit à sangloter interminablement, maudissant à haute voix sa destinée et le pays entier, surtout ses dirigeants. Ces inlassables lamentations agaçaient Joseph et le rendaient malade. Et pour ne pas entendre ces gémissements continuels, il commença à chanter des airs d'opérettes et des chansons napolitaines, ce qui irritait fortement ses geôliers qui le menaçaient des pires représailles. Mais Joseph continuait. Il était sûr qu'il n'allait pas sortir vivant de ce trou et il avait choisi de mourir en chantant plutôt qu'en pleurant.

Au bout du septième jour, les soldats vinrent chercher le professeur pleurnichard. Pour Joseph, cette disparition trop rapide était suspecte.

À partir du mois de décembre, Joseph approchait de la fin. Il était extrêmement faible et avait perdu beaucoup de poids. Son regard devint hagard et, parfois, il oubliait où il se trouvait. La seule chose à laquelle il rêvait, c'était de mourir et de ne pas vivre sa déchéance. Joseph ne savait pas qu'il était loin d'être le seul dans cette infâme prison à connaître cet état d'abattement. En effet, le régime carcéral du KGB était perfectionné à un point tel qu'il pouvait venir à bout de n'importe qui. Et très rares étaient les personnes qui parvenaient à y résister. Le seul moyen pour un prisonnier de sortir vivant des mains de ses tortionnaires, c'était de reconnaître toutes les accusations illogiques et insensées dont il faisait l'objet.

Le jour où son cerveau enregistra que la date de son jugement avait été fixée, Joseph en conclut, avec un pincement au cœur que lui aussi, probablement comme des millions d'autres, avait fini par céder à la torture et avouer « la chose » qu'il n'avait jamais commise.

Le 29 janvier 1950, Joseph, sans menottes cette fois-ci, mais toujours accompagné de deux soldats, pénétra dans une salle presque vide, au premier étage de l'édifice du KGB. Là, sous les portraits habituels accrochés au mur, se trouvait un banc, clôturé comme une cage, destiné à l'accusé face à un très long pupitre, celui des juges.

Assis sur le banc et malgré sa faiblesse, Joseph se préparait à se défendre. Il était en train de repenser à ses arguments quand l'ordre de se lever lui fut donné. Trois personnes, toutes vêtues d'un uniforme militaire, prirent place devant lui. Après avoir trouvé le document qu'il cherchait, un des juges commença, avec une voix monotone, à lire les accusations portées contre Joseph. Et il conclut son énumération en citant le texte : « Durant l'enquête, il a été indéniablement prouvé que l'accusé travaillait pour le camp ennemi. D'ailleurs, sa connaissance de plusieurs langues étrangères confirme sa formation d'espion. »

Joseph bondit comme un diable, mais les soldats l'obligèrent à se rasseoir et à se taire. Tout de suite après, le juge principal, le visage impassible, regarda Joseph avec mépris et commença à lire le verdict :

— Citoyen Marikian, la Cour vous accuse, selon l'article 58,1a, de trahison envers la patrie et vous condamne à 10 années de travaux forcés en Sibérie…

Joseph était si bouleversé que la sueur ruisselait sur son visage. Le bruit des battements de son cœur, qui martelait ses oreilles, l'empêcha d'entendre les dernières phrases du juge. Il savait qu'il devait intervenir et, sans réussir à se lever, il s'entendit crier :

— Camarade juge, je refuse votre verdict. J'exige un procès juste. Je ferai appel…

À quoi le juge, toujours impassible, répondit :

— Vous êtes en train de confirmer votre mentalité impérialiste. Il ne vous suffisait pas de trahir votre pays, vous osez même demander justice !

Et, repoussant sa chaise, il se dirigea vers la sortie, suivi des deux autres officiers.

Dès le lendemain, Joseph fut envoyé à la prison centrale d'Arménie où il devait rester jusqu'au 18 avril 1950. Le condamné fut placé dans une cellule où les prisonniers étaient entassés comme des sardines. C'était une pièce destinée à ne recevoir qu'une trentaine de prisonniers, mais le nombre des résidents, à l'arrivée de Joseph, atteignait au-delà de 60 individus. Et, évidemment, chaque centimètre donnait lieu à des querelles terribles tout au long de la journée, et ce n'est qu'aux petites heures du matin que tout ce monde se calmait un peu. C'est alors que les puces prirent le dessus, et chacun commença à se gratter frénétiquement, car la prison était entièrement infestée de ces insectes. Les prisonniers croyaient unanimement que ces bestioles les attaquaient selon un plan préconçu. Si, durant le jour, elles restaient collées au plafond comme un épais revêtement, dès le soir, elles commençaient à se mouvoir, à se disperser pour finalement tomber sur la tête des prisonniers, une à une…

Après une nuit agitée, les bagarres entre détenus recommençaient dès le lendemain matin. Très souvent, lors de ces querelles, les couteaux volaient, causant des blessures graves. Et quand les gardes faisaient irruption dans la cellule, ils n'arrivaient pas, même avec leur matraque, à soutirer des aveux, car personne ne savait rien, n'avait rien vu et n'avait rien entendu. «Ne jamais vendre» était la première loi de la jungle qu'un prisonnier apprenait et respectait à l'intérieur des murs de la prison.

Dans chaque cellule s'entassaient des «criminels» de tout ordre, sans distinction aucune: de minables voleurs de rue côtoyaient des académiciens renommés. Mais dans chaque enclos, un voyou était maître. Le deuxième jour après son arrivée, Joseph fit la connaissance d'un certain Hratch Karibian, un homme âgé de 35 à 40 ans environ. C'était quelqu'un d'une assez grande taille, avec un corps musclé et bien proportionné. Sur un visage aux traits grossiers, qu'on aurait dit taillé à coups de hache, ses gros yeux noirs aux cils longs et recourbés attiraient tous les regards. Une force à la fois pacifique et déterminée se dégageait de sa physionomie. Et malgré toute la rudesse de son physique, on pouvait quand même considérer qu'il était, à sa façon, un bel homme. Il était peu bavard et se tenait habituellement à l'écart des autres prisonniers. Mais curieusement, il était toujours respecté par le chef de la cellule. Les deux hommes se plurent, et presque instantanément une amitié naquit entre Hratch et Joseph, qui dura jusqu'à la déportation de ce dernier.

Chaque jour, après l'heure du repas, les deux nouveaux amis s'installaient dans un coin et conversaient de tout: de politique, de leur vie présente et passée, de leurs amis… Joseph raconta sa vie à son ami et termina ainsi son récit:

— Je suis sûrement un égoïste qui n'a pas voulu se mettre silencieusement au travail, comme les autres, et prendre soin de sa famille… Aujourd'hui, je le regrette, mais…

Hratch, qui avait écouté l'histoire de Joseph sans l'interrompre, se leva et alla chercher le paquet de cigarettes caché sous son matelas. Au retour, il en offrit une à Joseph et après avoir allumé la sienne, dit:

— Je ne suis pas tout à fait d'accord avec ta dernière affirmation… Mais d'abord, écoute mon histoire…

Et il commença à lui raconter sa vie. Hratch, professeur de littérature, était libéral et utopiste dans l'âme. Dès l'âge de 25 ans, il était devenu membre du Parti communiste et, malgré les avertissements de ses amis et de sa famille, avait décidé de réaliser son rêve de vivre dans une société égalitaire où tout le monde partagerait la richesse du pays et la même idéologie.

En 1947, quittant ses parents et sa Syrie natale, Hratch avait rejoint le pays de ses ancêtres. Mais une fois en Arménie, tous ses beaux rêves s'évaporèrent. Au lieu de trouver un peuple heureux qui bâtissait son communisme et en jouissait, comme il s'y attendait, il avait trouvé un ciel sombre sous lequel un peuple écrasé de peur et de faim essayait seulement d'exister et de survivre.

À ses débuts, quand quelqu'un de son entourage disparaissait sous l'accusation d'«espionnage impérialiste» selon les lois du régime, Hratch avait cherché des explications dans la phrase préférée de Lénine: «Quand on coupe la forêt, les copeaux s'envolent.» Optimiste malgré tout, il s'était mis au service de son peuple et avait commencé à semer des valeurs humanitaires et avant-gardistes dans la pensée de la jeunesse arménienne. Mais la déportation massive de l'intelligentsia arménienne, en 1949, avait profondément ébranlé sa dévotion au parti et à ses dirigeants.

À partir de ce jour, deux questions avaient commencé à lui trotter dans la tête, pour lesquelles il n'avait pas trouvé de réponse. La première portait sur une absurdité, qui était néanmoins réelle: «Comment se fait-il que la moitié de la population soviétique soit devenue l'ennemi de l'autre moitié, si peu de temps après la révolution?» Et la deuxième, qui dérangeait encore plus Hratch, était liée à sa révolte personnelle face à l'absurdité de la première: «Pourquoi les copeaux doivent-ils s'envoler? Et d'abord, au nom de qui et de quoi doit-on couper la forêt?… »

Hratch, qui n'arrivait pas à trouver seul les réponses à ses questions, avait commencé à les chercher auprès de ses amis.

Mais ces derniers lui répondaient de ne pas chercher de réponses, car elles n'existaient pas, et de continuer sa petite vie sans réfléchir outre mesure. L'un d'eux lui avait même suggéré, en riant, de voir plutôt le bon côté des choses, car, avait-il dit : « L'avantage de vivre dans ce pays est que, le jour de notre mort, nous irons tous directement au paradis, vu que nous sommes en train de vivre notre enfer. »

— Au mois de novembre, continua Hratch, vers 10 heures du soir, ma porte a été défoncée, et deux apparatchiks dans leur uniforme habituel, veston noir en cuir, ont fait irruption chez moi. L'un deux m'a ordonné de m'habiller et l'autre, sans ménagement, a fouillé dans mes livres. Ensuite, sans répondre à mes questions, ils m'ont embarqué dans le *voronka*.

Hratch s'arrêta quelques secondes et regarda avec un sourire Joseph et continua :

— Si tu savais pourquoi je suis aujourd'hui à côté de toi, tu ne le croirais pas… Après m'avoir assigné une des cellules du sous-sol du KGB, les interrogatoires ont commencé. Et chaque fois, c'était la même histoire : « Donc, à Alep on mange beaucoup mieux qu'ici ? Et dites-moi, avec l'argent de quel pays garnissiez-vous vos tables ? » Au début, je ne comprenais pas, mais après…

Et Hratch poursuivit, mais cette fois-ci, son récit prit une tournure plus colorée et largement arrosée d'injures :

— Soudainement, je me suis rappelé qu'un jour, j'avais raconté à un collègue, un mouchard de la pire espèce, un de mes rêves les plus anodins. Dans mon rêve, je me trouvais avec ma famille autour d'une table bien garnie. Et comme un idiot, j'ai commencé à lui décrire, en salivant bien sûr, tous les plats appétissants, les uns après les autres, qui se trouvaient sur cette table. J'ai commencé par le *guérarkounu kololak* que j'adore et, d'ailleurs, sa préparation était tout un rite chez moi. Tu sais, néné (ma grand-mère) avait quelque chose de spécial aux bouts de ses doigts : toutes les femmes de notre rue suivaient à la lettre ses recettes sans jamais les réussir comme elle. Alors, je disais « Ah, oui ! Le *kololak*. » Sais-tu comment on le prépare ?

Joseph l'ignorait, et Hratch continua son récit avec un sourire béat, en se délectant à chaque phrase :

— Tôt le matin, mon grand-père partait au marché et revenait avec un gros morceau de bœuf frais. En attendant, ma néné plaçait sa petite chaise devant la souche cuisinière, lavait son maillet et préparait tous les ingrédients. Une fois la viande arrivée, elle la lavait, enlevait le gras et, prenant place sur sa chaise, commençait à battre la viande jusqu'à ce qu'elle obtienne une masse pâteuse. Après l'avoir assaisonnée, elle continuait de battre cette masse jusqu'à ce qu'elle devienne blanche. Là, elle ajoutait, l'un après l'autre et toujours en battant, deux œufs, un peu de farine, très peu de lait et de la coriandre, sans oublier le demi-verre d'arak qu'elle ajoutait à la dernière minute. Ensuite, avec cette pâte blanchâtre et crémeuse, elle confectionnait de grosses boules qu'elle jetait dans un bouillon très chaud, et dès que les boules remontaient à la surface, chacun de nous en recevait une. On coupait en tranche cette masse encore fumante, on ajoutait du beurre fondu, et dès que le morceau touchait le palais, on se trouvait au septième ciel... Eh oui...

Sans relâche, Hratch poursuivit :

— Je parlais à cet informateur des feuilles de vignes farcies, placées à côté d'aubergines frites parsemées d'ail, et de viande tartare, avec juste un peu d'huile au milieu. J'avais parlé de la texture onctueuse des *homos*, de ces pois chiches écrasés dans le beurre de sésame et des *babaghanoush* avec des aubergines grillées et de la *harissa*... Tu as sûrement déjà mangé de la *harissa* ? C'est un autre de mes mets préférés. Je ne sais pas pourquoi, mais chaque fois que je mangeais ce plat, je me voyais au fin fond de l'Orient, sous une tente, assis sur un kilim, regardant le coucher d'un soleil énorme sous un air langoureux de tar... Alors ce plat ! Ma grand-mère prenait toujours des poulets bien dodus et après les avoir cuits longuement, elle les débarrassait de leur peau et de leurs os, émiettait la chair. Ensuite, elle les jetait avec du blé concassé, préalablement lavé, dans du bouillon, et les laissait mijoter pendant des heures en les brassant régulièrement. Une fois la viande complètement fondue, le gros chaudron prenait place au centre de la table où chacun ajoutait ensuite dans son assiette, selon ses goûts, le sel, le beurre fondu et le cumin. Quel délice!

Reprenant tout juste son souffle, Hratch enchaîna:

— Bon, je reviens à mon rêve. Mais as-tu remarqué qu'encore une fois, je me suis oublié et me suis perdu dans les détails?

— C'est vrai, répondit Joseph, tu m'as fait aussi rêver pendant quelques instants. Mais continue, je t'écoute.

— Donc, plus je décrivais, plus je salivais et plus j'avais envie d'ajouter des noms de plats que je n'avais pas goûtés depuis presque deux ans. Cet imbécile de mouchard m'écoutait, sans broncher, et à la fin de mon histoire, il m'a demandé si je vivais mieux à Alep. Voilà toute mon histoire… et 10 jours plus tard, me voilà ici…

Joseph, qui l'écoutait attentivement, n'arrêtait pas de hocher la tête avec un sourire moqueur. Et quand son ami termina son histoire, il lui demanda:

— Je m'imagine que ces animaux, avec leur visage humain, voulaient absolument savoir pour le compte de quel pays tu voulais recruter ton collègue.

Et les deux amis se mirent à rire.

Les mois passèrent. Dans la cellule, la vie suivait sa routine, excepté les jours de *peredatcha**, qui arrivaient deux fois par mois. Ce *peredatcha*, que recevait le prisonnier de sa famille, contenait généralement du pain, du beurre, de l'ail, du sucre et des cigarettes (si jamais la famille pouvait se procurer ces denrées). Mais dès son arrivée, le paquet devait être donné tel quel d'abord au chef de cellule, qui déterminait la part du destinataire, généralement inférieure à 10 %. Ensuite, une nouvelle bagarre éclatait qui se terminait toujours par la victoire du chef. Ce dernier commençait alors à vendre le contenu du paquet, créant une agitation terrible dans la cellule où chacun oubliait, pendant un bref moment, sa crainte d'un départ prochain vers les régions peu peuplées de la Grande Russie…

Un jour, lors d'une de ses discussions habituelles, Joseph se reprocha encore une fois d'avoir gâché la vie de sa famille en ayant voulu fuir à tout prix. Hratch leva son index pour faire taire son ami et il lui dit :

— Un pays qui emprisonne ses ouvriers et ses paysans, un pays où chaque citoyen est un agent suspect à la solde des ennemis du peuple et où des enfants sont récompensés pour avoir dénoncé leurs parents en rapportant aux professeurs la conversation entendue à la maison, crois-moi, tu n'aurais eu aucune chance d'échapper à cela. Connaissant ton caractère et tes capacités, je suis sûr que ta femme, tôt ou tard, serait restée seule. Ne te tourmente pas inutilement. Si, pour ces sanguinaires, un simple rêve est passible d'un emprisonnement, alors…

Hratch reprit après un court silence :

— Quand tu me racontais ton histoire, je te le jure, je voyais en toi un héros. Toi, tu as osé, tu as essayé, tu voulais retrouver ton rêve… Je te lève mon chapeau, à toi et à ton courage. Dis-moi ce que nous, moi et les autres, avons gagné de plus que toi en courbant l'échine devant ce régime absurde et inhumain ?…

C'était un dimanche du mois de mars. Très tôt le matin, alors que la cellule dormait encore, Joseph ouvrit les yeux. En regardant par le petit trou, près du plafond, communément appelé *fenêtre*, il constata que la journée était maussade. À l'extérieur, une pluie fine et incessante frappait une feuille de métal, créait un bruit rythmé et monotone qui n'arrivait pas à calmer ses inquiétudes. Et chaque matin, il pensait à sa femme et espérait qu'au moins elle était libre.

Vers midi, la porte de la cellule s'ouvrit, et un garde commença à lire les noms de prisonniers attendus au parloir. Et Joseph, pour la première fois depuis des mois, entendit son nom. Son cœur bondit. Il n'en croyait pas ses oreilles… « C'est moi, c'est mon nom ! Ma femme est là… »

Hratch, qui était près de son ami, serra le bras de Joseph en murmurant :

— Dieu soit loué. Ta famille est saine et sauve…

Quelques minutes plus tard, Joseph ainsi que d'autres prisonniers entrèrent dans une salle immense divisée en plusieurs sections par une grille de fer, chacune pourvue d'une tablette et de deux chaises. Joseph qui, dans son émoi, ne pouvait repérer sa famille, entendit soudainement Astrid qui criait de tous ses poumons :

— Papa, papa ! Nous sommes ici !

Et Joseph s'approcha de son siège en trébuchant. Son cerveau était engourdi. Aucun mot ne sortait de sa bouche et, pourtant, il avait tant à dire. Les deux premières minutes, le couple se regarda seulement, se touchant les mains à travers la grille, sous les balbutiements de Marianne et la voix forte d'Astrid qui informait son père que, bientôt, elle irait à l'école…

Sonia raconta que, 10 jours après son départ, elle avait été relâchée de la prison avec la moitié de leurs biens et, de retour à Erevan, elle arrivait quand même à subsister grâce à la vente de ses bijoux et même à lui offrir la *peredatcha**. Ne voulant affliger sa femme, Joseph se garda de lui dire qu'il n'avait jamais reçu de colis. Sonia, qui n'ignorait pas la condamnation de 10 ans de Joseph, le pria de prendre soin de lui et de revenir sain et sauf. Elle ajouta aussi qu'elle-même et leurs filles étaient très bien entourées par des amis, et qu'il ne fallait pas qu'il se fasse du souci pour sa famille… Peu de temps après, le cri « terminé » retentit dans la salle. Joseph fit le geste d'embrasser pour la dernière fois sa femme et ses deux filles et retourna vers la cellule, le cœur léger et triste à la fois.

Le 19 avril 1950, Joseph fut déporté vers Solikamsk, situé dans la partie centrale de l'Oural, sur la rive gauche de Kama, l'affluent du Volga.

Joseph n'a jamais revu son ami Hratch.

CHAPITRE 27

Le retour de Sonia en Arménie

Il était sept heures du soir et les rayons solaires, qui avaient déjà perdu leur ardeur, dégageaient encore une douce chaleur. L'air était saturé du parfum des acacias, plantés le long du mur de la prison.

Dans une Jeep stationnée un peu plus loin de la porte d'entrée, on pouvait voir une belle femme assise, un nourrisson dans les bras et une petite fille adossée sur elle. La dame était immobile. Des larmes coulaient tranquillement sur ses joues.

C'était Sonia. De la fenêtre en face, deux hommes contemplaient ce tableau…

— Et elle ne parle pas le russe ? Il nous faut donc un traducteur. Je ne sais pas pourquoi, mais j'espère qu'elle ignorait le plan de son mari…, avait dit à haute voix le colonel et, jetant un regard furtif vers son adjoint, il s'était éloigné de la fenêtre.

Une dizaine de minutes après la disparition de Joseph, les deux officiers et un sous-officier s'approchèrent de la Jeep.

Le dernier, qui parlait arménien avec un accent prononcé, demanda à Sonia de descendre de la voiture et de les suivre vers le bureau du commandant de la prison.

Sans dire un mot, Sonia éveilla doucement sa fille aînée et, la poussant délicatement hors de la Jeep, les suivit.

Le commandant était un homme massif d'une quarantaine d'années. Sur ses larges épaules, il portait les trois grandes étoiles de colonel, et un insigne du drapeau rouge ornait sa poitrine. Les quelques balafres de son visage ne parvenaient pas à cacher la douceur qui émanait de ses grands yeux bleus. Dès que Sonia prit place sur la chaise, une femme officière s'approcha d'elle et, sans aucune cérémonie, voulut s'emparer de Marianne. La réaction de Sonia fut rapide et brusque, comme une lionne blessée à qui l'on veut arracher ses petits.

— À aucun prix je ne vous laisserai me séparer de mes filles ! cria-t-elle, et sa voix se brisa en sanglots.

Le colonel qui suivait l'incident en silence demanda à la femme officière de quitter le bureau et, tirant une feuille d'une planchette à pince, la remit à son adjoint en l'autorisant à commencer l'interrogatoire.

La toute première question posée par le traducteur à Sonia avait pour but de savoir si elle avait été mise au courant du plan de son mari au moment de leur départ d'Arménie. Ensuite, l'officier lui demanda le nom de celui qui les avait accompagnés jusqu'à la frontière, et ainsi de suite. Une heure durant, Sonia subit un feu roulant de questions. Toute en sueur et très mal à l'aise sous les six paires d'yeux inquisiteurs qui la fixaient, Sonia parvint tout de même à se concentrer et à donner des réponses succinctes. L'officier, exaspéré devant cette voix à peine audible et les réponses monosyllabiques de Sonia, éleva la voix :

— Cessez de me répondre avec ce petit air innocent. Avouez plutôt que vous avez menti et je vous promets de vous relâcher…

Juste à ce moment, Marianne se réveilla et poussa un cri strident suivi de pleurs. Sonia, omettant de répondre à l'officier, se tourna vers le traducteur et le pria de lui trouver du lait pour sa fille, étant donné qu'il ne lui en restait plus. Le colonel arrêta l'interrogatoire, et, sous son ordre, l'adjoint accompagna Sonia et ses filles vers une pièce vide, à l'autre bout de la prison.

Cette pièce était minuscule. À part une petite table et une chaise, il y avait aussi un lit de fer recouvert d'une couverture grise sous le portrait de Lénine, accroché juste au-dessus du lit. Dans un coin, sur le plancher se trouvait un *kérogaz* portant une casserole et deux assiettes avec des ustensiles posés juste à côté.

Une demi-heure plus tard, le traducteur se présenta avec une bouteille de lait.

— C'est le lait d'une… chamelle. Pour le moment, c'est tout ce qu'on a pu trouver. Et continuant à regarder Sonia, il avait ajouté :

— J'ai entendu, mais cela reste entre nous, que le colonel est favorablement disposé à votre égard. Il paraît qu'il était, jusqu'à tout récemment, une importante personnalité. Depuis l'arrestation de sa femme et la mort de leur unique enfant, âgé de quelques mois seulement, le colonel a été disgracié et envoyé dans ce bled perdu… Je crois qu'il fera tout pour vous libérer. Tenez à votre histoire ! Et il quitta la pièce promptement.

Sonia, affolée, regardait la bouteille qu'elle avait encore dans la main : «Est-ce qu'un nourrisson peut boire ce lait ? Que va-t-il arriver à ma petite ?» se demandait-elle. N'ayant d'autre choix, elle alluma le *kérogaz*.

À dix heures du soir, elle était encore assise sur l'unique chaise de la chambre, la tête penchée sur ses mains croisées sur la table. Elle se sentait vide, lasse et désorientée. Elle ne pensait qu'à une seule chose : ne jamais être séparée de ses filles. C'était sa seule préoccupation et rien d'autre n'avait plus d'importance pour elle.

Tard dans la nuit, elle se leva et, après avoir prié Dieu de protéger ses filles, elle s'allongea sur le lit et ferma les yeux.

Le lendemain, Sonia à peine réveillée entendit frapper à la porte. C'était le traducteur, les bras chargés de nourriture. Il déposa sur la table une nouvelle bouteille de lait et une purée de fruits pour Marianne, préparée spécialement par sa femme ainsi que quelques tomates rouges, des concombres, et, enfin, un pain blanc entier avec une grosse boule de fromage.

Se tournant ensuite vers Sonia, il l'informa que l'administration de la prison l'autorisait, en tant que citoyenne libre, à se procurer sa nourriture et à utiliser la douche de la salle de bains des officiers. Il ajouta aussi que les rumeurs couraient que Sonia et ses filles seraient libérées et renvoyées en Arménie dans deux semaines environ.

Sonia n'en croyait pas ses oreilles : «Elle serait libre…» Ce mot que, auparavant, elle utilisait pour indiquer simplement qu'elle avait ou n'avait pas le temps de faire quelque chose, avait pris aujourd'hui une tout autre signification. « Être libre… Être capable de disposer de son temps sans demander la permission à qui que ce soit. Mais peut-on être libre dans un pays où chaque pas est surveillé ? » se demandait-elle. « Qu'importe, je serai une énième "libre surveillée", mais au moins je serai avec mes enfants », et, après une courte réflexion, un large sourire illumina son visage fatigué.

Sonia passa deux semaines tranquilles dans l'enceinte des murs de la prison.

Grâce à la vente d'une paire de boucles d'oreilles de sa grand-mère, elle avait chaque jour un repas chaud et des fruits pour sa petite famille. Suivant le rythme de ses journées bien organisées, Sonia en arrivait même parfois à oublier qu'elles se trouvaient toutes trois dans une prison.

Chaque matin, après la douche matinale et un frugal petit-déjeuner, elle s'installait par terre et jouait avec ses filles. Lors de la sieste des enfants, elle faisait sa lessive et préparait le repas. Une fois les enfants réveillées et leur collation prise commençait l'heure de la promenade quotidienne. Entre les deux longs murs de cette cour immense de la prison s'étalait une treille, assurant ainsi aux promeneurs une protection contre le soleil d'été. Astrid adorait marcher sous la treille, car elle avait la permission de cueillir quelques grappes de ces raisins dont elle raffolait.

Ensuite, c'était l'heure du souper, suivi d'un moment pour jouer. Venait enfin le temps du coucher. Sonia prenait place sur le lit à côté de ses filles, chantait une berceuse à l'une et racontait une histoire à l'autre, jusqu'à ce qu'elles s'endormissent. Ce n'est qu'à la tombée de la nuit que Sonia se donnait la permission de penser et de repenser à Joseph, à sa situation actuelle et à sa vie future, mais jamais à son passé. Elle s'était imposée de ne jamais rouvrir les pages de ces jours heureux qui, selon elle, étaient morts et enterrés.

À la fin de la deuxième semaine, vers midi, le colonel se présenta à sa porte avec le traducteur. Le but de sa visite était d'informer Sonia que, dès le lendemain, elle était libre de retourner en Arménie. Et, mettant sur la table les deux billets à destination d'Erevan, ainsi que quelques papiers officiels certifiant sa mise en liberté, il se tourna vers Sonia et, la regardant de ses yeux tristes, il ajouta :

— Vous devez remercier chaque jour le camarade Staline, le père et ami de tous les enfants, qu'il vous ait donné la possibilité de vous occuper de vos filles. Puis, jetant un dernier regard sur les enfants qui jouaient par terre, il sortit de la pièce.

Le jour suivant, Sonia et ses filles prirent le chemin de la gare, accompagnées d'un soldat qui portait les deux sacs à dos. Ce dernier, après avoir aidé Sonia à monter dans le train et à trouver leurs places, les quitta aussitôt. Le wagon était bondé de gens de toutes les nationalités, mais la majeure partie d'entre eux parlait le russe. Parmi les voyageurs, il y avait aussi quelques soldats de Géorgie et d'Arménie, qui retournaient chez eux à la fin de leur service militaire. Un de ces soldats, un jeune homme au visage marqué par l'acné, s'assit juste à côté de Sonia et, parlant en russe, se présenta. Tout ce que Sonia comprit, c'était qu'il portait un nom arménien. Alors, à son tour, elle se présenta, mais en arménien. Et tous les deux, ravis de pouvoir enfin parler leur langue maternelle, commencèrent à converser.

Tout au long de leur voyage, ce jeune homme fut d'une grande aide pour Sonia. Aux arrêts du train, il descendait souvent, avec Astrid, pour acheter de la nourriture que Sonia payait. Il céda même quelques fois sa place à Sonia pour qu'elle pût tranquillement dormir à côté de ses filles.

À leur descente à Bakou, il trouva la voiture qui devait conduire Sonia chez Varya. Et pour lui faire ses adieux, Sonia n'hésita pas à embrasser ce visage boutonneux qui avait été si prévenant.

Il était déjà onze heures du matin quand Sonia frappa à la porte de Varya. Cette dernière, curieuse de savoir tout ce qui s'était passé, écouta Sonia avidement, sans l'interrompre. Quand Sonia eut fini de parler, Varya déclara :

— Même si je pressentais que votre tentative se terminerait ainsi, j'avais quand même un tout petit espoir… Je regrette tout ce qui est arrivé à Joseph, mais il savait où il s'en allait ! En ce qui te concerne, sache que tu as eu de la chance de tomber sur un commandant aussi humain... Les officiers comme lui, sincèrement, il n'en reste plus beaucoup dans ce pays. Enfin, continua-t-elle, tu es bien obligée maintenant de faire ta vie. Et n'oublie pas que les femmes dans la même situation que toi sont légion. Si tu veux, je peux organiser ton séjour ici, à Bakou...

Mais Sonia, tout en la remerciant, ajouta fermement que Joseph préférerait sûrement les voir revenir en Arménie, et c'était d'ailleurs aussi son désir à elle.

Tard dans la nuit, les deux femmes n'arrivaient toujours pas à fermer l'œil. Varya, après s'être assurée que Sonia était toujours éveillée, entama la conversation en disant :

— Tu sais, aujourd'hui j'ai pensé à vous toute la journée, à votre périple et aussi à la conversation que nous avions eue avant votre départ. Je crois que je peux te le dire maintenant : vous êtes des héros malgré tout ce que l'on peut dire ou penser et cela, sans aucun doute. Vous me rappelez le héros de *L'oiseau des tempêtes* de Gorky.

Sonia, qui ne connaissait ni cet auteur ni son œuvre, pria Varya de lui en résumer l'histoire.

— L'idée de cette œuvre est que celui qui est né pour ramper ne peut pas s'envoler... et qu'un homme libre doit mourir debout, reprit Varya. Et ton mari est de ce calibre...

Le soir suivant, Sonia et ses filles, accompagnées de Varya, prirent le chemin de la gare. Une fois dans le train, assise sur la couchette à côté de ses filles, Sonia se dit ironiquement : « Ma foi, je suis devenue pire qu'une Tzigane... Je n'arrive pas à rester en place. » Quelques instants après, elle se laissa bercer par le bruit rythmé du train, pelotonnée contre ses filles.

Tôt le lendemain matin, toutes les trois réveillées regardaient par la fenêtre les environs encore endormis d'Erevan. Un ciel rose, mêlé au jaune ocre de l'aurore, illuminait déjà l'horizon. L'âme de Sonia était remplie de sentiments contradictoires. Elle qui détestait cette ville, voilà qu'elle était quand même heureuse d'y revenir. Était-ce à cause de la langue ou bien de la présence de ses amis ? Peu importait : elle était sûre qu'Erevan était le seul endroit, dans cet immense pays, où elle se sentirait chez elle et où elle pourrait le mieux élever ses filles en attendant le retour de Joseph.

Avant que le train ne s'arrêtât, Sonia repensa à l'idée qu'elle avait eue en tête toute la nuit. Et, penchée vers Astrid en la regardant droit dans les yeux, elle lui dit :

— Écoute-moi bien, *hokiss*. Il ne faut pas que les gens sachent que notre papa est en prison. Toi et moi, nous leur dirons qu'il a trouvé du travail à Bakou et que c'est pour cette raison qu'il n'est pas avec nous. As-tu bien compris ? Papa travaille à Bakou, n'oublie jamais cela, *tzagouks**.

Et cette petite, qui avait vu déjà beaucoup de choses dans sa courte vie, sut garder ce secret, sans jamais trahir sa parole.

CHAPITRE 28

La vie à Erevan

Vers neuf heures du matin, le 27 août 1949, Sonia ouvrit enfin la porte de sa demeure. La pièce était plongée dans l'obscurité, et une forte odeur de moisissure et de renfermé la saisit à la gorge. Sonia installa Marianne, tira précipitamment les rideaux et ouvrit les fenêtres pour laisser les rayons du soleil envahir la chambre. Sous la lumière du jour, elle constata très vite la disparition de ses deux bibelots préférés posés sur le buffet. Tournant la tête, elle remarqua aussi l'absence du tableau accroché au-dessus du lit. Curieuse de découvrir l'étendue de ses pertes, Sonia se pencha en arrière du divan et ne compta que quatre tapis persans au lieu de six. Même le nombre de ses casseroles avait diminué.

Au début, elle hésita entre le rire et les larmes. Mais très vite, elle opta pour le rire, car devant l'étendue de sa vie entièrement gâchée, ces pertes étaient une bagatelle et, sans plus y penser, elle se mit au travail. Après un rapide nettoyage de la chambre, laissant Marianne au soin de sa sœur aînée, Sonia alla avant tout chercher de l'eau. Après avoir désaltéré ses filles, elle quitta la maison pour aller, cette fois-ci, chez Chaké Zoulalian, sa voisine qu'elle connaissait depuis longtemps. Elle lui expliqua que Joseph était resté à Bakou pour son travail et elle pria la fille aînée de la famille de bien vouloir surveiller ses enfants le temps d'aller au marché. La jeune fille accepta volontiers. Mais avant que Sonia ne s'en allât, Chaké lui remit un demi-pain en lui disant :

— Le pain, tu n'en trouveras pas à cette heure-ci. Les gens font la queue dès l'aube pour cette infâme pâte noire…

De retour à la maison, Sonia chercha l'autre boucle d'oreilles d'Oumma et se rendit chez Hagop Kouyoumdjian, qui habitait de l'autre côté de la rue. Ici aussi, elle raconta la même histoire à propos de Joseph et lui demanda ensuite l'adresse de celui qui échangeait des bijoux contre de l'argent.

Deux heures plus tard, Sonia revint chez elle les mains chargées de victuailles.

Vers sept heures du soir, Chaké se présenta chez Sonia avec un pot de café à la main. Cette dernière qui, depuis son voyage, n'avait pas bu de café arménien, se pencha sur le pot pour humer son odeur familière. Mais elle recula aussitôt en disant :

— Mais qu'est-ce que c'est que ça ? Ce n'est pas notre café !

Et Chaké lui expliqua la façon de préparer ce nouveau «café» à partir de graines de pois chiches, faute de vraies graines de café. Puis, elle versa le liquide chaud dans les deux tasses et, prenant place, invita Sonia à la suivre. Les deux amies commencèrent alors à bavarder.

C'était surtout Chaké qui parlait. Entre autres, elle lui raconta comment la situation s'était aggravée depuis l'arrestation massive du mois de juin.

— Tu connais les Kalfayan ? Le mari, paraît-il, dans sa jeunesse, avait fait son service militaire dans l'armée canadienne. Après lui avoir collé le titre d'«espion canadien», ils l'ont envoyé geler en Sibérie. Et il paraît que quelques familles d'anciens Égyptiens, dont les maris avaient servi dans les armées étrangères stationnées en Égypte, craignent tellement l'exil qu'elles se sont procuré, effrayées de l'idée qu'elles n'auraient rien à manger en Sibérie, plusieurs boîtes de conserves d'aubergines en attendant l'arrivée du *voronka*. Mais le pire, c'est que n'importe quoi peut servir de prétexte pour nous arrêter, se lamenta Chaké et, ajoutant un peu de café dans sa tasse, elle continua :

— Dernièrement, mon amie m'a raconté que toute sa famille passe des nuits épouvantables depuis que leur fils aîné a refusé de devenir membre du *Komsomol**. En somme, la vie est devenue intolérable. Tout le monde a peur. On a même peur de parler tranquillement à la maison. Ma belle-mère n'arrête pas de nous prévenir que les murs ont des oreilles.

Elle se tut, et les deux femmes restèrent un moment silencieuses, burent leur café, chacune songeant aux lendemains incertains.

Tard dans la nuit, sous la lueur pâle d'une bougie, Sonia étala devant elle ses bijoux et fit un calcul mental du nombre de jours où elle pourrait vivre sans travailler si elle les vendait. En comptant un mois et demi pour chaque item, elle arriva à une période d'un an avant d'être obligée de chercher du travail. Elle ne savait pas encore ce qu'elle allait faire, mais elle croyait que ses quelques connaissances en couture et en tricot pourraient l'aider.

Elle remit les bijoux dans leur cachette, s'allongea sur le lit et, avant de s'endormir, repensa à l'anniversaire de sa petite fille. Marianne aurait un an, et Sonia voulait marquer cette journée en invitant tous ses amis avec leurs enfants.

Le jour suivant, à six heures du matin, Chaké frappa à la porte de Sonia pour lui confier que le magasin, à l'autre bout de la rue, devait recevoir du sucre, et qu'elle s'y précipitait déjà avec ses trois filles pour prendre place dans la file d'attente. Sonia, qui avait désespérément besoin de ce sucre, n'avait personne à qui laisser ses enfants. Elle décida donc d'emmener ses filles avec elle. À contrecœur, Sonia réveilla Astrid, lui donna un morceau de pain et, prenant Marianne encore endormie et sa bouteille de lait, sortit de la chambre en direction de l'arrêt du tramway. À la troisième station, elles descendirent juste en face du magasin où deux longues files étaient déjà formées. L'une d'elles ne comprenait que des hommes et l'autre, des femmes.

En prenant sa place à la fin de la file, Sonia constata qu'au moins 30 personnes la séparaient de Chaké. Elle était la soixante-dixième cliente. «J'ai encore de la chance et si la vendeuse est clémente, elle me vendra un autre kilo de sucre vu qu'Astrid est avec moi», espéra Sonia et, avec confiance, elle attendit l'ouverture du magasin, prévue une demi-heure plus tard.

Lorsque Marianne se réveilla, Sonia voulut la nourrir et s'assit sur une grosse pierre qui se trouvait juste à côté du magasin. Mais la femme qui la suivait dans la file la prévint aussitôt que la file étant *jivaya otchered**, Sonia perdrait automatiquement sa place. Les explications de Sonia furent inutiles, car la femme rétorqua qu'elle-même, de peur d'être évincée, n'osait pas aller voir ses enfants, laissés tout seuls à la maison. Sonia fut alors obligée de nourrir sa fille debout dans la file.

Il était déjà huit heures passées, et les portes du magasin restaient toujours fermées. Sonia était épuisée. Même les changements continuels de positions n'arrivaient pas à diminuer sa fatigue. Sachant qu'elle ne pouvait se passer de sucre, résignée, elle ne quitta pas sa place.

Une heure plus tard, enfin, les portes s'ouvrirent. En un instant, par une métamorphose magique, ces gens qui jusque-là attendaient patiemment perdirent tout comportement civilisé et se transformèrent en une meute, mue entièrement causée par l'instinct primitif de s'emparer d'un morceau de nourriture. L'obtention d'un kilo de sucre devenait une question de vie ou de mort. Chaque visage devint rouge et déterminé, et ces gens étaient prêts à tout. Hommes et femmes, tous plus hystériques les uns que les autres, s'agglutinèrent frénétiquement autour du comptoir. On entendait des cris, des pleurs et des injures. Les deux files s'étaient fondues en une masse humaine déchaînée. À un moment donné, Sonia entendit les pleurs d'Astrid qui se trouvait coincée entre deux mégères. Sans aucune cérémonie, elle bouscula violemment une des mégères pour libérer sa fille. La femme tituba et tomba sur un homme. Ce dernier, avec un juron, la poussa à son tour dans la direction opposée. Toute rouge de colère et ayant perdu le peu de féminité qui lui restait, la virago, jurant comme un charretier, retrouva enfin son équilibre et chercha des yeux Sonia, prête à se ruer sur elle. Mais entre-temps, Sonia avait déjà été poussée en avant par la foule et se trouvait hors de portée. Ce court incident ainsi que la bousculade effrénée avaient déclenché chez Sonia la détermination féroce de posséder ce maudit sucre à tout prix. Toutes ses bonnes manières avaient disparu. L'idée de sucre dominait tout son être. C'était devenu son obsession, sa planche de salut. Alors, à son tour, Sonia poussa le dos de la femme qui se trouvait devant elle, jusqu'au moment où elle se trouva en face du comptoir. Et comme tous les autres, elle tendit sa main, agitant l'argent. Le visage de l'employée disparut derrière un éventail de mains. La pauvre femme était obligée de reculer pour pouvoir se retrouver. Cela ne gênait ni Sonia ni les autres, qui continuaient à crier et à agiter leur main pour attirer l'attention de la vendeuse. Et Sonia s'entendit crier de tous ses poumons :

— C'est à moi, c'est à mon tour ! Donnez-moi deux kilos, ma grande fille est aussi avec moi, dans la file ! et elle fit des pieds et des mains pour se rapprocher de la vendeuse.

Marianne commença à pleurer, et Astrid, agrippée à la jupe de sa mère, essaya de toutes ses forces de rester debout. Sonia répétait sa demande sans relâche. Enfin, la vendeuse prit son argent et, pesant deux kilos de sucre, les remit à Sonia.

Avec un sentiment de victoire, Sonia recommença à jouer des coudes pour remonter la foule. Devant Astrid et en lui demandant de ne pas lâcher sa jupe, Sonia continua sa bataille. Elles finirent par se retrouver enfin, saines et sauves, à l'extérieur de la horde, Sonia avec son chignon défait et Marianne sans bouteille de lait.

Dehors, Sonia avait remarqué que son amie, telle une guerrière, sortait elle aussi de la bataille en véritable conquérante. Les cheveux hirsutes, le col à moitié arraché et pendant d'un côté et un petit filet de sang sur la joue droite, elle vérifiait les égratignures et les contusions de sa fille aînée. Sonia, qui avait de la difficulté à se tenir debout, se précipita vers une grosse pierre, s'assit et, tenant fermement sa fille et sa précieuse denrée, se mit à rire et à pleurer tout à la fois. Soudain, on entendit un « Oh, non... » prononcé en chœur et suivi d'un silence pesant. Le magasin avait fermé ses portes : il ne restait plus rien. Un à un, les gens résignés et accablés, oubliant complètement leur excitation et leur rage, quittèrent le magasin la tête baissée…

Sonia était fière, très fière même, d'avoir acheté, pour la première fois, une denrée avant le *prtzav*. Elle était encore dans un état de jubilation qu'une idée, comme un éclair, lui traversa l'esprit: «Ça y est. C'est vrai», répéta-t-elle. Elle venait de faire une découverte sur les femmes soviétiques… «Ce n'est pas pour rien que toutes ces femmes, quels que soient leur milieu et leur éducation, sont devenues des êtres enragés, durs et sans compassion. Voilà pourquoi ces femmes gardent en leur for intérieur une mèche active de dynamite, prête à exploser à tout moment pour assurer leur survie et celle de leur famille. Et, me voilà devenue comme elles», pensa-t-elle.

Il avait fallu à Sonia presque un an pour saisir, enfin, la source de manque de féminité chez ces femmes, de leurs habits toujours austères et de l'absence maladive de sourire sur leur visage. Elle se rendit compte avec consternation qu'elle aussi venait de prendre, après cette expérience, le chemin de cette transformation… Mais ne voulant pas s'éterniser sur cette prise de conscience, Sonia se leva et prit, avec les Zoulalian, le chemin du retour.

Le 30 août arriva. Depuis le matin, Sonia n'arrêtait pas de travailler. Il ne lui restait qu'à terminer la décoration du gâteau de Marianne. Et plaçant une petite bougie au centre de ce délice, elle recula pour admirer son œuvre.

À quatre heures, la maison était déjà pleine. Tous les enfants, après avoir chanté pour Marianne et mangé le gâteau, allèrent chez les Zoulalian où, sous la surveillance des adolescentes de la famille, ils continuèrent leurs jeux. Enfin restés seuls, les adultes purent bavarder sans être dérangés. Chacun parlait de sa vie difficile, et le sentiment d'être tombé dans un piège prit très rapidement tout le monde à la gorge. Désireuse de briser la morosité ambiante, Sonia commença à évoquer les trucs qu'elle utilisait pour ne pas sombrer dans la dépression.

— Le remède qui me sauve, c'est de me répéter que le temps arrange tout. Que rien ne peut durer éternellement. Qu'un jour, les choses iront mieux. Je crois qu'il existe certaines choses qu'on ne peut pas changer. Il faut donc accepter la situation telle qu'elle est et essayer de la vivre de son mieux, dit Sonia et, se levant, elle alla préparer du café.

Ensuite, les anecdotes et les histoires, généralement drôles, dominèrent le reste de la soirée. Une histoire qui toucha beaucoup Sonia fut racontée par Hagop Kouyoumdjian :

— Vous savez, commença Hagop, que la conception du papier hygiénique est totalement absente dans la pensée soviétique. Et que, chaque fois, pour nous essuyer les parties que je ne veux pas nommer, nous nous servons de papier journal...

— Allez, accouche ! dirent les amis impatients.

— Bon, alors le père de mon ami retournait un soir chez lui avec un journal sous le bras. Mais le pauvre monsieur souffrait, ce jour-là, de diarrhée, continua Hagop. Il se dirigea donc vers les toilettes publiques et sortant de là, il n'avait plus son journal...

— Et alors ? demandèrent les autres.

— Eh bien, le bonhomme, deux jours après avoir passé par le KGB, prit le chemin de la Sibérie, car...

— Oh, non, ce n'est pas possible ! fit tout le monde, indigné.

— Car, reprit Hagop, ce jour-là, le journal avait publié un immense portrait de notre père à tous, Staline...

Il était déjà tard lorsque tous se levèrent pour regagner leur demeure. Avant de partir, Yeghia confia à Sonia qu'il ne pouvait pas lui rembourser l'argent qu'il leur devait, car tout avait été englouti dans la construction de la maison.

— Alors, continua-t-il, si tu veux bien, je te propose de venir habiter chez nous au sous-sol que nous allons libérer dans deux jours. Ce sera ma façon de vous rembourser. Qu'en dis-tu ?

Sonia lui promit d'y réfléchir et sortit avec lui pour accompagner ses amis.

Le 3 septembre, vers dix heures, alors que les enfants dormaient après avoir pris leur bain et que Sonia brossait ses cheveux encore mouillés, elle entendit des coups violents à la porte. Son cœur bondit. « C'est le *voronka* », pensa-t-elle immédiatement et, tremblante, elle ouvrit la porte à deux militaires.

Ces derniers, se présentant à peine, déclarèrent à haute voix le mot *perquisition* et, poussant fortement la porte, entrèrent dans la chambre.

Sonia, qui était restée derrière la porte, avait peur de faire le moindre mouvement. Mais ensuite, comprenant le motif de leur présence et sortant de son coin, elle osa leur demander l'autorisation de cette perquisition. L'un des apparatchiks, celui qui était le plus âgé, se tourna vers elle et, levant les sourcils, lui demanda :

— Vous n'espériez quand même pas recevoir un avis prévenant de l'heure de notre visite ?

Et ils commencèrent méticuleusement une fouille systématique des lieux. Tous les coussins du divan furent tournés et retournés, les tableaux décrochés et les dessous de chaises vérifiés. Même les verres et les assiettes se retrouvèrent par terre. Une heure après, ne trouvant rien d'incriminant, ils quittèrent les lieux en emportant le livre de caricatures de Sarouchan.

Sonia resta figée au milieu de ce désordre. Un peu plus tard, elle comprit que cette perquisition était le signe évident de la présence de Joseph à Erevan. Cette idée la calma légèrement.

La visite de fidèles représentants du KGB se répéta encore deux fois et, chaque fois, ils emportèrent avec eux quelque chose. La dernière fois, ils prirent, en plus des livres, le grand bateau gonflable à six places que Joseph avait rapporté d'Égypte dans l'espoir de l'utiliser pour une promenade familiale sur le lac Sevan. Et quand Sonia voulut savoir la raison de cette saisie, l'officier lui répondit très solennellement :

— Ce genre de jouet capitaliste ne peut pas amuser les travailleurs honnêtes et sérieux de notre pays.

« Minable, pensa Sonia. Il est sûr que vos travailleurs ne peuvent pas s'amuser avec ces jouets entre les attentes interminables dans les files, devant les magasins et l'arrivée de *voronka*. » Des années plus tard, Sonia avait su que l'écrivain soviétique Vachtang Ananian se plaisait beaucoup, lui, à se promener dans ce même bateau sur le lac Sevan…

Depuis quelque temps, Marianne inquiétait Sonia. À un an, elle ne marchait pas encore. Ses jambes menues et arquées n'arrivaient pas à supporter son petit corps. Des diarrhées chroniques, provoquées probablement par les différentes sortes de lait qu'elle absorbait, l'empêchaient de prendre du poids. Malgré tout, Marianne était un joli petit bébé blond au caractère jovial, toujours souriante et de bonne humeur.

Après avoir examiné la petite, le médecin ne manifesta aucune inquiétude, mais suggéra à Sonia d'ajouter de l'huile de foie de morue, de la semoule avec du beurre et du sucre à sa nourriture régulière. Il mentionna également qu'elle avait aussi besoin de soleil pour fortifier ses os. Malgré la réaction du médecin, Sonia resta préoccupée par l'état de Marianne. Alors, dans une lettre adressée à sa mère, elle lui demanda conseil. Un mois plus tard, Sonia reçut une réponse : « Chérie, ne t'inquiète pas. Toi aussi tu as eu les mêmes problèmes. Tu as commencé à marcher à 14 mois et à parler le jour de ton vingtième mois. Tout cela s'arrangera, tu verras… »

Sonia, rassurée, continua quand même à surveiller la croissance de sa petite en suivant rigoureusement les conseils du médecin.

CHAPITRE 29

Kilikia

Au début du mois d'octobre de 1949, Sonia décida de déménager chez les Arakelian, dans Kilikia, un nouveau quartier situé dans la périphérie est de la capitale, dont les terres étaient vendues par l'État aux nouveaux arrivants pour la construction de leur maison.

De loin, Kilikia avait l'air d'un immense chantier de construction. À part quelques maisons entièrement achevées, la plupart se trouvaient depuis longtemps à différentes étapes de la construction, faute d'argent ou de matériaux.

La maison des Arakelian n'était pas encore prête. Le premier étage à peine terminé, la famille en prit possession, libérant le sous-sol pour Sonia et ses filles. Celui-ci était légèrement plus grand que l'ancienne chambre et avait une petite fenêtre qui faisait face à deux abricotiers, dans la cour. Le seul inconvénient était l'absence de plancher. Avant d'y entrer, Sonia étala donc son beau tapis persan d'un mur à l'autre.

La rue où se trouvait la nouvelle demeure de Sonia était un véritable chantier. Pourtant, presque toutes les maisons étaient habitées. Les familles, composées de 8 à 10 personnes parfois, s'installaient dans une pièce minuscule, les quatre murs à peine montés.

La maison située juste à côté de celle des Arakelian appartenait à une famille nombreuse arrivée d'Iran. Un peu plus loin, c'était celle de la famille Tchakmadjian arrivée de

Syrie en 1947 avec leur fils et leur fille. La maison située à droite, toujours en construction, était la propriété des Meynazarian, rapatriés des États-Unis avec leurs cinq enfants. Les maisons construites du côté gauche de celle des Arakelian, et de l'autre côté de la rue, étaient habitées par des gens venus de toutes les parties du globe : de la France, de la Grèce, d'Irak, du Liban. En somme, c'était une rue internationale. Il suffisait de rester dehors au moment du souper pour entendre les mères appeler leur progéniture dans une grande variété de langues.

Durant le jour, cette rue grouillait de passants et s'animait du bruit des travaux de construction et des cris émis par une nuée d'enfants, la plupart en âge préscolaire. Ces petits, pratiquement dépourvus de jouets, ne manquaient pas d'imagination pour s'inventer des divertissements. Le *karktik* était l'un de ceux-là, utilisé particulièrement par des filles. Une des variantes de ce jeu était la suivante : on choisissait cinq petites pierres, à peu près de la même taille. Après avoir placé la main gauche sur le sol, en forme de pont, on jetait les pierres par terre depuis une certaine hauteur. Ensuite, avec l'autre main, on lançait une des cinq pierres dans l'air, et avant que celle-ci ne tombe, on devait passer toutes les autres sous le pont, toujours de la main droite.

Les garçons, outre leurs jeux de soldats de l'Armée rouge, jouaient aussi avec les filles à un autre jeu appelé *iote kar*. Ce jeu consistait à frapper une balle et à faire tomber sept pierres plates placées une sur l'autre. Une fois le coup réussi, le joueur chanceux, debout à côté des pierres, prenait la balle et, en courant derrière les autres joueurs, devait toucher au moins l'un d'entre eux. Ces deux jeux étaient très prisés, et les enfants s'amusaient jusqu'au crépuscule.

Dans cette rue, aucune femme ne travaillait à l'extérieur. Régulièrement, vers midi, ces femmes se rencontraient chez l'une d'elles pour prendre une tasse de café, à condition, bien sûr, qu'elles ne soient pas obligées de faire la queue devant un magasin.

Entre ces femmes de cultures différentes existait une espèce de solidarité, où chacune essayait d'aider du mieux son prochain. Si l'une d'elles avait du beurre, l'autre apportait un peu de farine, et la troisième cherchait le peu de sucre qu'elle possédait et, toutes ensemble, elles concoctaient un dessert que souvent aucune d'elles n'arrivait à goûter après le passage d'un essaim d'enfants. Souvent aussi, si l'une d'elles ne pouvait compléter son repas du soir faute de certains ingrédients, elle envoyait son enfant chercher ce qui manquait chez la voisine, et ainsi toutes les familles arrivaient à mettre sur la table un repas chaud, généralement sans viande. Cette dernière était une denrée non seulement difficile à trouver, mais de plus, très chère.

Un soir, Sonia et Yéran, qui était enceinte de son troisième enfant, sirotaient tranquillement leur café sous les abricotiers de la cour quand tout à coup, une jolie poule, sortie d'on ne sait où, apparut dans leur champ de vision. Les deux femmes se regardèrent et, sans prononcer un seul mot, se levèrent brusquement de leur chaise et, envahies par la même idée fixe, se ruèrent sur la poule. Cette dernière, ne sachant pas que son sort était déjà scellé, courait en zigzaguant dans la cour avec des « cot-cot » ahuris. Mais les deux jeunes femmes, qui depuis fort longtemps avaient oublié le goût de la chair de cette volaille, n'avaient aucunement l'intention de l'épargner ou de céder, et couraient après elle avec une détermination inébranlable. Lorsque la pauvre bête fut acculée au mur, Sonia, dans un état second, se jeta sur elle. Et Yéran, qui courait à toute vitesse derrière son amie, oubliant complètement son état et ne pouvant s'arrêter à temps, trébucha sur Sonia qui n'arrêtait pas de rire, écrasée sous le poids de son amie surtout quand cette dernière, dans sa position inconfortable, lui demanda de saisir le bec de la poule afin que les voisins n'entendissent pas ce qu'elles capturaient. Et les deux amies, assises par terre, décoiffées, tenant fermement leur trésor, ne pouvaient s'arrêter de rire. Le soir venu, les familles Arakelian et Marikian festoyèrent joyeusement en dégustant cette chair si tendre et si rare.

À la mi-octobre, lors du café habituel entre voisines, un homme se présenta. C'était le représentant du ministère de l'Éducation, chargé de recenser les enfants en âge scolaire pour l'année suivante. Toutes les femmes se regardèrent étonnées, et l'une d'elles reconnut que leurs préoccupations quotidiennes leur avaient fait carrément oublier l'éducation de leurs enfants. L'homme d'État rétorqua immédiatement :

— Connaissant la situation qui prévaut dans votre ancien pays, je veux vous dire que chez nous, aucun enfant n'est oublié. Ici, l'éducation est obligatoire et gratuite jusqu'à la huitième année. Ce n'est qu'à partir de la neuvième que les parents doivent débourser 200 roubles pour chaque année additionnelle. Je dois vous aviser que, pour l'année scolaire 1950, vos enfants auront leurs cours au deuxième étage de la maison du camarade Andranik, en attendant la construction de la nouvelle école pas loin d'ici.

Puis, après avoir dressé la liste des futurs élèves, le camarade s'en alla.

Un mois plus tard, Yeghia pria Sonia de libérer sa chambre vu que les travailleurs étaient prêts à installer le plancher du sous-sol et à finir de bâtir la maison. Sonia ne connaissait aucun autre endroit libre à part le sous-sol des « Américains ». Elle demanda donc à ceux-ci, les Meynazarian, de le lui louer pour une période de quatre mois. Dès le lendemain, elle déménagea une fois de plus sans oublier de donner, comme à l'habitude, sa nouvelle adresse au *liazor**. Exactement deux jours plus tard, l'huissier remit à Sonia un avis pour se présenter au KGB le 8 décembre à neuf heures du matin.

La veille, Sonia avait demandé à la fille de Mme Azniv Tchakmadjian, Perdjouhi, une jolie demoiselle de 18 ans, de garder ses enfants, prétextant un rendez-vous pour l'obtention d'un emploi. Le jour suivant, Sonia se trouvait devant la réceptionniste, dans le corridor d'entrée du KGB. Quelques minutes plus tard, un officier lui expliqua que son mari était devant l'inspecteur-chef pour un interrogatoire, et qu'elle devait attendre, au cas où l'inspecteur aurait besoin de son témoignage à elle. Sonia se mit alors à attendre avec appréhension le moment où elle serait appelée.

Après quatre heures d'attente, où elle ne vit ni Joseph ni n'entendit quoi que ce soit, ce même officier se présenta pour lui dire qu'elle était libre de partir. « Tout, dans ce pays, est fait pour torturer les gens », pensa Sonia et elle quitta en hâte la bâtisse maudite, sans avoir demandé à revoir Joseph. Sonia savait déjà que, pour un citoyen ordinaire, voir un prisonnier dans l'édifice du KGB était interdit.

Elle sortit dans le froid. Le vent piquait et il faisait presque noir. Courbant le dos sous le vent glacé, Sonia traversa péniblement les quelques kilomètres qui la séparaient de sa maison. Sa tête était vide. La seule chose qu'elle voulait, c'était arriver vite à la maison et serrer ses filles dans ses bras.

Cinq jours plus tard, on lui demanda une seconde fois de se présenter au même endroit, mais cette fois-ci, l'heure avait été fixée à deux heures de l'après-midi. Sonia se rendit de nouveau chez Perdjouhi. Mais la demoiselle ne pouvait cette fois-ci la dépanner, car c'était la journée de son cours de russe. Ne voulant déranger les autres, Sonia décida de laisser ses filles toutes seules à la maison. Astrid eut la responsabilité de s'occuper de sa sœur. Après lui avoir expliqué où aller en cas d'urgence, Sonia retourna au KGB, sans fermer la porte à clé.

Ce jour-là, les «Américains» Meynazarian furent évincés par leur propriétaire. N'ayant pas d'autre choix, ils furent obligés de reprendre possession de leur sous-sol. C'est alors qu'ils constatèrent l'absence de Sonia et la présence de ses deux jeunes enfants laissées sans surveillance. Les «Américains» ne pouvaient pas dormir à la belle étoile et ne pouvaient pas non plus envisager de mettre Sonia à la rue. Alors, Garbis, le fils des Tchakmadjian, âgé de 25 ans, proposa de transporter tous les meubles de Sonia dans leur sous-sol, adjacent au poulailler et libre pour le moment.

Les deux fils des Meynazarian ainsi que Garbis se mirent ainsi au travail.

Durant tout le temps que dura le déménagement, les jeunes gens ainsi que Mme Meynazarian ne cessaient de critiquer Sonia qui avait eu l'insouciance d'aller se promener en laissant ses filles toutes seules. Quel manque de responsabilité !

Vers sept heures, Sonia, à bout de résistance après une nouvelle attente insupportable, ouvrit la porte de sa chambre et, trouvant à la place de ses enfants les trois adultes assis, entourés de meubles inconnus, eut un moment de panique et s'effondra sans connaissance.

Quelques heures plus tard, elle entendit la voix d'Astrid et les pleurs de Marianne. Folle de joie, elle se précipita sur ses enfants et les serra dans ses bras.

Mme Meynazarian, après avoir expliqué la raison de leur présence, voulut absolument connaître la raison de l'absence de Sonia et, sans même se préoccuper de savoir comment elle allait, commença à lui faire des reproches.

— Quelle mère êtes-vous donc ? Comment pouvez-vous aller vous promener en abandonnant ainsi vos enfants ?

Sonia la regarda longuement et, sans dire un mot, prit ses filles et se dirigea vers sa nouvelle demeure où, à peine entrée, elle éclata en sanglots. Elle pleurait sans pouvoir s'arrêter. De véritables sanglots trop longtemps retenus : le monde avait basculé. Elle pleura sa solitude, ses jours abominables, cette vie sans issue…

Garbis, qui l'avait suivie, ne comprenait pas pourquoi cette femme, habituellement d'humeur égale, pleurait ainsi. Il décida d'avertir Yeghia. Ce dernier accourut immédiatement, suivi de sa femme. Sonia commença à leur raconter tout son périple avec Joseph et finit son histoire en expliquant la véritable raison de son absence.

Le soir même, Azniv, la mère de Garbis, rendait visite à Sonia en apportant avec elle une casserole encore chaude de boulgour fumant, un pain entier et du fromage. Et les deux femmes, l'une âgée de 58 ans déjà et l'autre, de 33 ans à peine, partagèrent l'histoire de leur vie. Azniv, qui serait plus tard appelée *Néné* (*grand-maman*) par Astrid et Marianne, avait laissé ses trois filles aînées et ses nombreux petits-enfants en Syrie pour suivre son fils vers l'Arménie en 1947, avec son mari et sa fille cadette, Perdjouhi.

Néné était une jolie femme aux cheveux grisonnants et aux yeux gris. Bien que sans aucune éducation, elle possédait une sagesse et une finesse innées. Elle trouvait toujours les mots justes pour conseiller ou apaiser les douleurs de quelqu'un. Et il n'était pas étonnant qu'avec le temps, la maison de Néné fût devenue, pendant des années, l'endroit de prédilection pour le café matinal de toutes les jeunes femmes de la rue.

Tard dans la soirée, avant de partir, Néné promit à Sonia qu'elle ne serait jamais plus seule et qu'elle serait heureuse d'être considérée comme une vraie grand-mère pour ses enfants. Et, effectivement, jusqu'au dernier moment de sa vie, Sonia fut sa sixième fille, et Astrid et Marianne, ses petits-enfants.

Le mari de Néné, Katchatour, était menuisier de profession. Dans son pays natal, il avait possédé un commerce, qui fonctionnait très bien et lui assurait un revenu confortable. Il était jovial, avait beaucoup d'amis et s'intéressait à tout. En arrivant en Arménie et en comprenant intuitivement la situation économique et politique du pays, il s'était graduellement fermé et il avait cessé de s'intéresser à la politique et aux *pourquoi* des choses. En silence, il faisait son travail et, le soir venu, mangeait sa nourriture, toujours bien épicée, avec deux verres d'*arak*. Après quoi, assis dans un coin, il jouait du oud, son instrument préféré. Et lui aussi, comme sa femme, accepta généreusement Sonia et ses deux filles dans sa famille.

Le jour de la nouvelle année arriva, et toutes les maisons d'Erevan furent enfin illuminées. Sonia, qui avait participé avec Néné à toutes les préparations de mets turcs et arméniens, avait passé la veille de 1950 avec les Tchakmadjian. Pour la première fois, elle vécut l'arrivée du Nouvel An en l'absence de Joseph.

Le 29 janvier 1950, Sonia fut convoquée une fois de plus au KGB. Néné refusa que Sonia allât toute seule au berceau des «animaux» (comme elle se plaisait d'appeler les apparatchiks), et envoya Perdjouhi, sa fille, avec elle. Ce geste toucha Sonia, qui savait que personne ne souhaitait, même à son pire ennemi, de passer devant cette bâtisse.

Les deux femmes assises attendaient dans le corridor quand Sonia entendit Joseph pour la première fois. Elle bondit de joie en répétant son nom et s'élança vers la salle d'où venait la voix. Mais le soldat arrêta brusquement son élan en lui ordonnant de reprendre sa place. Perdjouhi, qui s'était levée à son tour, prit Sonia dans ses bras. Cette dernière sanglotait.

Un peu plus tard, la porte de la salle s'ouvrit et l'officier, s'approchant de Sonia, lui dit :

— Votre mari a été jugé coupable et il a été condamné à 10 années d'exclusion en Sibérie. À partir de demain, il sera transféré à la prison centrale de l'Arménie. Dans un mois exactement, vous pourrez lui apporter la *peredatcha*, à raison de deux fois par mois. Vous aurez aussi le droit de lui rendre visite une seule fois avant son départ. C'est tout!

— Mais pourquoi la Sibérie? Est-il un criminel dangereux? demanda Sonia.

L'officier, d'un air las, rétorqua:

— Votre mari est pire encore. C'est un traître. Mais de toute façon, il a donné pour le *soud**, il a porté sa cause en appel.

— Mais de quoi me parlez-vous? Je ne comprends pas, demanda Sonia (elle ne savait pas que, depuis le régime soviétique, la langue arménienne était polluée par des mots russes, et elle avait plutôt compris *sout**).

Perdjouhi lui expliqua alors le sens particulier que ce mot avait dans la langue russe et, quand Sonia voulut poser encore des questions, l'officier les avait déjà quittées. Restées seules dans l'immense hall du bâtiment, Sonia et Perdjouhi attendaient toujours dans l'espoir d'apercevoir Joseph. Trente minutes plus tard, le bruit de machine à écrire qu'on entendait de l'autre côté du hall avait cessé. Les employés, un à un, commencèrent à quitter les lieux. Un silence écrasant s'installa. Et le déclin du jour assombrissait de plus en plus le hall d'attente. Un sentiment d'abandon et de peur commençait à peser sur les deux femmes. Alors, Perdjouhi, tirant doucement Sonia par le bras, l'invita à sortir à l'extérieur où les gros flocons d'une première neige tombaient paisiblement.

Très tard dans la nuit, Sonia, recroquevillée sur son divan, regardait les photos du temps heureux. L'une d'elle attira particulièrement son attention. Cette photo avait été prise en 1934, lors de son deuxième voyage avec ses parents en Grèce et en Allemagne. Les souvenirs de ces jours heureux se déroulaient paisiblement devant ses yeux…

C'était en effet l'été, et une chaleur abrutissante avait enveloppé la ville. La plupart des Alexandrins s'étaient rués en masse

vers les eaux de la Méditerranée et ceux qui avaient la chance de
se le permettre, avaient quitté précipitamment la ville vers des
destinations plus fraîches. La famille Kalepdjian, à son tour, quitta
cette fournaise pour passer ses vacances dans les montagnes.

Le bateau, après trois jours de navigation et une courte escale
au Pirée, devait continuer son chemin vers Mytilène, sa destination finale où la famille Panatis, chez qui les Kalepdjian avaient
jadis loué une maison, les attendait. Assise devant des centaines
de photos éparpillées, Sonia ferma les yeux et revivait ces trois
jours magiques passés sur le bateau avec sa famille. Elle se rappela
aussi leurs retrouvailles chaleureuses avec ses nounous, ces tables
joliment dressées qui les avaient attendus, le bouzouki qui avait
retenti dès leur arrivée, le jardin qui avait débordé de monde…
On aurait dit que le village entier s'était trouvé là. L'animation
avait été exubérante, bruyante, mais d'un bruit qui avait réchauffé
les cœurs et libéré les sentiments. Elle se voyait encore sur le
balcon, à côté de ses parents, le matin suivant, quand les faibles
lumières avaient commencé à filtrer à travers les volets. Debout,
la famille avait admiré la nature qui s'était éveillée tranquillement
sous les premiers rayons du soleil. Tous étaient saisis d'émerveil-
lement devant ce paysage qui s'était offert à eux. Dans le lointain,
une rangée de collines cachées dans la brume légère du matin se
dévoilait et, juste au-dessous, les cimes des cyprès élancés, déjà
touchées par le soleil. Une route longue et solitaire traversant ce
paysage de rêve montait très loin vers les montagnes.

Le silence fut rompu par un braiment. En se penchant,
Sonia aperçut un vieil homme, dans un habit traditionnel, qui
conduisait son âne vers le chemin que la famille avait entrevu
au loin. Sonia se rappela exactement la question qu'elle avait
posée ce jour-là à son père :

— Est-il vrai que nous naissons avec une destinée bien
établie ? Pouvons-nous changer quelque chose à notre destin ou
bien subissons-nous notre destin, comme le disent les Arabes ?
Est-ce que cet ânier aurait pu prendre un autre chemin, voyager,
avoir une autre vie ? Et nous ? Je pense souvent à cela…

— Qui sait ? répondit son père. Parfois, je suis sûr que nous
sommes libres de choisir ce que nous désirons. Mais, très

souvent… comment t'expliquer? Regarde, si quelqu'un est né avec un handicap grave, penses-tu que sa destinée n'a pas déjà été déterminée? Je crois plutôt que notre destinée est tracée, fixée d'avance, comme… comme la route que tu vois au loin et au-dessus de laquelle nous sommes situés, et qui nous mène vers une destination précise, sans se soucier ni de nos aspirations, ni de nos rêves, ni de nos désirs…

Elle était encore dans ses pensées quand l'aboiement du chien du voisin la fit revenir à la réalité et le fil de ses souvenirs fut interrompu, comme une vieille pellicule lors d'une projection, sans aucun avertissement. Sonia était brutalement revenue à la réalité, apportant une certitude: sa destinée. Elle était sûre que c'était cette destinée qui l'avait mise dans cette misère et qu'en raison de cette dernière, elle avait tout perdu. Mais dorénavant, c'est elle qui prendrait la charge de sa vie…

Elle continua à regarder les photos et, avec chacune d'elles, la tristesse et un sentiment de désespoir s'installèrent dans son âme. Elle se rendit compte que ses photos lui rappelleraient toujours comment elle avait raté sa vie, pourtant promise à un avenir radieux. Et sous l'effet d'une rage incompréhensible, Sonia commença, en pleurant, à brûler un à un ses beaux souvenirs en répétant: «Si moi je suis enterrée, vous le serez aussi.»

Pourtant, après une quarantaine de photos brûlées, elle se réveilla tout d'un coup: «Mais, qu'est-ce que je suis en train de faire? C'est mon histoire. C'est mon héritage. Mes enfants ont le droit de connaître leurs racines. Mon Dieu, je suis folle!» pensa-t-elle et, aussitôt, elle étouffa les flammes et, ramassant le reste des photos, elle les replaça dans les albums.

Elle était trop survoltée pour se coucher. Elle décida donc de se faire un café.

Quelques minutes après, sa tasse remplie du liquide noir, elle reprit sa place sur le divan. Et là, elle se rappela les paroles du cheik qu'elle avait consulté autrefois à la demande de sa grand-mère. «Il m'avait prédit que l'homme avec qui je voyagerais irait encore plus loin pendant 6 ans… C'est ça, 6 ans. Donc, Joseph me reviendra non après 10, mais 6 ans, c'est-à-dire en 1955», se répéta Sonia. Encouragée par cette certitude, elle sentit que ses peurs et ses appréhensions avaient presque disparu. Elle savait qu'elle serait capable de tenir encore cinq ans. Puis, à minuit passé, Sonia mit fin à cette journée déchirante et s'endormit.

Le lendemain, dans une lettre adressée à sa mère, elle l'informa, dans leur langage codé, de l'emprisonnement de Joseph. À partir de ce jour, la vie de Sonia s'installa dans une espèce de routine. Elle continuait à vendre ses bijoux pour se procurer des repas chauds, malgré la détérioration de la situation économique. Toute seule sans mari, elle se considérait quand même privilégiée par rapport aux autres. On racontait que certaines familles étaient obligées de vendre, au marché noir, la laine de leur matelas contre quelques morceaux de pain. Sonia connaissait aussi personnellement plusieurs femmes qui avaient fait une fausse couche à cause de la malnutrition.

Le mois de février s'amorça. Sonia préparait le repas. Astrid, assise par terre à côté de Marianne, promettait à sa petite sœur de lui enseigner tout ce qu'elle allait apprendre à l'école. Puis soudainement, ignorant les promesses de son aînée, Marianne se leva et, chancelante, fit ses premiers pas vers sa mère... Sonia, folle de joie, faillit en renverser sa casserole.

Sonia et ses filles passaient la majeure partie de leur temps avec les Tchakmadjian. Néné, telle une vraie grand-mère, prenait soin des petites. Elle les nourrissait, les habillait quand leur mère était perdue dans les files d'attente avec Perdjouhi. Et dès leur retour, un repas et un café les attendaient. Souvent, les samedis ou les dimanches, les trois femmes, accompagnées des enfants, rendaient visite à leurs connaissances. Même l'absence de transport en commun ne les empêchait pas de parcourir à pied des kilomètres de distance pour rencontrer des amis.

***

Depuis le jugement de Joseph, un mois avait passé. Sonia, munie de sa *peredatcha* se présenta à la prison avec Astrid. La salle immense de la réception était bondée. On avait l'impression que la moitié d'Erevan s'y trouvait. Les accolades et les salutations, suivies de «qui?», de «combien d'années?» et de «pourquoi?» étaient les propos habituels échangés dans ce hall d'entrée.

Après une heure d'attente, la porte s'ouvrit et une voix d'homme cria:

— Les femmes avec les nourrissons d'abord.

Et toutes les femmes, accompagnées de leurs enfants, s'avancèrent pour signer d'abord et pour remettre ensuite le paquet. Sonia fut obligée de patienter au moins trois heures avant que son tour arrive. Et en laissant la *peredatcha*, elle était très contente que son mari eût, enfin, de quoi se restaurer. Elle ne savait pas encore que pas un de ses paquets n'arriverait à destination. Ayant tiré des leçons de ses expériences, Sonia emmenait désormais toujours Marianne avec elle les jours de *peredatcha*, histoire de raccourcir l'attente.

***

C'est au début du mois d'avril 1950 que Sonia eut finalement la permission de visiter Joseph.

Sonia avec ses enfants sur la place
Lénine, en 1950.

Astrid et Marianne sous le
cerisier, en 1953.

CHAPITRE 30

La Sibérie

Le 19 avril 1950, muni d'un petit paquet contenant ses effets personnels, Joseph monta avec une trentaine d'autres prisonniers politiques dans un fourgon en direction de la gare centrale d'Erevan où un train conçu pour les marchandises les attendait. Pour ce voyage, les prisonniers n'avaient que la partie *aller* du billet, car leur retour restait plus qu'incertain. Leur destination était l'Oural central, à Solikamsk[1], sur la rive gauche du fleuve Kama, là où, depuis le temps des tsars, les forçats condamnés à perpétuité extrayaient le sel.

Tous les wagons de ce train étaient divisés par un étroit corridor qui séparait les deux sections, chacune comportant cinq rangées de lits à trois couchettes superposées.

Pour maximiser le transport des prisonniers dont le nombre augmentait sans cesse, les bureaucrates du système carcéral du pays, après un calcul «judicieux», avaient déterminé le nombre exact de personnes qui devaient occuper chaque couchette.

Ainsi, le haut, juste au-dessous du plafond, était destiné à deux personnes, même s'il y avait à peine de la place pour une seule. La couchette du milieu, appelée le *parterre* par les connaisseurs, était destinée à cinq prisonniers. Ces derniers

---

1. Nom composé de : *sol* → *sel* et *kamen* → *pierre*.

disposaient de tout l'espace nécessaire pour étirer leurs jambes et même s'allonger, s'ils le voulaient.

Enfin, le lit inférieur, appelé *caravansérail*, accueillait 13 personnes. La moitié de ces «chanceux» étaient obligés de dormir sous les lits, directement sur le plancher. Dans chaque wagon, il y avait deux *parashas**, chacune avec sa fonction précise. L'une servait d'urinoir et l'autre, remplie d'eau, permettait de boire.

Le dernier aménagement de ces wagons consistait en deux lucarnes qui permettaient, d'une part, de faire entrer de l'air frais et, d'autre part, d'échanger des marchandises de l'extérieur vers l'intérieur.

Une fois les fourgons arrêtés et les prisonniers politiques comptés, un long coup de sifflet annonça l'entrée dans les wagons. Aussitôt, une bagarre presque sanglante éclata entre les détenus pour s'approprier les meilleures places.

Dès leur entrée dans le wagon, Joseph et ses deux nouveaux amis, M. Sourian et M. Papazian, se jetèrent sur la couchette du milieu, la plus éloignée du centre et, toutes griffes dehors, se préparèrent à toute éventualité. Mais le zèle de ceux qui avaient choisi leur place près du centre s'avéra inutile dès l'arrivée d'un deuxième groupe de prisonniers, formé celui-ci par des bandits de tout poil. Dans le milieu carcéral, le terme *blatnoy** servait à désigner ce genre de criminels.

Joseph avait déjà connu des *blatnoys* à la prison et il savait que leur chef, toujours entouré de ses vizirs et de son harem d'hommes, était le maître incontesté du wagon. Il avait entendu dire aussi que le gouvernement non seulement les protégeait, mais qu'il s'en servait pour terroriser les prisonniers politiques. Mais ces *blatnoys*, malgré tous leurs vices, avaient quand même une certaine conception de l'honneur: ils ne dénonçaient jamais personne, contrairement aux *stoukatchs** présents dans chaque wagon et installés là par le régime et à cause de qui, bien souvent, dès leur arrivée à destination, quelques prisonniers apprenaient que leur temps d'incarcération avait été prolongé.

Les *blatnoys* pénétrèrent donc dans le wagon en criant et en jouant, accompagnés de leur chef, un certain Khtcho. Ce dernier n'était pas très grand, mais il était costaud. Ses yeux brillaient sous ses sourcils épais, et la couleur de ses dents cariées variait du jaune au brun. Son nez était étroit et allongé, et ses lèvres charnues étaient cachées sous une moustache drue. D'un pas lourd et lent, Khtcho s'avança au milieu du wagon et, jetant un regard rapide autour de lui, choisit sa place et s'approcha de sa couchette. Les cinq occupants comprirent tout de suite le message, et sans dire un mot, cédèrent aussitôt leur place.

Après que ses acolytes eurent choisi chacun à leur tour leur place, le maître, en levant la main, attira l'attention de tous les *zeks** et, dans un silence absolu, fit sa première et dernière allocution. S'adressant particulièrement aux prisonniers politiques qu'il appelait gentiment les *petits morveux*, il commença :

— Écoutez-moi, petits morveux. Ici, c'est moi qui fais la loi. Vous devez déjà savoir que les gardes ne payeront pas cher de votre peau. Si vous ne voulez pas être balancés dans le champ entre deux arrêts et si vous voulez réaliser enfin votre rêve de voir de près l'aube se lever sur les steppes de la grande Russie, tenez-vous bien.

Et mettant un point final à son laïus, il croisa les jambes et commença à lire.

Après avoir échangé un regard avec ses amis, Joseph reprit sa place et ferma les yeux, sachant très bien qu'il ne pouvait rien faire, car le seul moyen de vaincre ces voyous était la force, et que celle-là lui faisait justement défaut. Incapable de s'endormir, Joseph analysa la situation. Après mûre réflexion, il décida que, pour revoir sa famille, il devait s'accommoder à la situation le plus vite possible, mais sans se laisser dominer. Il savait que, dans ce milieu dur, il était fatal de montrer sa peur et sa faiblesse à l'adversaire et, donc, il était nécessaire d'être constamment aux aguets, d'utiliser son intelligence et même la ruse s'il le fallait. Une fois sa résolution prise, Joseph changea le cours de ses idées et pensa à ses nouveaux compagnons et surtout aux motifs de leur arrestation qui, aux yeux de Joseph, étaient carrément absurdes.

Il réfléchit d'abord à l'histoire de Sourian qu'il avait de la difficulté à croire. Ce jeune homme de 30 ans avait quitté les États-Unis avec ses parents pour l'Arménie. Par malheur, il avait rapporté avec lui son seul et unique trophée reçu lors de la compétition d'un marathon organisée par le comité sportif du Parti Dashnak (le but de ce parti était de créer une Arménie indépendante, sans aucune ingérence russe). L'inspecteur du KGB, après un mois de menaces quotidiennes, avait réussi à faire avouer à Sourian qu'il était spécialement envoyé par les Dashnaks pour un travail de destruction dans les rangs des communistes arméniens. En lui collant 10 ans d'exclusion, il avait envoyé Sourian loin, mais très loin, pour qu'il pût méditer sur les raisons de l'échec de son acte de sabotage…

Pour ce qui était de Papazian, un homme de 45 ans, venu lui aussi des États-Unis, Joseph ne comprenait pas comment quelqu'un pouvait être aussi naïf… Ce Papazian, voulant obtenir un poste dans le journal local *Haïastan*, s'était présenté avec des papiers affirmant qu'il était l'éditorialiste du journal des Dashnaks. Immédiatement, la machine du KGB se mit en branle avec les résultats que l'on sait. Peu de temps après, Papazian était devenu l'ami intime de Sourian. Ces deux hommes étaient de braves garçons, et Joseph était heureux de les avoir à ses côtés.

Deux heures plus tard, ce fut le premier arrêt du train. Khtcho appela de sa place un *poli* (prisonnier politique) d'un signe de son index. Dès que ce dernier s'approcha du chef, celui-ci, sans aucune cérémonie, lui ôta sa montre qui, en un temps record, se trouva propulsée à travers la lucarne à l'extérieur du wagon.

Quelques minutes après, une longue *kolbassa* et une bouteille de *samogon** atterrissaient dans le wagon par le même chemin. Ktcho, partageant la denrée reçue entre ses acolytes, commença à savourer le fruit de la transaction sous le regard avide de tous les autres *zeks*.

Le jour suivant, vers midi, à l'arrêt du train, les portes s'ouvrirent. Un des trois convoyeurs, son fusil braqué sur les hommes, ordonna à un *zek* de descendre la *paracha* d'urine tandis que les deux autres commencèrent à jeter, à chacun des prisonniers, un petit hareng salé avec un morceau de pain. Une fois que tout le monde eut reçu sa ration, les portes se fermèrent de nouveau. Ce menu resta invariablement le même tout au long des 20 jours que dura leur voyage. Les convoyeurs restaient impassibles devant la supplication des prisonniers pour obtenir quelques gouttes d'eau. Les soldats ne voulaient pas, et d'ailleurs, ils ne pouvaient pas non plus aller, à chaque arrêt, chercher de l'eau dans leurs deux verres (c'était tout ce qu'ils possédaient) pour désaltérer la soif de tous ces ennemis du peuple.

Mais la soif n'était pas le seul problème de ces morveux. En effet, il ne suffisait pas qu'ils fussent mal et peu nourris, que leurs gardes ne les protégeassent pas contre les attaques des *blatnoys*: ils n'arrivaient pas à avoir un sommeil reposant. Presque à chaque arrêt du train, les convoyeurs frappaient avec leurs matraques chacune des planches de bois du wagon pour s'assurer que tout était encore intact. Même la porte s'ouvrait parfois au milieu de la nuit, et le convoyeur criait: « Contrôle ! » Alors tous devaient se mettre debout pour que les gardes pussent les compter un à un avec la crosse de leur fusil. Et souvent, ils se trompaient dans leur compte et il fallait recommencer…

Au quatrième jour du voyage, une espèce de routine s'était installée dans le wagon. Chacun respectait sa place, et les seules bagarres qui éclataient opposaient les *blatnoys* entre eux. Les prisonniers politiques avaient finalement cessé de réagir à l'injustice, aux actes indécents et aux vulgarités de l'autre moitié du wagon. Ils mangeaient une fois par jour leur poisson salé, parfois ils buvaient, accomplissaient leurs besognes et fermaient les yeux en faisant semblant de dormir. Ils communiquaient généralement sobrement entre eux, analysaient très peu leur situation, émettaient rarement des jugements et, surtout, ils avaient cessé de se poser le sempiternel pourquoi après avoir entendu les lourdes peines infligées à certains. De toute façon, personne ne savait pourquoi il avait écopé de tant d'années. Et cela n'était pas étonnant, vu que tout le monde avait l'impression d'aller au bagne pour rien. D'ailleurs, Joseph n'avait jamais oublié la conversation entendue en prison entre deux détenus. À la question de l'un, qui était de savoir pourquoi l'autre était en prison, celui-ci avait répondu qu'il ne le savait pas, car, selon lui, il n'avait rien fait pour mériter 15 années de bagne. Alors le premier rétorqua aussitôt que, selon la loi, on écopait de seulement 10 ans si l'on n'avait absolument rien fait…

Le seul réel inconvénient pour les *polis* était la disparition à vue d'œil de leurs vêtements. Mais contre Khtcho, personne ne pouvait faire quoi que ce soit… Un jour, Joseph fut interloqué par les regards que lui jetait un *blatnoy* en jouant aux cartes. Même Sourian et Papazian avaient remarqué son manège et, inquiets, avaient prévenu leur ami. Cela avait mis Joseph dans tous ses états. Immédiatement, sa tête fut traversée par toutes sortes de scénarios et il se préparait déjà à mourir, avant même que quelqu'un n'ose le toucher.

Quelques minutes plus tard, l'homme quitta sa place et s'approcha après avoir croisé le regard haineux de Joseph. Ce dernier sentit tous ses muscles se raidir. Ses mains étaient devenues moites, mais il gardait les poings fermés, prêts à assommer l'ennemi. L'homme s'approcha encore et, se plantant devant Joseph, lui ordonna de lui donner son chandail en laine.

Joseph ferma les yeux et, mentalement, s'ordonna de se calmer. Ensuite, il ouvrit les yeux et, sans un mot, ôta son chandail offert par sa belle-mère et le lui remit. Le *blatnoy*, enfilant son butin, retourna tranquillement à son jeu.

Peu de temps après l'incident, Khtcho s'adressa à son aide en langue turque :

— Cet *intello politique* avec des lunettes doit sûrement posséder d'autres choses de valeur pour avoir un chandail pareil.

Ayant entendu le chef, Joseph lui répondit immédiatement, dans la même langue :

— Cet intello, comme tu le dis, en avait encore beaucoup plus dans le temps. Mais à cause de quelques nobles sentiments, la seule chose de valeur qui lui reste se trouve en ce moment sur le dos de ton ami, déclara Joseph en apercevant, à sa grande surprise, l'apparition d'un sourire sur le visage du chef.

Effectivement, le faiseur de beau et de mauvais temps du wagon était joliment surpris de constater que quelqu'un osait lui répondre et, de surcroît, dans la langue préférée de sa maman.

Arrêtant alors son jeu et se tournant vers Joseph, Khtcho commença à lui poser des questions. Les réponses de Joseph lui plurent et, se tournant complètement vers ce dernier, Khtcho engagea une longue conversation. À la fin de celle-ci, il ajouta qu'il adorait la littérature, mais les difficultés qu'il éprouvait à comprendre la langue russe l'empêchaient de savourer le livre *Mille et une nuits* offert par sa maman, qu'il était alors en train de lire. Dès qu'il sut que Joseph connaissait cette histoire, Khtcho lui proposa un marché :

— Personne ne te touchera si, chaque soir, avant de m'endormir, tu me racontes les *Mille et une nuits*. En plus, tu auras ta ration quotidienne de cigarettes et de sucre.

Joseph accepta évidemment le marché, et Khtcho tint parole à son tour. À partir de ce jour-là, la situation de Joseph et de ses amis s'améliora légèrement.

***

Au vingt et unième jour, enfin, le train s'arrêta dans un champ s'étendant à perte de vue. Dehors, il faisait bien froid. Le ciel était couvert, et un vent sibérien, glacial et hurlant, transformait chaque flocon de neige en matraque prête à s'abattre sur tout ce qui lui résistait.

On entendait les sifflets de soldats et les aboiements des chiens. Peu de temps après, les portes des wagons commencèrent à s'ouvrir les unes après les autres.

Tous les prisonniers, après avoir passé 20 jours épouvantables, affaiblis par la nourriture infecte et par la vie sédentaire, durent descendre précipitamment. Ces centaines de détenus, barbus et moustachus, sales et amaigris, avaient de la difficulté à sauter du train. Tous grelottaient. Quelques-uns des prisonniers n'avaient même pas une chemise sur le dos. Tous leurs vêtements avaient servi à nourrir leur chef Khtcho.

En sautant par terre et en regardant autour de lui, Joseph remarqua que leurs convoyeurs avaient reçu de l'aide. Sur toute sa longueur, le train était entouré par des soldats armés, accompagnés de chiens affamés. Après que le train eut été vidé et que tous les prisonniers eurent été placés en rangées de trois dans une longue file, l'ordre d'avancer fut donné. Et ce peloton entouré des deux côtés par des gardiens commença à marcher. Leur camp de concentration se trouvait à une quinzaine de kilomètres de la gare[1].

Joseph se trouvait dans la même rangée que ses amis. Il se sentait faible, mais il marchait, regardant toujours le sol et comptant ses pas : « Un, deux et trois ; allez, un, deux et trois… » Au début, la marche était facile, car le chemin était en terre ferme et gelée. Mais quelques kilomètres plus loin commençaient des forêts marécageuses. La fine couche de glace qui couvrait les étangs se cassait facilement et les pieds déjà gelés des prisonniers s'enfonçaient dans la boue. Ils avaient de plus en plus de difficulté à avancer. Plusieurs tombaient, mais ils ne restaient pas longtemps sur le sol. Le bâton du soldat le plus proche s'abattait, sans tarder, sur leur dos. Pour le soldat endoctriné par le régime communiste, fusiller un forçat tombé ne servait à rien étant donné que le forçat ne rêve de toute façon que de mourir. Par contre, le frapper avec un bâton accroît le plaisir du sadique. Et le forçat se relevait grâce, évidemment, à l'aide de ses amis, enfin ceux qui avaient encore la force de soulever leur camarade et de traîner cette masse encombrante pendant des heures.

À un moment donné, Joseph sentit sa vision se brouiller. Un bruit rythmique, on aurait dit un tambour, résonnait dans ses oreilles, et ses jambes avaient de plus en plus de difficulté à porter son corps en position verticale. Soudain, il se trouva allongé dans la boue. Avant l'arrivée du soldat, ses amis le

---

1. Environ 165 camps de travail forcé existaient en URSS, entre 1950 et 1952. La région de Kalima, à elle seule, comptait de 10 à 15 millions de détenus.

soulevèrent rapidement et continuèrent leur marche, tous les trois collés les uns contre les autres. Peu de temps après, sous l'effet de flocons froids qui flagellaient son visage, Joseph se sentit mieux et, libérant ses amis de son poids, commença à suivre les autres.

La nuit tombait déjà, mais les forçats avaient encore des kilomètres à parcourir. Le nombre de prisonniers gelés et abandonnés dans les marécages ne cessait de s'accroître. Joseph, qui suivait les autres la tête baissée et les yeux clos, se rappela tout d'un coup les paroles de sa mère : « Encore un peu, encore un petit peu, mes chéris, Jésus viendra et il nous sauvera… » Et ce souvenir d'enfance, venu de très loin, lui redonna la force et le courage qui l'avaient momentanément abandonné au début de sa marche.

Environ quatre heures plus tard, ils aperçurent des lumières au loin. C'était leur camp, havre des morts-vivants. Le rythme s'accéléra. Puis, une heure après, les prisonniers tenant à peine sur leurs pieds eurent le droit d'entrer dans les baraques et, s'écroulant lourdement par terre, fermèrent aussitôt les yeux, totalement épuisés.

Tôt le matin, les portes s'ouvrirent, et les soldats poussèrent les prisonniers dehors où ils durent attendre, affamés et exténués, sous un vent glacial, que leur nom fût prononcé et qu'ils pussent recevoir une couverture et le numéro de leur baraque. Ici aussi, comme partout ailleurs, toutes les baraques étaient pleines, et, selon la coutume, des *blatnoys* se mêlaient aux prisonniers politiques. Dans le camp, ces derniers portaient le nom de *fascistes*.

À peine Joseph et ses amis étaient-ils entrés dans leur baraquement que le signal fut donné de se diriger vers les bains du camp où ils devaient se laver à l'eau froide. Après le bain, chacun recevait un pantalon de coton d'une couleur sans nom, une *télégreika** et des bottes en cuir de porc. Avant d'arriver à leur baraquement, les prisonniers devaient encore une fois se ranger pour un autre appel.

Alors qu'il attendait dehors l'arrivée des autres, Joseph eut amplement le temps d'observer les alentours. Il constata que leur camp était retranché selon le système allemand. Trois rangées de fils barbelés électriques l'entouraient. Il y avait aussi un mirador muni d'un puissant projecteur dont le faisceau balayait le camp dans tous ses recoins. De loin, on apercevait quelques isbas isolées. En somme, leur camp était une petite bourgade perdue dans l'immensité de la toundra soviétique.

À partir de la deuxième journée de leur arrivée, la majorité des prisonniers furent envoyés abattre des arbres. Ainsi tous les matins, Joseph, en compagnie de Sourian et de Papazian, marchait en file indienne cinq bons kilomètres avant d'arriver à leur lieu de travail. Et là, les mains, les pieds, les oreilles gelés et l'esprit totalement engourdi, ils coupaient avec un autre *zek* de gros arbres du matin au soir. Seulement tard dans la soirée, ils revenaient au camp par le même chemin pour s'écrouler enfin de sommeil après avoir avalé un liquide noirâtre qui faisait office de soupe, accompagné d'un petit morceau de pain noir et caoutchouteux.

∗∗∗

Puis, l'été arriva. La température atteignit 10 degrés. Avec les couleurs de l'été et quelques fleurs sauvages, les sourires commencèrent à apparaître sur le visage des prisonniers. Le soleil timide, toujours accroché à l'horizon, remonta légèrement le moral de ces gens qui continuaient à vivre un cauchemar perpétuel. Leur travail était sempiternellement le même, la nourriture aussi. Mais les bagarres entre les *blatnoys* étaient devenues plus fréquentes et plus violentes, coûtant chaque fois la vie d'un de leurs membres. Parfois, les différents groupes de *blatnoys* se réunissaient pour attaquer les fascistes. Dans ces altercations, ces derniers perdaient souvent leurs biens, mais rarement leur vie.

Pour pouvoir soutenir ce rythme et pour ne pas céder au désespoir, Joseph s'était convaincu qu'il reverrait sa femme. Et, se cramponnant à cette idée, il commença, chaque matin, à se lever tôt et à faire des exercices, en fredonnant toujours une chanson.

L'été passa. Ce fut le mois d'octobre, et la température frôla les -30 degrés. Les forçats, les pieds toujours gelés et enflés, les mains engourdies et la vision altérée à cause du givre qui se formait sur leurs cils, continuaient à travailler en forêt. Ceux qui ne tombaient pas raides sur place mouraient quand même plus tranquillement, emportés le plus souvent par une pneumonie. Papazian avait de plus en plus de difficulté à marcher. Les orteils de son pied gauche étaient noirs, et cette tache sombre continuait à s'étendre. Il avait de la fièvre et perdait souvent connaissance.

Le médecin du camp, un alcoolique exaspérant, essaya durant ses brefs moments de lucidité d'arrêter la propagation de la gangrène, mais le mal était trop avancé et il fallut amputer une partie du pied. Tout le temps où leur ami se trouva à la clinique, Joseph et Sourian, malgré leur fatigue permanente, lui rendaient visite après le travail et essayaient de lui remonter le moral en lui racontant les horreurs qui se déroulaient à l'extérieur. Deux semaines après, Papazian, bien qu'il ne fût pas encore complètement rétabli, fut obligé de retourner au travail, mais cette fois-ci dans les cuisines, comme éplucheur de légumes. Et il préféra de loin son nouveau travail, où il restait assis et au chaud. Souvent, en riant, il répétait à ses amis que, dans le malheur, il existe toujours des graines de bonheur.

***

Au mois de janvier 1951, le chef du camp décida enfin de muter les travailleurs : ceux qui coupaient des arbres devaient, dorénavant, transporter dans des camions les briques fabriquées sur place. Ce travail se faisait dans la zone du camp, de telle sorte que Joseph et son ami n'avaient plus à faire de longs trajets quotidiens. Cette fois-ci, Joseph faisait équipe avec un Estonien qui se disait être l'ex-consul d'URSS en Italie, un certain Capelouche. C'était un homme extrêmement érudit, mais souvent, lors de conversations avec les autres détenus, il se considérait comme le dernier des idiots : comment avait-il pu croire en cette idéologie communiste, en cette idée utopique ?

Capelouche et Joseph s'étaient créé un passe-temps qui les amusait follement : chaque fois que le surveillant tournait la tête, ils cassaient des briques. Et le bruit de la cassure était une musique magnifiquement revancharde à leurs oreilles...

***

Après un an d'exclusion, chacun des nouveaux prisonniers créa le groupe d'amis avec lequel il préférait passer ses très courts moments de loisir. Dans le groupe de Joseph, à part Sourian et Papazian, on trouvait Capelouche et l'infirmier Volodia, le biologiste ukrainien. Ce dernier était au bagne depuis 3 ans et il lui restait encore 12 ans à tirer. Il avait écopé de toutes ces années, car il avait osé proposer d'enseigner la génétique dans les universités. C'était un homme très doux et toujours prêt à rendre service à n'importe qui. Il était très grand, mais menu et d'une santé fragile. Depuis l'assassinat de l'aide-médecin, un an plus tôt, Volodia avait été promu à ce poste. C'était lui qui s'occupait généralement des malades, car le médecin, passant la grande partie de sa journée devant une bouteille de samogon, n'arrêtait pas de maudire sa vie en chantant le triste sort de sa « mère Russie ».

Environ deux mois plus tard, Volodia commença à tousser, et ses joues creuses prirent une couleur rosâtre. Il avait de la difficulté à respirer. Deux jours avant sa mort, Volodia pria Joseph de ne pas refuser son poste d'infirmier, quand le chef du camp le lui proposerait. Et le jour où on lui demanda s'il avait des connaissances médicales, Joseph mentit sans sourciller : « Oui, j'ai fait trois ans d'études en médecine... » Lui qui détestait voir du sang et qui n'avait jamais tenu une seringue était prêt à tout pour rester au chaud.

Ainsi, Joseph devint l'infirmier du camp. Mais quand il lui fallut faire sa toute première piqûre à la femme du chef du camp, il en fut tellement effrayé qu'il perdit connaissance. Quand il reprit ses esprits, sa patiente, qui avait deviné son jeu, lui montra comment faire. Élève doué, Joseph maîtrisa très rapidement sa nouvelle profession.

Mais ce travail de rêve ne dura que cinq mois, car il prolongeait indûment les périodes de congé qu'il accordait à ses patients. D'ailleurs, pour une faveur rendue, un des *blatnoys* lui avait appris à jouer de la mandoline. Un autre lui avait proposé de lui faire gratuitement un tatouage de Staline et de Lénine sur la poitrine en guise de remerciements. Car, disait-il, les soldats refusaient de tirer sur l'effigie des guides. Mais Joseph refusa l'offre. Joseph fut donc envoyé dans la chaufferie où il devait couper les restes des arbres et les jeter dans la fournaise pour y maintenir une température constante. Si ces allers-retours continus entre la chaleur et le froid sibérien valurent à Joseph une bronchite chronique, c'est là par contre qu'il fit la connaissance de Karyaguin, de Leningrad, un critique musical et grand amateur de musique italienne. Et souvent, les dimanches, Joseph chantait avec lui des chansons napolitaines en s'accompagnant à la mandoline.

Quelque temps plus tard, Joseph devint barbier.

***

Au mois de mars 1953, le camp était en deuil: le moustachu était mort. C'était le jour de la disparition du «Père et Maître de tout un peuple», celui qui se nommait Staline Iossif Vissarionovitch, chef du Parti communiste de l'URSS. Les prisonniers reçurent l'ordre de ne pas travailler. Et d'ailleurs, comment auraient-ils pu le faire «écrasés» par cet immense «chagrin»?... Chaque forçat, feignant le plus profond abattement, bénissait dans son cœur ce jour de vacances inespéré et jouissait de ce repos inattendu, tombé du ciel. Pour la majorité des gens, c'était là le seul vrai cadeau que Staline n'eût jamais offert à son peuple.

Après la mort de celui qui était à mille lieues de l'image que bien des gens avaient de lui, un espoir commença à naître parmi les prisonniers. Tous espéraient une amnistie. Et effectivement, l'amnistie eut lieu après l'exécution en 1953 de Lavrenti Beria, le chef du KGB. Mais ce pardon ne devait pas toucher les prisonniers politiques. Eux devaient attendre encore deux ans… En attendant, la dure vie continuait dans le camp.

Après avoir passé trois ans à couper des arbres, Sourian parlait souvent de la mort. Il avait perdu tout espoir de sortir vivant de ce camp. Il ne croyait plus retrouver sa vie là où il l'avait laissée, un jour lointain. Et tous les efforts de Joseph et de Papazian pour lui faire comprendre que le suicide n'était pas une lutte, mais une résignation, furent vains. Leur ami s'ôta la vie un jour de profond désespoir. Cette mort anéantit Joseph. Mais il savait que le suicide ne serait jamais sa planche de salut. Qu'il avait une promesse à tenir envers sa femme et ses enfants et que c'était en restant en vie qu'il vaincrait ce système.

Le temps passait, mais la vie dans le camp n'avait pas beaucoup changé. Il était vrai qu'après la mort de Staline, il y avait eu un certain vent de liberté. D'abord, les lettres entre le camp et l'extérieur commencèrent à être acheminées plus régulièrement. Ensuite, il était permis aux prisonniers de créer différents ateliers et d'y participer lors de leur temps libre. Ainsi, par un décret du chef du camp, les forçats étaient tenus d'organiser un «centre éducatif et culturel» dont le vrai but devait être celui d'inculquer les valeurs communistes aux *polis* et d'élever la conscience culturelle des *blatnoys*. Ce centre devait avoir sa chorale et son groupe de danse. Cette idée avait suscité l'hilarité dans le rang des *blatnoys*. Chacun d'eux imaginait l'autre dansant et, surtout, chantant leurs chansons pleines d'injures destinées au régime et à leur vie de forçat.

Du côté des *polis*, les réactions étaient mitigées. Les uns pensaient que c'était une astuce de propagande, tandis que les autres saluaient cette initiative en espérant mettre un peu de joie dans leur vie à jamais gâchée. Joseph qui, à cette époque, travaillait déjà aux côtés de Papazian dans la cuisine fut aussi obligé de participer à ces événements. Et au mois d'avril 1954, quand il chanta avec le chœur «… un pays où l'homme respire si librement», il avait dans sa main une photo de ses deux filles, âgées respectivement de 5 et 10 ans. Et il savait qu'il ne pardonnerait jamais à ce pays «si grand et si humanitaire» de lui avoir ôté la chance de voir grandir ses petites.

***

Au mois d'août 1955, Joseph fut convoqué au bureau du supérieur du camp. Ce dernier, après avoir considéré Joseph en silence, annonça solennellement, un sourire forcé sur les lèvres :

— Camarade Iossif Karapetovitch, le tribunal militaire de Moscou vous accorde la liberté d'après l'amnistie décrétée par notre Parti communiste… Vous êtes libre de quitter le camp !…

Joseph n'en croyait pas ses oreilles. Debout, au milieu de cet immense bureau, il continua à regarder le chef, sans bouger. Quelques secondes plus tard seulement, Joseph murmura : « Je suis donc libre. » Alors il se retourna et sans se dépêcher, il sortit du bureau.

De retour dans sa baraque, Joseph, assis sur sa couchette, se sentait la tête complètement vide. Il ne savait plus quoi penser. Il était écrasé, perdu, décontenancé. Et il avait de la difficulté à comprendre la raison de cette réaction absurde face cette nouvelle pourtant attendue depuis si longtemps, jour après jour. Ne sachant que faire, il décida de fermer les yeux et de dormir.

Après une heure d'un sommeil agité, Joseph comprit la raison de son désarroi : lui qui espérait tant l'arrivée de cette journée, il avait tout simplement peur d'avoir oublié comment était la vie en dehors du camp. Il ne savait pas s'il serait capable de s'adapter à sa nouvelle vie… Plusieurs images traversèrent rapidement son esprit : il revoyait le visage de Sonia, les yeux pleins de larmes lors de leur dernière rencontre en prison, le sourire d'Astrid lui annonçant fièrement sa prochaine rentrée à l'école et la petite main de Marianne qui caressait son visage à travers la grille… « Sonia, ma femme… Comment va-t-elle me recevoir ? Cinq ans ont passé. Et si… » À cette pensée, le cœur de Joseph battit la chamade. « Non, elle m'aime toujours. Toutes ses lettres le prouvent. Sonia savait qu'un jour nous nous retrouverions. Mais…, pourra-t-elle me pardonner entièrement ces jours solitaires passés loin de sa famille et de tout confort ? Ne me reprochera-t-elle pas la perte de ces belles années au nom de la patrie, un mot aujourd'hui si absurde ? »

Joseph était profondément tourmenté. Questions et réponses assaillaient son cerveau épuisé. Mais quelque temps plus tard, il sentit que tous ces doutes n'avaient aucun fondement. Que devant le sentiment profond qui habitait sa femme et lui toutes les difficultés devaient s'aplanir. Que tous les deux pourraient, pour l'amour de leurs enfants et pour leur propre amour, effacer le vide créé par ces cinq dernières années…

Le soir même, Joseph et Papazian, qui avait aussi reçu son amnistie, décidèrent de quitter le camp dès le lendemain pour Moscou.

Joseph à Moscou, après la
réhabilitation.

Chapitre 31

Sonia et ses enfants

Lundi, 1er mai 1950, on fêtait le jour international des travailleurs. Chaque année, à la même date, toutes les grandes et les petites villes, tous les villages jusqu'aux dernières bourgades de l'URSS devaient organiser des fêtes.

Ce jour-là, tout était fermé : écoles, usines, bureaux, fabriques. La population entière de ce grand pays devait montrer au monde capitaliste sa joie immense d'appartenir à la classe du prolétariat soviétique, la classe la plus avant-gardiste qui soit.

À Erevan, on fêtait ce jour exactement de la même façon que partout ailleurs. D'abord, les haut-parleurs placés dans presque toutes les rues diffusaient toute la journée une musique de circonstance, entrecoupée de slogans enthousiastes à l'endroit des dirigeants du pays le plus humanitaire du monde et du Parti communiste soviétique uniquement préoccupés du bien-être des travailleurs. Ensuite, tous les ouvriers, les cadres, les pionniers, les membres du *Komsomol* et du parti envahissaient les rues principales de la ville pour participer à cette grandiose démonstration, en brandissant des drapeaux rouges ou bien des portraits des fondateurs du régime. Cette masse, toujours alignée en rang, ne devait jamais oublier, en remontant toutes les rues, de manifester son exubérance en brandissant ses petits drapeaux et en criant très fort, jusqu'à extinction des voix, des « Hourra ! » pour Lénine et Staline. Et cette joie devait atteindre son apogée devant le podium, toujours érigé Place Lénine, là où les dirigeants du parti saluaient le peuple en liesse.

Ce lundi-là ainsi que le lendemain furent donc des jours fériés, et Sonia resta à la maison. La fabrique de textile où elle était engagée était, comme toutes les autres d'ailleurs, fermée en ce 1ᵉʳ mai. Ouvrant les yeux et se rappelant qu'elle avait congé, elle décida d'étirer sa grasse matinée, blottie contre ses filles. De l'autre côté du mur, elle entendait les « cot-cot » des poules. Sonia était bien habituée à ce son et elle aimait cette présence paisible, familière, insouciante et cette odeur spécifique pénétrant par une petite fenêtre sans vitre qui séparait sa chambre du poulailler.

Sonia pensa à son travail. Elle détestait rester debout neuf heures d'affilée devant une énorme machine, à surveiller sans cesse les nombreux fils qui avaient une vilaine tendance à se couper toutes les minutes. Elle avait accepté ce travail avant tout pour pouvoir éviter la vente de quelques bijoux qu'elle voulait conserver pour ses filles. Mais le maigre salaire qu'elle recevait lui permettait à peine de se procurer l'essentiel. Le seul avantage que Sonia retirait de son travail était de pouvoir sortir, en cachette bien sûr, quelques bobines de fil qu'elle vendait immédiatement. Cette façon d'agir était universelle. Toutes les femmes, sans exception, déposaient dans leur sac une ou deux bobines à la fin de leur journée de travail[1].

En se levant, elle ouvrit largement la porte. L'air doux, embaumé du parfum des arbres fleuris, pénétra dans la chambre avec la lumière du jour. Elle sortit dehors et, debout devant la porte, ferma les yeux et laissa la chaleur douce du soleil caresser son visage. Rouvrant les yeux, elle se dirigea vers les deux cerisiers en fleurs. Sonia aimait la couleur pastel et la fragilité des fleurs de cerisiers. Chaque matin, elle approcha son visage des branches de l'arbre pour humer cette odeur printanière. Au loin, une radio jouait une marche militaire.

---

1. Cette pratique si répandue, surtout dans les républiques du Caucase, minait tranquillement l'économie du pays.

Sonia savait qu'une heure plus tard, quand tout le voisinage se réveillerait, cette cour serait remplie des notes de musique de tout genre qui s'échapperaient des fenêtres grandes ouvertes.

Elle ne savait pas vraiment pourquoi, mais elle aimait cette cacophonie diffusée à la radio chaque jour de fête. Sans porter une attention particulière aux paroles, elle trouvait que ce pot-pourri musical créait toujours une ambiance de fête et de joie.

Elle se moquait de savoir à qui ces fêtes étaient dédiées, mais elle aimait croire que, aussi longtemps qu'on pouvait et voulait écouter de la musique, tout n'était pas encore perdu.

De retour dans sa chambre, elle ouvrit la radio et, supportant quelques slogans du genre « Le communisme est l'avenir de l'humanité » ou bien « Vive notre bien-aimé camarade Staline », elle commença à écouter les chansons folkloriques arméniennes tant appréciées par Joseph.

Une heure plus tard, alors que les enfants jouaient déjà dehors, Néné et Perdjouhi descendirent en apportant un pot de café fumant. En sirotant leur café, les trois femmes décidèrent de marquer cette journée de fête par un pique-nique, sur le bord de la rivière Hrazdan, en compagnie de quelques familles du voisinage invitées à se joindre à elles pour l'occasion. Ce fut une belle journée et tout le monde rentra chez soi, reposé et heureux, mettant ainsi fin à cette mémorable journée de congé.

***

À la fin du mois de juin, la fabrique de Sonia déménagea. Ne pouvant effectuer quotidiennement les kilomètres nécessaires pour se rendre au travail, Sonia choisit de quitter l'usine. Décidée à trouver autre chose, elle commença à apprendre à faire la manucure à la suite d'un conseil donné par une amie.

Elle constata alors qu'il ne suffisait pas de savoir bien manipuler les mains : elle devait aussi savoir comment préparer les laques et les couleurs. Alors les soirs, sa chambre se transformait en laboratoire. Après s'être procuré des pellicules de film photographique chez un ami photographe, elle les grattait soigneusement avant de les faire bouillir dans l'eau. Une fois refroidie, cette substance devenait de la laque pour les ongles. Et pour la couleur, Sonia s'adressait à une amie qui travaillait dans une teinturerie. Cette dernière lui procurait, en cachette bien sûr, toutes sortes de couleurs qui, mélangées à des doses variées de laque, donnaient différentes nuances de rouge susceptibles de plaire à ses futures clientes.

Une fois les procédures maîtrisées, Sonia se mit à faire de la manucure. Mais elle avait un problème de taille : gênée de demander de l'argent à ses clientes, elle travaillait souvent gratuitement. Elle décida alors, une fois de plus, de chercher du travail.

Un jour, un voisin de Sonia, Christopher Stépanian, un ébéniste réputé de Téhéran, lui proposa de travailler dans la même fabrique de meubles que lui. Sonia accepta et, se présentant au bureau des cadres, assura tout le monde que, après avoir travaillé dans sa jeunesse avec son père ébéniste, elle connaissait à fond le métier.

Elle devint donc l'aide-ébéniste de Christopher, un homme très doux, qui ménageait sa voisine et lui donnait toujours des choses faciles à réaliser. Son travail commençait à six heures et finissait à cinq heures. Sonia était obligée d'engager le fils de sa voisine, âgé de 17 ans, pour amener et chercher Marianne à la garderie. Et malgré cette sortie d'argent additionnelle, elle décida quand même de poursuivre son travail, car elle s'y plaisait.

Souvent, après le travail, elle restait dehors regardant ses filles jouer, tout en tricotant. Astrid, qui avait déjà six ans, prenait toujours bien soin de Marianne. Elle faisait preuve d'une ingéniosité remarquable pour créer des jouets pour sa sœur qui n'en avait pas. Ainsi, avec des brins entrecroisés, un kopeck (monnaie soviétique) et un petit morceau de tissu, elle lui confectionnait des poupées. Ou bien, elle creusait un trou dans la terre, plaçait ensuite des clous tout autour et laissait une petite ouverture dans laquelle Marianne devait réussir à insérer leur unique minuscule balle en se plaçant à distance. Parfois, elle donnait à sa sœur quelques feuilles de papier et lui montrait comment dessiner ou écrire des chiffres, et la gardait ainsi occupée pendant des heures. En l'absence de leur mère et de Néné, Astrid traînait sa sœur partout où elle allait avec ses copains. Et elle allait dans bien des endroits, tous plus dangereux les uns que les autres : toit de garage d'où elle sautait, deuxième étage non achevé d'une maison en construction ou bien hautes branches des arbres où elle faisait grimper la plus petite.

Le 1er septembre approchait, et Astrid, qui était déjà inscrite à l'école, ne possédait pas encore l'uniforme obligatoire. Mais ce dernier n'existait nulle part. Tous les magasins recevaient Sonia avec un gros *niet*. D'ailleurs, elle n'avait jamais entendu le mot *prtzav*.

Après avoir acheté du tissu et avec l'aide de Yéran, Sonia se mit à la couture pour confectionner deux uniformes scolaires : un pour sa fille et l'autre pour la fille aînée de Yéran, Sonik.

L'uniforme, que portaient toutes les filles à l'école, était de couleur brune, avec des manches longues et un col anglais recouvert d'un col blanc. Elles devaient aussi porter sur leur uniforme un tablier noir, tandis que pour les grandes occasions, on utilisait un tablier blanc. En plus, tous les élèves, à partir de la troisième année, lorsqu'ils devenaient « pionniers », portaient une cravate rouge, symbole de l'Octobre rouge, c'est-à-dire du triomphe dans le sang de la révolution bolchevique.

Une fois les uniformes prêts, Sonia fut obligée d'utiliser le tissu blanc de sa propre taie d'oreiller, un tissu de satin inexistant dans les magasins, pour confectionner le col blanc. Mais elle avait de la difficulté à couper convenablement ce petit col. Ou bien le patron n'était pas bien taillé, ou le tissu n'arrivait pas à couvrir le col principal, ou il était asymétrique… Enfin, après quelques jours et de nombreuses tentatives, Sonia réussit à donner à ces uniformes un air acceptable.

Le 1er septembre arriva. La veille, Sonia avait tout préparé pour Astrid et prévenu Néné que l'école commençait à midi trente et, tôt le matin, elle quitta la maison pour se rendre au travail.

Ce jour-là, Astrid, dès son réveil, se précipita dehors où tous ses amis, y compris Sonik, l'attendaient déjà. Et tous, sans perdre de temps, se concentrèrent sur leur jeu. Ce jour-là, Néné recevait des amis et avait complètement oublié l'école d'Astrid. Yéran, de son côté enceinte et fatiguée, s'était allongée pour se reposer un peu. Et ainsi les enfants étaient restés sans surveillance.

Vers une heure de l'après-midi, Astrid et Sonik virent par hasard un groupe d'écoliers qui rentraient de l'école. Et à ce moment seulement, elles se rappelèrent que ce jour était leur première journée d'école et qu'elles étaient déjà en retard. Alors, sans prendre le temps de retourner à la maison et d'enfiler leur uniforme, les deux amies se ruèrent toutes emballées vers leur école quelques rues plus loin, au deuxième étage de la maison du camarade Andranik.

La professeure, étonnée de voir ces deux vauriennes sales, décoiffées et poussiéreuses, les accepta quand même en classe après avoir pris la ferme décision de parler à leurs parents, histoire de s'assurer que ce genre de comportement ne se reproduirait plus.

***

Au mois de novembre, la fabrique de meubles ferma ses portes, faute de matériaux. Une fois de plus, Sonia se retrouva sans travail. À la suggestion de sa jeune amie Perdjouhi, Sonia se déclara couturière diplômée et commença à prendre des commandes. Perdjouhi, qui avait le sens des affaires et était au courant des connaissances limitées de son amie en matière de couture, choisissait sa clientèle parmi les femmes des villages éloignés de la capitale. Ainsi, Sonia, avec ses notions réduites, et Perdjouhi, totalement ignorante du métier de couturière, arrivaient ensemble à confectionner ce qui pouvait ressembler à des robes. Chaque fois, lors du premier essayage, les deux femmes tournoyaient avec assurance autour de la cliente, tirant, coupant, épinglant la robe et, surtout, faisant croire à la pauvre femme que leur miroir brisé n'arrivait pas à refléter la véritable image. Au dernier essayage, Perdjouhi avait un truc infaillible : elle plissait les yeux, s'éloignait de la cliente et, après quelques mouvements de tête, félicitait Sonia d'avoir réalisé un pareil chef-d'œuvre. L'astuce fonctionnait à tous les coups. Ainsi, les deux amies partageaient leurs revenus.

***

Quelque temps après Perdjouhi se fiança. Toute la rue participa à ces événements, et tous les enfants profitèrent de l'abondance de ces repas de fête. Perdjouhi était heureuse. Astrid aussi. Car à chaque sortie des fiancés, Astrid, chaperonnant le couple, exigeait pour son silence une grosse crème glacée.

Le temps passait.

Sonia ajouta le tricot à la couture et, graduellement, augmenta sa clientèle. Elle continua, comme toutes les autres, à passer des heures interminables dans les files d'attente, à parcourir les rues de la ville pour dénicher parfois des denrées vraiment élémentaires, du savon par exemple. De plus, depuis qu'Astrid avait commencé l'école, Sonia, comme les autres mères, n'arrêtait pas son combat contre les poux.

Avec tout cela, elle trouvait le temps de rendre visite à ses amis ou de les recevoir. Il n'y avait que Kata et son ex-belle-sœur Marie Erkat que Sonia rencontrait rarement. Kata avait déménagé avec son mari depuis un an dans une autre ville.

Marie qui, dès son arrivée, enseignait la broderie au Palais des pionniers et élevait seule sa fille n'avait pas vraiment de temps pour les visites. Sa fille, Anna, qui adorait la danse, fréquentait l'école de ballet. Quelques années plus tard, Anna Marikian devait devenir l'une des premières danseuses du ballet d'Arménie. De son côté, Sonia continuait toujours à prendre son café matinal avec toutes les voisines. Durant ces réunions, elles se racontaient les petites histoires, souvent tristes, parfois cocasses, de leur vie. Sonia n'oublierait jamais combien elles avaient ri ensemble et comment Mme Meynazarian, tordue de rire, était même tombée de sa chaise en écoutant Perdjouhi raconter sa mésaventure: un jour, elle faisait la queue pour acheter du riz. Trois heures après, quand son tour arriva enfin après la bousculade habituelle, elle avait brandi, comme les autres, son argent vers la vendeuse en criant, comme à l'accoutumée, que c'était à son tour. C'est alors que, tout à coup, elle remarqua une main dodue, chargée de bagues, qui s'approcha tranquillement de la sienne, et, en un tournemain, son argent s'était envolé... Éberluée et surprise par la rapidité du geste, elle ne sut pas quoi faire et, bien sûr, personne ne se soucia de sa détresse. En retournant à la maison les mains vides, frustrée et enragée, Perdjouhi n'arrêta pas de maudire cette *teghatzi shoun*[1].

Ces problèmes quotidiens que tout le monde vivait ne dérangeaient plus Sonia comme ils pouvaient le faire autrefois. Elle s'y était désormais habituée. Elle avait accepté que, dans ce pays, il n'y avait pas d'autres façons de survivre. Les choses auxquelles elle tenait le plus étaient le retour de Joseph, leur santé à tous et que ses filles pussent être bien éduquées. Et Sonia n'avait aucun souci à se faire pour les études d'Astrid qui était toujours première de sa classe. Marianne, de son côté, devenait une jolie petite fille blonde. Elle marchait et parlait sans cesse. Sonia remarquait que sa petite montrait d'étonnantes dispositions à encaisser ses petits malheurs du bon côté et gardait toujours le sourire.

Sonia n'avait pas eu de nouvelles de Joseph depuis un an. La seule chose qu'elle pouvait faire était de prier pour lui. Tous les soirs, avant que ses filles ne s'endormissent, Sonia priait Jésus avec elles et lui demandait leur faire revenir leur papa.

Un soir, juste avant de clore sa prière, Astrid continua sa prière comme une automate:

— S'il te plaît, Jésus, fais revenir aussi le papa d'Harout, d'Hasmik, de Karen. Quant au papa de Perdje... il m'a tiré les cheveux... Garde-le deux jours de plus, ensuite qu'il revienne. Merci.

---

1. Pour contre attaquer le mot *aghpar*, les rapatriés traitaient tous les membres de la population locale d'Arménie de *chien local*.

Sonia était peinée de constater que tant d'enfants étaient séparés de leur père.

Félicitant Astrid d'être si généreuse, elle embrassa ses deux filles et leur ordonna de fermer les yeux.

**

Au mois de juin 1952, Astrid finit sa première année au tableau d'honneur. Constatant la russification galopante de l'Arménie, Sonia décida de retirer sa fille de l'école arménienne et de l'inscrire dans une école russe. Elle voulait ainsi faciliter un peu l'avenir de sa fille. Un mois d'étude avec une tutrice aida Astrid à passer facilement l'examen d'entrée à l'école Maïakovski d'Erevan.

Il restait encore un mois avant le début de la nouvelle année scolaire. Sonia se trouva confrontée à un dilemme : elle entendait souvent parler des mauvais traitements réservés aux enfants des «traîtres de la patrie». Voulant épargner Astrid, Sonia décida de lui parler. C'est ainsi que, deux jours avant le début de l'année scolaire, après un long débat intérieur et maudissant mentalement ce pays qui mettait les mères dans une pareille situation, Sonia eut une conversation toute particulière avec sa petite fille de sept ans.

— *Tzagouks*, tu viens de changer d'école. Là où tu vas aller, les papas et les mamans de tes futurs camarades sont tous communistes. Je pense qu'il sera beaucoup mieux, à toute question concernant ton père, de répondre qu'il est décédé. Je ne voudrais pas que tu souffres à cause de nous. Toi et moi, continua Sonia, nous aimons notre papa et on sait qu'il nous reviendra. Mais pour le moment, s'il te plaît, ne leur dis pas qu'il est en prison. Tu es déjà une grande fille et tu dois comprendre que dans la vie, on doit parfois mentir ou prendre certaines décisions qui ne sont pas toujours faciles…

Astrid regardait sa mère les yeux grands ouverts et avec étonnement, sans vraiment comprendre la signification de cette conversation. Elle fit néanmoins «oui» de la tête. De nombreuses années plus tard, Astrid se remémorait cette conversation qu'il lui avait été impossible d'oublier et ne pourrait pardonner à ce régime qui l'avait obligée à renier son père pour pouvoir étudier tranquillement.

Le soir même devant la photo de Joseph, les yeux pleins de larmes, Sonia implorait son pardon.

Puis, vint le 1er janvier 1953. Partout, les grands sapins décorés attendaient les enfants pour rencontrer le père d'Hiver. Astrid et Marianne se présentèrent à l'école pour la première fête de la nouvelle année. Tous les enfants, après avoir dansé en cercle autour de l'arbre illuminé et chanté des chansons pour leur «grand-père» à tous, le camarade Staline qui les aimait tant, recevaient un paquet rempli de douceurs: quelques biscuits à thé, généralement déjà émiettés et collés aux deux ou trois bonbons à sucer sans papier d'emballage; des noix de Grenoble, mêlées à quelques amandes; des raisins secs et parfois une ou deux mandarines. Marianne, qui touchait à ce fruit exotique pour la première fois, commença à le mordre et avala tout: la pelure et les pépins. Deux ou trois autres petites filles suivirent son exemple. Mais la plupart des enfants venus des familles aisées et qui avaient déjà goûté à ce fruit se mirent à rire, en pointant du doigt celles qui ne savaient pas le manger.

Debout au milieu de la salle, Marianne ignora complètement leurs moqueries et, après avoir achevé sa première mandarine en un temps record, passait déjà à la seconde quand un professeur s'approcha et, très gentiment, lui montra la façon de la peler et de la déguster.

Au début du mois de janvier 1953, Sonia reçut son premier colis d'Égypte.

Après bien des recherches, sa sœur, Zi, avait trouvé le moyen d'envoyer des colis et d'aider ainsi Sonia. Le paquet contenait quelques paires de bas de nylon, inexistants en Arménie, une très jolie robe pour chacune des filles, une belle blouse pour Sonia, une grosse boîte de chocolats variés et, enfin, trois boîtes de pénicilline. Astrid et Marianne, éblouies devant ces trésors, se jetèrent d'abord sur la boîte de chocolats et, après l'avoir presque vidée, mirent leur nouvelle robe et coururent chez Néné pour les lui montrer. À partir de cette date, Sonia reçut régulièrement des colis et, en vendant leur contenu, se procurait un bon revenu.

***

En février de cette même année, Sonia se fit engager dans un salon de coiffure où, en plus de faire de la manucure pour les femmes des dirigeants du parti, elle apprit aussi le russe.

Le travail était facile et, à raison de cinq heures par jour, il lui restait suffisamment de temps pour s'occuper de ses enfants.

Le 5 mars fut une journée où l'hiver, désolé de sa fin proche, avait décidé de se venger. Un vent sibérien s'abattit sur la ville et, avec ses sifflements menaçants, balaya les anciennes neiges, restées encore ici et là, et laissa miroiter la glace sur les trottoirs.

Très tôt le matin, Sonia sortit dans le froid. Le vent piquait son visage et il faisait encore noir. Remontant le col de son manteau et protégeant sa bouche de la main, elle marcha contre le vent, penchée en avant, vers l'arrêt d'autobus. À la station, les autobus complets passaient sans s'arrêter.

Après une demi-heure d'attente, Sonia finit par renoncer et décida de se rendre au travail à pied. Les plaques de glace sur les trottoirs rendaient le trajet périlleux. Les quelques autos qu'elle croisait roulaient très lentement. Les passants, tous courbés sous ce vent féroce, marchaient prudemment, en essayant de garder l'équilibre.

Après deux chutes sans gravité et une heure de marche, Sonia ouvrit enfin la porte du salon de beauté et tomba sur une scène étonnante: sa patronne, assise sur une chaise, les yeux rouges, un mouchoir à la main et frappant ses cuisses de ses larges mains, pleurait en se lamentant haut et fort. Dès qu'elle aperçut Sonia, cette mégère sauta de son siège, se rua vers elle en hurlant:

— Comment peux-tu venir travailler un jour pareil? Comment oses-tu penser au travail quand la vie même s'est arrêtée? Notre père aimé, notre sauveur est décédé! Nous sommes orphelins! Et avec une sorte de piaulement, elle retourna à sa place, accablée.

Au début, Sonia ne comprit pas ce qui se passait. Elle pensait que sa patronne avait perdu son propre père... Mais quand cette même masse recommença à pleurer bruyamment, regrettant que son fils unique ne fût pas mort à sa place et désespérée de voir son grand pays privé de son guide suprême, le camarade Staline, Sonia comprit. Son cœur se mit à battre frénétiquement, sa respiration devint haletante, ses joues s'embrasèrent.

Une idée, une seule, traversa sa tête: «Joseph, Joseph, lui, va revenir...», et de peur de crier sa joie, Sonia tourna le dos à sa patronne, ouvrit la porte et se précipita à l'extérieur.

Après s'être calmée en s'accotant au mur, elle reprit sa marche, sans se soucier de la glace et du froid avec la certitude absolue du retour imminent de son mari.

Une fois à la maison, elle se rappela vaguement avoir rencontré, en chemin, M. Zoulalian qui, après l'avoir félicitée, l'avait priée de cacher son sourire et sa joie en ajoutant: «Enfin, l'auteur de nos malheurs a rendu son âme noire.»

Chez Néné, l'allégresse régnait. Dédé, le mari de Néné, était déjà à la maison à cette heure inhabituelle. Après avoir entendu la nouvelle à la radio, il était revenu immédiatement à la maison, avait rempli deux verres de son arak préféré et avait trinqué avec sa femme. Et la première personne que Sonia avait remarquée en rentrant était Dédé qui, assit dans son coin, dégustait son arak et marmonnait une chanson avec un sourire triomphant sur son visage ridé.

Une heure plus tard, la maison était pleine. Toutes les femmes du voisinage s'étaient réunies comme à un rendez-vous. C'était la fête et Néné proposa, pour l'occasion, de préparer les douceurs et chacune apportait de chez elle ce qu'elle pouvait, et elles se mirent au travail. Puis, les hommes, un à un, se joignirent à leur femme. Et en ce 5 mars 1953, pour tous les rapatriés de la première rue de Kilikia, ce fut une journée de liesse, un jour où ils purent enfin respirer librement.

De peur qu'Astrid puisse montrer naïvement sa joie à l'idée d'un retour imminent de son père, Sonia garda sa fille à la maison pendant trois jours consécutifs.

En juin, Sonia reçut la première lettre de Joseph, écrite en russe (les prisonniers devaient utiliser uniquement la langue russe dans leur correspondance). Perdjouhi, qui était déjà maman d'un petit garçon, avait consenti à traduire et à rédiger les réponses, assurant ainsi la communication entre les époux.

Sonia continua son travail dans le salon jusqu'à sa fermeture au mois de juin.

Au mois d'octobre, elle reçut une triste nouvelle d'Égypte. Sa mère, Satenik, était décédée d'une crise cardiaque. La peine de Sonia fut immense Elle savait que le *karot* était la cause de sa mort. Le soir même, toutes ses photos étalées devant elle, Sonia faisait son deuil, entourée de ses filles.

Le temps passait et les jours se succédaient paisiblement. Toujours pas de retour de Joseph. Restée sans travail officiel, Sonia continua à tricoter pour les clients et passait beaucoup de temps avec ses enfants.

Elle essayait, tant bien que mal, de cacher ses ressentiments envers cette insanité qui régnait dans le pays. Tout allait mal selon elle sauf le système éducatif que Sonia appréciait vraiment. Elle trouvait que les écoles soviétiques dispensaient aux élèves un savoir vaste et approfondi, accompagné d'une discipline vigoureuse. D'abord, toutes les matières du programme secondaire étaient enseignées en profondeur. Par exemple, pour le cours de géographie, à part la maîtrise des notions de base, les élèves devaient être capables de situer n'importe quel pays sur la carte et aussi de connaître sa capitale et de nommer son dirigeant actuel. Pour le cours d'histoire, l'élève devait mémoriser toutes les dates importantes de chaque pays. L'élève était obligé de lire des auteurs de la littérature mondiale. De plus, presque tous les élèves participaient, gratuitement, aux différents ateliers parascolaires : danse, théâtre, arts plastiques, musique et aux divers domaines sportifs. Toutes les écoles de l'URSS offraient toujours aux élèves la possibilité de s'ouvrir à la culture générale. Et l'école d'Astrid, comme les autres, proposait aux élèves des abonnements à prix réduit pour le ballet et le théâtre. Sonia ne lésinait pas sur cette dépense trouvant que c'était là une façon magnifique d'élargir l'éducation de sa fille. Astrid et ses camarades et, plus tard, Marianne, assistaient régulièrement aux événements culturels présentés sur les différentes scènes de la capitale.

En janvier 1954, Kata, celle qui avait partagé avec Sonia les premiers jours en Arménie, réapparut avec son fils après son divorce. Les retrouvailles furent chaleureuses. À l'invitation de Sonia, Kata et son fils passèrent la nuit chez elle, et les deux femmes, après avoir couché leurs enfants, discutèrent longuement. Kata gagnait sa vie en travaillant dans l'atelier d'un peintre, et son fils, qui était devenu un gentil garçon de 14 ans, étudiait le violon dans une école de musique. En évoquant l'éducation de leurs enfants, les deux amies étaient unanimes sur le constat que ce pays portait une attention particulière à l'éducation et à la culture. Mais Sonia ajouta :

— L'accès à l'éducation et à la culture, je crois, est une compensation indispensable à notre vie misérable.

Ensuite, elles parlèrent de leurs amis, de leur vie, et la conversation se poursuivit jusqu'aux petites heures du matin. Le lendemain, les deux amies se quittèrent en se promettant de se voir aussi souvent qu'elles le pourraient.

CHAPITRE 32

Le retour de Joseph

L'année 1955 arriva. La construction de toutes les maisons, sur la 1re rue de Kilikia, était achevée. Tous les rapatriés avaient depuis longtemps oublié leur vie passée sur les rives lointaines. Et malgré la persistance du mot *aghpar*, ces anciens Égyptiens, Libanais ou Français se sentaient des citoyens à part entière de ce grand pays.

Depuis la mort de Staline, malgré que leur vie de misère continuait, un souffle de changement se faisait quand même sentir, un petit quelque chose qui commençait à naître.

D'abord, la peur viscérale qui les habitait depuis des années diminuait tranquillement. Ensuite, on sentait une légère abondance dans le ravitaillement et une diminution des heures d'attente dans les files. De plus, les maisons étaient souvent éclairées à l'électricité, à la plus grande joie des enfants. Même l'apparence de la population locale avait changé. De sombres qu'ils étaient, les vêtements arboraient désormais des couleurs vives et gaies, et du même coup, l'humeur des gens était autre. Et surtout, le sourire qui faisait défaut depuis tellement long-temps commença à illuminer les visages auparavant si tristes.

En mai, Sonia reçut une lettre de Joseph dans laquelle il priait sa femme de ne pas envoyer Marianne à l'école russe. Il disait qu'ils avaient payé assez cher pour sauvegarder leur culture et leur langue et qu'il n'était pas prêt à accepter que sa fille fréquente une école autre qu'arménienne.

Sonia était témoin comme les autres des changements graduels de leur vie sociale et espérait pouvoir contribuer à arrêter la russification de leur peuple. Accédant donc à la demande de son mari, elle inscrivit sa petite dans une école arménienne.

Deux mois plus tard, Sonia reçut un avis de convocation : elle devait se rendre à la poste centrale pour une communication téléphonique avec Moscou. Sonia était perplexe. Il est vrai que, pour chaque communication, il fallait se présenter à la poste centrale vu que très peu de gens possédaient un téléphone. « Mais de qui s'agissait-il ? » se demanda-t-elle quand la réponse, comme un éclair, lui traversa l'esprit : « C'est Joseph. Il est libéré. »

Très excitée et voulant partager sa joie avec quelqu'un, Sonia courut chez Néné.

Cette dernière, pour éviter une désillusion à Sonia, lui assura qu'il s'agissait sans doute de l'appel d'une de ses clientes qui avait déménagé dernièrement. Mais Néné amena néanmoins Sonia chez deux tireuses de cartes.

Le jour de la communication téléphonique arriva. Les Marikian, ainsi que les Tchakmadjian au grand complet, attendaient impatiemment devant les cabines. À onze heures exactement, on entendit la voix de la réceptionniste : « Sonia Marikian, cabine 4. »

Accompagnée de ses deux filles et de Néné, Sonia se précipita vers la cabine et s'y engouffra, toutes trois étroitement serrées : Garbis, trouvant une petite place juste pour une jambe, resta collé contre Néné, et Dédé, à l'extérieur, se plaça devant la porte ouverte de la cabine.

Sonia, le récepteur à la main, n'arrêtait pas de crier : « Allô ! Allô ! » Mais Moscou ne répondait pas. Et soudain un cri, plein d'émotion, retentit dans la salle immense : « José ! José ! » Dans son sanglot, Sonia arrivait parfois à articuler : « Parle ! Ne me quitte plus... » Et ce petit groupe, sans gêne aucune, vivait ouvertement ses émotions. Néné pleurait. Astrid, enlaçant sa mère, souriait. Marianne, regardant sa sœur, souriait à son tour. Garbis essuyait ses yeux et Dédé, levant les mains vers le plafond, remerciait le ciel...

Quelques minutes plus tard, Sonia s'était légèrement calmée et avait enfin saisi la demande de son mari, et au moment où elle lui disait: « Moi aussi je t'… », la communication fut coupée.

Émergeant de la cabine, Sonia prit Marianne dans ses bras, la serra fortement et pleura. Ce ne fut qu'au cri de sa fille : « Maman, je ne respire plus ! » que Sonia desserra son étreinte. Et tranquillement, les deux familles reprirent le chemin du retour, le cœur léger. Elles étaient à peine revenues à la maison que tout Kilikia savait déjà que le mari de Sonia était libéré et tous les voisins, les connaissances, les amis se précipitèrent chez Néné pour partager la joie de Sonia. Parmi ces gens-là, il y avait aussi ceux qui étaient venus pour avoir des nouvelles de leurs prisonniers.

Il était minuit. Les enfants dormaient déjà et Sonia, devant sa tasse de café et sa cigarette, imaginait soigneusement leurs retrouvailles après six ans de séparation. Elle savourait déjà le regard de Joseph posé sur elle, le contact de ses mains sur sa peau… Mais graduellement, ces détails d'un futur proche cédèrent leur place devant l'intensité des images du passé, restées enfouies depuis fort longtemps. Elle voyait clairement, comme au cinéma, le déroulement de la journée de sa première danse avec Joseph. C'était sur la piste de danse à l'hôtel Cecil. Sonia se rappela comment elle avait été ravie de découvrir un partenaire à sa mesure. Elle se sentait heureuse de se trouver sur cette piste avec ce charmant cavalier. Et quand les lèvres de Joseph, très tendrement, effleurèrent le cou de la jeune fille, tout son être en tressaillit, comme électrisé. Elle se rappela cette sensation mystérieuse qui s'éveilla brusquement en elle. Toute son âme et son corps furent doucement enveloppés d'une ivresse inconnue. Sa tête tournait légèrement. Ses jambes avaient de la difficulté à soutenir ce corps de plus en plus éthéré. Elle revivait ce désir inexpliqué qui la poussait à se coller contre ce corps masculin, à se laisser consumer entièrement par ce feu ravageur qui émanait de lui et à rester à jamais serrée dans ses bras. Sonia avait perdu la notion du temps. Rien n'était important: ni le présent ni le passé. Il n'y avait plus que lui et elle… L'orchestre avait entamé un autre air, et Sonia se souvenait très bien comment, graduellement, elle était revenue sur terre. Doucement, émergeant de cette enveloppe céleste et ouvrant les yeux, Sonia savait déjà qu'elle se trouvait devant l'homme de sa vie.

Revenue au présent, Sonia était assurée que les années passées loin d'elle ne pouvaient pas avoir changé son Joseph, le mari le plus dévoué, l'ami le plus fort, le plus doux, le plus intelligent. Elle ne doutait pas un instant que tous les deux retrouveraient leur complicité d'antan et leur amour intact. Que le temps passé loin l'un de l'autre les avait rendus plus forts encore et plus sages pour pouvoir, sans faille, traverser ensemble dorénavant la vie qu'il leur restait à vivre. Et pensant à la fin prochaine de sa solitude, Sonia éteignit la lumière, mettant ainsi fin à cette extraordinaire journée.

Le lendemain, elle et ses filles descendirent en ville afin de chercher du tissu pour confectionner une enveloppe dans laquelle elle devait envoyer à Moscou tous les documents de Joseph.

Dans le magasin, alors que Sonia attendait que la vendeuse coupe le tissu, elle sentit une main dans l'ouverture de son sac qu'elle portait en bandoulière. Sonia se dégagea brusquement en criant: «Voleur, va-t'en!» Au même moment, trois agents habillés en civil se ruèrent sur le voleur et, l'attrapant par les bras, demandèrent à Sonia de les suivre à la station de police la plus proche.

L'inspecteur demanda à Sonia de signer une déclaration de vol. Mais cette dernière, après avoir vérifié qu'elle n'avait rien perdu, refusa de porter plainte. C'est alors que l'inspecteur s'irrita et s'adressa à elle en criant:

— C'est à cause de citoyens de votre espèce que les vols se multiplient à Erevan. Camarade Marikian, c'est votre devoir de dénoncer le voleur!

La voix de stentor de l'inspecteur agit de façon inattendue sur Marianne qui, tout d'un coup, se mit à pleurer à chaudes larmes en disant:

— Maintenant que papa revient, maman va partir… Et elle s'agrippa fortement à sa mère.

Sonia la prit dans ses bras, la calma et, se tournant vers l'inspecteur, demanda :

— Si je le dénonce, allez-vous me protéger dès qu'il sera libéré ? Je n'ai rien contre cet homme. Il ne m'a rien volé. Et tirant Astrid par le bras, elle sortit du bureau.

Puis, arriva enfin le 25 septembre 1955.

Depuis la veille, la maison de Néné s'était transformée en une véritable ruche. Toutes les femmes du voisinage participaient à la préparation du repas du soir en l'honneur du retour de Joseph. La gare était pleine de monde. Les voisins de Sonia, qui n'avaient jamais rencontré Joseph, les simples connaissances, les amis intimes, tous étaient là pour recevoir le mari de Sonia. Cette dernière, tenant par la main ses enfants, était légèrement en retrait de la foule. Elle portait la robe blanche, d'un tissu floral, que Joseph aimait beaucoup. Ses cheveux étaient bien coiffés en chignon. Elle avait un léger rouge à lèvres et portait les boucles d'oreilles, offertes autrefois par son mari.

Toute seule, à l'écart avec ses filles, elle ne bougeait pas, perdue dans ses pensées. Elle avait de la difficulté à se tenir debout. Elle sentait une immense tension dans la nuque. Les battements irréguliers de son cœur l'obligeaient parfois à inspirer profondément. Astrid n'arrêtait pas de surveiller sa mère et levait souvent la tête pour l'observer. Voyant quelques larmes qui coulaient tranquillement sur les joues de Sonia, Astrid se blottit davantage contre elle. Marianne, de son côté, regardait autour d'elle, attendant l'arrivée de ce train qui lui ramènerait le père qu'elle n'avait jamais connu.

Soudain, Sonia entendit le sifflement habituel d'un train qui se prépare à entrer en gare. Son corps se raidit. Serrant davantage les mains de ses filles, elle s'approcha des rails en répétant à haute voix : « Papa arrive… oh, mon Dieu, il est là… »

De loin, on apercevait déjà les wagons du train enveloppés dans un nuage de fumée noire. Sonia regardait cette immense locomotive qui s'approchait avec des sifflements de plus en plus stridents. Le train entrait déjà en gare. Malgré la vitesse réduite précédant l'arrêt final, les quelques premiers wagons suivirent assez rapidement, et Sonia avait de la peine à distinguer quoi que ce soit.

Elle continuait à scruter les fenêtres des wagons quand, après avoir hurlé un « José ! », venu du plus profond de son être, Sonia commença à courir parallèlement au train, lâchant la main d'Astrid, mais tenant toujours celle de Marianne suivie d'Astrid qui courait derrière elle avec toute sa force que ses petites jambes pouvaient déployer.

Le chignon de Sonia était défait, ses yeux remplis de larmes l'empêchaient de bien voir, mais elle courait toujours. « Ça y est, j'arrive. Le train s'est arrêté. Cours ma fille, cours ! Ton papa va descendre… »

Quelques secondes plus tard, Sonia se jetait enfin dans les bras de celui qu'elle croyait ne plus jamais revoir…

Après avoir longuement étreint sa femme, Joseph s'approcha de sa fille aînée et, la serrant dans ses bras, ne cessait d'embrasser son petit visage en pleurant et en murmurant à la fois : « Ma petite princesse, mon étoile à moi. Que tu as grandi. Je t'aime à la folie, ma douce… Tu as beaucoup manqué à ton papa, tu sais ? » Et de grosses larmes ravinaient sur ses joues creuses.

Restée un peu en retrait, Marianne regardait la scène, la tête légèrement penchée de côté. La seule chose qu'elle espérait était que cet homme n'oublie pas de l'embrasser elle aussi… Et son tour arriva.

Serrant les lèvres pour ne pas éclater en sanglots, Joseph s'approcha de sa petite fille. Et, la prenant dans ses bras, il mit sa tête dans le creux de l'épaule de Marianne et, ne pouvant plus se contenir, se mit à sangloter comme un enfant.

Et une fois de plus, la 1re rue de Kilikia fut en fête…, cette fois-ci pour Joseph Marikian, ex-prisonnier du régime communiste.

CHAPITRE 33

La vie familiale

L a nuit tombait déjà, mais les visiteurs continuaient à affluer. La maison des Tchakmadjian était bondée, effervescente. Assis à côté de Sonia autour d'une grande table en forme de T, Joseph n'arrêtait pas de se lever pour saluer les nouveaux arrivés et écouter les interminables toasts portés en son honneur.

Dans cette foule d'amis et de connaissances se trouvaient aussi des gens totalement inconnus, dont le seul lien avec les Marikian était qu'ils habitaient le même quartier. Ils étaient là, poussés par la simple curiosité de voir un survivant des camps et aussi de mettre un visage sur le nom de celui qui, un jour, avait décidé de traverser en famille le «rideau de fer». Mais comme la coutume arménienne le veut, tout ce monde était reçu comme il se doit et partageait ainsi la joie de la famille.

Tout en participant à la fête, Joseph ne manquait pas de constater la manœuvre de ses filles qui, toutes les cinq minutes, retournaient dans la pièce et, jetant un regard satisfait sur leurs parents, ressortaient aussitôt, rassurées et heureuses.

Il était presque minuit lorsque Joseph se leva avec les derniers visiteurs et, remerciant ses hôtes, retourna chez lui avec sa femme.

Le jour suivant, le 26 septembre, était un lundi, mais les enfants restèrent à la maison pour l'occasion. Dès leur réveil, les filles trouvant la chambre vide sortirent tout de suite de leur lit et, en chemise de nuit et pieds nus, se précipitèrent à l'extérieur. Là, dans la cour, à leur grand soulagement, elles virent leurs parents en train de prendre le café sous les cerisiers. Deux secondes plus tard, elles étaient toutes les deux pelotonnées dans les bras de leur père.

Sonia, émue devant cette scène, pensa en souriant qu'elle ne craindrait plus, avec le retour de Joseph, les petites maladies et les petits soucis, et qu'elle pourrait même se permettre d'attraper un tout petit rhume l'esprit tranquille.

Pendant le petit-déjeuner, les petites n'arrêtaient pas de parler. Astrid racontait, à la demande de Joseph, le déroulement habituel de ses journées et Marianne, impatiente, interrompait sa sœur pour attirer l'attention de son père. Une fois le repas terminé, Joseph s'installa avec ses filles sur le canapé pour une conversation animée. C'était surtout Joseph qui posait des questions. Il désirait savoir si ses filles faisaient de l'exercice physique, si elles étaient inscrites à la bibliothèque ou bien si elles aimaient leur école. Et après les avoir écoutées attentivement, il leur dit :

— D'abord, j'aimerais que vous sachiez que vous m'avez énormément manqué. Maintenant que nous sommes tous ensemble, tout ira très bien, vous verrez. Moi, j'ai deux demandes à vous faire. Primo, il faut que vous pratiquiez un sport : la natation, par exemple, ou bien la gymnastique, peu importe, qu'en pensez-vous ? Et la seconde demande concerne vos études. Je veux que vous y mettiez tous les efforts possibles, car votre avenir en dépend.

Et, se tournant vers Astrid, il ajouta :

— Demain, tu auras la liste des livres que tu dois obligatoirement lire. Tu verras, tu les aimeras. Et un jour, tu remettras cette liste à ta sœur.

Ainsi, mettant fin à leur conversation, Joseph s'étendit sur le canapé après avoir demandé à Marianne de jouer avec lui au barbier et au client. Ce que Marianne s'empressa de faire avec plaisir. Et ce jeu devint leur rituel du dimanche, juste avant la petite sieste de Joseph.

Le lendemain, Astrid se présenta à la bibliothèque munici- pale de Kilikia munie d'une liste des ouvrages de Dickens,

Malot, Hugo, London, Racine… Elle en devint l'un des membres les plus assidus.

Les deux jours qui suivirent le retour de Joseph, mari et femme, chacun à son tour, ne cessait de se raconter sa vie de solitaire. Joseph, contrarié et irrité par le récit des péripéties vécues par sa femme, ne pouvait plus rester en place. Il se leva et, les mains dans le dos, se mit à faire les cent pas, silencieux et sombre, dans leur minuscule pièce. Une fois calmé, il s'arrêta devant Sonia et lui dit :

— J'ai de la peine à penser que nous avons perdu six ans de notre vie. Mais sais-tu, aujourd'hui je ne regrette pas d'avoir essayé… Au camp, chaque matin en me levant, je me disais que j'avais trois raisons de m'accrocher à la vie : la première était de vous retrouver, toi et les enfants ; la deuxième, de te redonner un jour cette liberté qu'on nous avait volée et la troisième… de voir ce pays s'écrouler.

Et levant les mains vers le plafond, il ajouta : « Que Dieu entende ma voix. » Sonia demanda en souriant :

— Est-ce que l'ordre de ces événements a une importance ?

— Tu ris, mais oui… Tu vas voir. Même si je disparais et que je ne le verrai pas, cela arrivera. Toutes les malédictions prononcées à l'endroit de ce régime ne peuvent pas ne pas se réaliser. Mais je crois…

Une forte quinte de toux accompagnée de crachats de sang l'obligea à s'arrêter. Sonia, inquiète, se leva aussitôt, alla chercher un verre d'eau et demeura près de Joseph. Cinq bonnes minutes s'écoulèrent avant que Joseph ne se calmât et continuât sa phrase interrompue :

— Je crois sage de suivre ta proposition et d'oublier les années perdues pour nous concentrer surtout à sauver au moins ce qui reste… Pour commencer, j'aimerais que tu arrêtes de travailler et moi, je vais consulter un médecin. Hier soir, j'ai longuement réfléchi à notre avenir… Et le couple continua ainsi la conversation.

Deux jours plus tard, Joseph trouva un poste de comptable au cinéma Pioner et, un mois plus tard, la famille déménagea dans un appartement de deux pièces loué dans la même rue, juste en face de leur ancien logement. Le couple Marikian retrouva dès ce moment une vie normale et régulière.

Chaque nouvelle journée de la semaine commençait par des cris et parfois par des pleurs d'enfants pour la simple raison que leur père les obligeait à se lever tôt pour leurs exercices physiques du matin. Joseph, constatant la santé fragile de Marianne, décida d'imposer un entraînement physique rigoureux à ses filles. Non seulement il les avait inscrites à des cours de natation, mais, chaque matin, il les réveillait et, ensemble, ils faisaient leurs exercices, une vraie corvée pour les filles. Après un bon petit-déjeuner, le père et ses filles quittaient la maison, l'un pour son bureau et les autres pour l'école. Vers huit heures enfin, le silence s'installait dans la maison. Sonia, restée seule, se rendait avant toute chose chez Néné pour son café matinal avec les voisines. Une fois le café bu et les potins échangés, elle se mettait au travail, à commencer par les achats quotidiens. Et comme à l'accoutumée, elle perdait toujours la majeure partie de son temps dans les queues, même si la longueur des files devant les magasins avait considérablement raccourci, comparativement aux années passées.

Exactement à deux heures de l'après-midi, Marianne rentrait de l'école suivie d'Astrid. Une fois le dîner pris et les devoirs terminés, les filles descendaient dans la rue pour jouer jusqu'au retour de leur père aux environs de six heures[1].

L'heure du souper en famille était le moment préféré des enfants où, dans une ambiance décontractée, chacun racontait sa journée. Il s'ensuivait toujours une discussion animée. Après quoi, les enfants retournaient jouer dehors, laissant leurs parents en tête à tête. Certains soirs, le couple rendait visite à des amis ou bien en recevait et, devant une tasse de café, ils passaient leur soirée à discuter généralement de politique.

---

1. La durée de travail en 1955 en URSS était de 47,8 heures par semaine (à raison de six jours).

C'est ainsi que le couple Marikian parvint graduellement à se créer une vie normale dans un pays où rien n'était normal. Joseph détestait toujours ce régime et il restait inexplicablement muet devant les questions de ses amis touchant sa vie dans les camps de concentration. Il expliquait son mutisme par un refus de revivre la douleur de ces souvenirs pénibles. Vivant forcément la réalité soviétique, Joseph contenait quand même sa révolte intérieure. Son silence était conscient, voulu : sa famille ne supporterait pas d'autres représailles...

Un soir, alors qu'il était entouré d'amis, Joseph, sous l'effet de quelques verres, mit fin à la discussion centrée surtout sur la propagande soviétique, en ces termes :

— Se révolter ou s'adapter, nous n'avons guère d'autre choix dans la vie. J'imagine qu'en vivant longtemps dans cette prison à ciel ouvert, le peuple soviétique s'est si bien adapté à la situation qu'il se soumet volontairement au gouvernement en devenant son complice et en permettant que s'accroisse sa puissance. À n'importe quel moment, la radio de l'État nous vend une illusion. Et que nous le voulions ou non, un jour, nous, les nouveaux arrivants, nous accepterons cette illusion comme si elle était réalité. Et les vraies horreurs qui se dérouleront non loin de chez nous ne pourront rien changer dans notre âme tout imprégnée de cette illusion. Je trouve donc inutile d'évoquer les injustices présentes devant lesquelles nous sommes, de toute façon, démunis.

Ce même soir, après leur retour à la maison, Joseph avoua à Sonia que son seul désir était d'oublier la Sibérie et de tout faire pour rendre ses filles heureuses en leur donnant les outils nécessaires pour être capables de contrer toutes les éventualités.

***

Un jour, Marianne rentra en pleurant après une bagarre avec un petit camarade. Joseph essuya les larmes de sa fille et lui dit :

— Écoute-moi bien. Tu es déjà une grande fille et tu dois régler tes problèmes toute seule. Je veux que tu sois forte. Si quelqu'un te frappe, ne reste pas passive : frappe en retour deux fois plus fort. Je veux t'apprendre un truc que j'ai appris dans le camp.

Et, se levant, il montra à sa fille comment faire agenouiller un assaillant en lui tordant le bras. À partir de ce jour, au moins une fois par semaine, tenant sa fille par la main, Joseph se rendait chez la famille du «blessé» pour s'excuser et tout de suite en sortant, il ne manquait jamais de féliciter sa fille, au grand désespoir de Sonia.

Les difficultés rencontrées par Joseph avec sa fille aînée étaient d'un ordre différent. Astrid, qui avait d'excellents résultats scolaires, était un vrai casse-tête pour ses professeurs. Elle qui comprenait très vite les leçons s'ennuyait et ne cessait de déranger les cours par son bavardage continuel. Mais cela n'était pas tout. Étant la meneuse de sa classe, elle arrivait toujours à convaincre ses camarades de sécher les cours et, sous sa direction, d'aller assister aux répétitions des artistes du cirque dont l'immense édifice se trouvait juste à côté de son école. Et les professeurs, fatigués des rencontres inutiles avec Sonia, exigèrent souvent une entrevue avec Joseph. Voulant à tout prix voir ses filles fortes, très bien éduquées et prêtes à faire face à toute éventualité, Joseph leur disait souvent : «Tout ce que vous comptez faire dans la vie, vous devez bien le faire. Soyez excellentes dans vos études et plus tard dans votre travail. Que vous soyez médecin ou femme de ménage, peu importe. Faites bien votre travail et soyez toujours la meilleure dans le domaine choisi, car beaucoup de choses sont pardonnées au gagnant.»

Joseph n'avait pas oublié sa nièce Anna. Dès son retour du camp, il avait tenté plusieurs fois, mais vainement, d'entrer en contact avec elle. Anna, entièrement absorbée par son amour de la danse, ne se consacrait qu'au ballet et à la chorégraphie, au plus grand regret de son oncle. Mais ce qu'il ne savait pas, c'est qu'avec les années, un petit rapprochement deviendrait enfin possible.

Le temps passait. Les mois s'écoulaient sans incidents majeurs. Les enfants étudiaient, Joseph travaillait et Sonia, sans effort particulier, assurait l'harmonie de sa famille. Sur l'initiative de Joseph, une fois par mois, quelques couples d'amis se réunissaient chez l'un ou chez l'autre. Chacun apportant un mets, ils arrivaient à bien garnir la table, et la soirée se déroulait dans une ambiance gaie ; les couples dansaient et parfois chantaient accompagnés d'une guitare ou d'une mandoline.

***

Le mois de février 1956 arriva. Étrangement, pas un flocon de neige n'avait touché le sol depuis le mois de novembre, et un soleil radieux était au rendez-vous presque tous les jours. La terre s'amollissait et l'on voyait même sur quelques arbres se former déjà de petits bourgeons prêts à éclater. Mais juste avant que ces bourgeons ne s'épanouissent, un incident, qui eut l'effet d'une bombe, éclata lors du XXe Congrès du Parti communiste.

N. Khrouchtchev, le premier dirigeant d'alors, osa critiquer sévèrement, pour la première fois, la période stalinienne avec ses purges et les erreurs de la politique économique. La radio et les journaux ne cessaient d'évoquer les pages noires de l'histoire soviétique et de décrier ce culte de la personnalité qui avait prévalu si longtemps. Du coup, les portraits de ceux qui furent les bien-aimés du peuple, Staline, Beria et plusieurs autres, disparurent soudain de la circulation. L'être qui, durant presque 30 ans, s'était occupé de la destinée des gens, s'avérait tout à coup un monstre sanguinaire qui éliminait, jugeait et emprisonnait des millions de gens, le plus souvent sur des prétextes imaginaires.

Mais malgré le geste et les propos courageux de M. Khrouchtchev, le peuple soviétique ne cessait de se demander : « Mais où étiez-vous donc, vous les dirigeants du parti ? Que faisiez-vous à ce moment-là ? » Et évidemment, personne n'obtenait de réponse.

Après cette révélation tardive, une ère nouvelle commença pour le peuple soviétique avec des changements importants économiques, politiques et culturels. Leur niveau de vie progressait lentement, mais de façon évidente[1].

***

C'était la fin du mois de novembre 1959, mais la nature était déterminée à garder pour quelque temps encore toute sa parure d'été, plus éclatante avec le changement automnal de couleurs. Les feuilles rouges, jaunes, brunes et vertes, comme un jeté multicolore, couvraient les arbres. Le soleil, quoique ayant perdu un peu de son ardeur, continuait à être présent chaque jour dans un ciel sans nuages, et les soirées étaient douces.

Dans le petit jardin des Meynazarian, sous les arbres, quelques couples d'amis étaient réunis devant une bouteille de cognac arménien. La conversation, quoique animée, se déroulait calmement. Parmi ce groupe se trouvait aussi le couple Hovannes Nazarian. Hovannes était un bel homme de 40 ans, à la carrure imposante. Il était le fils d'un rescapé du génocide. Après quelque temps passé dans la prison d'État à la suite de ses démêlés avec la *Finbajine*, il était devenu un anticommuniste endurci. Sa femme, Ophik, autre habituée du café matinal chez Néné, s'était liée d'amitié avec Sonia. D'un commun accord, les deux amies décidèrent alors d'organiser une rencontre entre leur mari, vu les affinités qui pourraient unir chacun. Joseph et Hovannes devinrent effectivement deux amis inséparables. Souvent, après une partie d'échecs ou bien de trictrac, ils restaient des heures entières à discuter des nouvelles entendues en cachette sur les ondes de la BBC ou à analyser les passages trouvés dans l'Ancien Testament. Selon Joseph et Hovannes,

---

1. La durée hebdomadaire du travail fut réduite à 40,7 heures. L'âge de la retraite fut fixé à 60 ans pour les hommes et à 55 ans pour les femmes. Le salaire minimum augmenta, mais resta toujours inférieur à l'augmentation du prix du beurre et de la viande. Le problème du logement commença à se résoudre avec la construction massive de maisons à plusieurs étages et d'appartements de la taille d'une boîte d'allumettes. Un allègement de la censure donna enfin de l'espoir à la liberté de création.

ces passages indiquaient clairement la fin « d'un monstre rouge de 16 cornes », c'est-à-dire la fin de l'Union soviétique. Et très fiers de leur découverte, les deux amis entretenaient leur espoir d'assister un jour à la ruine de ce régime.

C'est ce soir-là que, pour la première fois, Joseph consentit à évoquer, devant ses amis, ses souvenirs du camp. Durant une heure entière, il fut le seul à parler. À la fin de sa longue histoire, il ajouta :

— Eh oui, c'était un combat quotidien pour la survie, et chacun de nous se débrouillait selon ses moyens.

Un long et lourd silence s'abattit sur le groupe. Chacun était perdu dans ses pensées. Ophik, qui n'avait pas cessé de hocher la tête tout au long du récit terrifiant de Joseph, brisa le silence pour demander :

— Mais à qui la faute ?

— Je crois, répondit M. Meynazarian, que tout cela a été fait au nom de cette utopie créée par Marx, utopie de l'égalité, du partage des ressources humaines et économiques à l'échelle d'un pays…

— Croyez-vous que toute cette calamité vécue par le peuple soviétique est la responsabilité d'une seule personne ? Que si quelqu'un d'autre avait été à la place de cet *hannibal*, le cours de l'histoire aurait été autre ? demanda Lucie en jetant un regard interrogatif autour d'elle.

Et là, quelques voix s'empressèrent de répondre par la négative. Hovannes, secouant l'index, intervint :

— Non, je ne crois pas que le déroulement de l'histoire soviétique et, d'ailleurs de n'importe quelle histoire, soit la création et la résultante d'un seul individu. Ce processus avec purges, autoritarisme, arrestations arbitraires et le reste est un produit conforme à la révolution. Cette révolution bolchevique était une utopie et, pour l'entretenir, n'importe quel individu placé à la tête du pouvoir devenait, automatiquement, un autre Staline ! Et…

— Mais qu'est-ce que le peuple pouvait et peut faire ? coupa M. Nercissian.

— Tu oublies une chose, mon ami, répondit Joseph. Ce peuple participait à ce processus. Il était à la fois le bourreau, l'aide du bourreau et la victime du bourreau. Le peuple soviétique s'était identifié à Staline…

— C'est vrai, reprit Guévork. Si la guerre a été gagnée, elle était pour Staline et grâce à Staline… D'ailleurs, j'ai lu quelque part que la vraie puissance d'un gouvernement réside moins dans sa force que dans la soumission volontaire de ceux qui lui obéissent, termina Guévork.

Et la conversation se poursuivit ainsi jusqu'à tard dans la nuit.

Le lendemain, Sonia avait reçu la lettre de Zi dans laquelle elle annonçait la mort de leur père, Vahan. Avec une immense peine, Sonia revécut, à l'aide des photos, les jours joyeux en compagnie de son père, cet homme si chaleureux et si doux…

***

On en était au mois de septembre de 1961. La famille Marikian au grand complet assista aux funérailles de Dédé. Sonia, debout à côté de Perdjouhi, pleurait la mort de celui qui était devenu son second père.

Tout au long de ces années, la famille Tchakmadjian était restée proche de Sonia et de Joseph. Cette amitié fut même consolidée le jour où le couple Marikian devint parrain et marraine de deux enfants de Garbis. D'ailleurs, l'amitié qui liait les familles rapatriées de la 1re rue de Kilikia resterait toujours solide.

CHAPITRE 34

Le départ pour le Canada

À partir des années 1960, une légère brise de liberté soufflait sur l'URSS. Les gens commençaient à voyager plus librement à l'intérieur du pays et même à aller visiter les pays socialistes. Un tout petit relâchement de la censure dans la culture avait permis aux cinéastes de dévoiler les horreurs de la période noire dans leurs films. Certains auteurs de l'ouest bannis depuis longtemps commencèrent à être publiés. La vie des soviets s'améliorait graduellement.

On pouvait se procurer plus facilement des denrées essentielles comme du sucre, du beurre et de la viande introuvables depuis fort longtemps. Les files devant chaque magasin avaient presque disparu, permettant ainsi aux gens d'avoir un peu de répit.

Cette «abondance» avait permis à quelques familles du voisinage des Marikian d'organiser des dîners cosmopolites: chaque premier dimanche du mois, une famille préparait les mets de son pays d'origine. Ainsi, tout le monde avait la chance de goûter de délicieux plats égyptiens, français, iraniens, syriens, américains...

***

Au mois de décembre 1962, après une longue attente, la famille Marikian obtint enfin de l'État un appartement au quatrième étage d'un immeuble nouvellement construit. L'appartement avait deux pièces, dont l'une servait de chambre à coucher pour les filles et l'autre, le salon, se transformait en deuxième chambre à coucher dès la nuit tombée. Il y avait aussi une cuisine, une salle de bains et deux petites chambrettes obtenues après la fermeture et la séparation du balcon par un mur. Même si l'appartement n'était pas très grand, la famille, comme toutes les autres familles dans la même situation, se considérait privilégiée de posséder enfin son propre chez-soi.

***

Un an plus tard, Joseph atteignit la cinquantaine, un âge qu'il n'aurait jamais cru atteindre. Il trouvait qu'il avait réussi à avoir une vie paisible et avait créé une famille unie et heureuse, un rêve qu'il avait nourri inlassablement alors qu'il était au camp.

Depuis deux ans déjà, Joseph travaillait comme chef comptable au ministère de la Santé, dans la section «pharmacie». Malgré ses énormes responsabilités, étant donné qu'il devait s'occuper de la comptabilité de toutes les pharmacies éparpillées sur le territoire arménien, il aimait son travail et lui était entièrement dévoué. Joseph avait aussi une autre raison d'apprécier son poste: il voyageait partout en Arménie et apprenait ainsi à connaître ce pays qu'il adorait. Progressivement, la rancune qu'il nourrissait à l'endroit de sa patrie finit par céder la place à un sentiment de paix. Son âme accepta enfin que le minuscule pays de ses ancêtres fît désormais partie intégrante de sa vie. D'ailleurs, Joseph ne vivait plus les mêmes tumultes d'antan. La révolte profonde contre le régime qui l'avait tant torturé avait perdu déjà de son intensité. Le petit confort qu'il avait pu créer autour de lui l'empêchait de s'enflammer devant les mensonges toujours véhiculés par le Parti communiste. Et ce n'était que lors de compétitions transmises à la télévision entre des équipes soviétiques et occidentales, quels que soient le pays et la discipline, que Joseph donnait libre cours à ses sentiments antisoviétiques. Sa jouissance démesurée, après une victoire de l'équipe étrangère, suscitait toujours une réaction vive de la part de ses filles et engendrait immanquablement une discussion bruyante et animée entre les deux partis. Et Sonia, située au milieu, jouait son rôle de modératrice. En effet, cette dernière était la gardienne de l'harmonie de la famille, son pivot. Elle était toujours là pour apaiser, réconforter et encourager ceux qu'elle chérissait le plus au monde. Elle était entièrement dévouée à ses enfants. Soucieuse de leur confort et de leur bien-être, Sonia leur épargnait au maximum les corvées ménagères, à condition qu'elles poursuivent leurs études avec sérieux. Mais en même temps, elle était au courant de tout ce qui passait dans leur vie. De leur plein gré, ses filles l'informaient généralement de leurs déplacements et de leurs fréquentations. C'est ainsi que Sonia arrivait avec amour et discrétion à diriger son petit monde, sans rien laisser paraître, permettant à Joseph de se sentir toujours le maître de la situation.

**

En 1964, après avoir terminé le secondaire avec la médaille d'or, Astrid étudiait la physique de l'Université d'Erevan. À 20 ans, c'était une belle fille, très dynamique, toujours entourée d'amis. À part ses études, Astrid était impliquée dans plusieurs activités variées: elle chantait dans le chœur de l'université, suivait des cours de gymnastique rythmique, ne manquait jamais un événement artistique sur les scènes théâtrales, escaladait des montagnes… Pour son âge, elle était très mûre politiquement. Ne possédant aucune information sur d'autre régime gouvernemental et élevée dans le système soviétique, elle sentait quand même toute la futilité et les mensonges de la propagande pompeuse du parti et du *Komsomol*. Sans être vraiment politiquement engagée, elle se joignit néanmoins aux nombreux Soviétiques devenus totalement indifférents à la construction de l'«avenir radieux». Le seul acte antirégime commis par Astrid fut son refus catégorique de devenir membre du *Komsomol*, étant ainsi une des rares opposantes parmi la jeunesse arménienne. C'était un acte réfléchi, basé sur ses convictions.

Marianne, à son tour, se tenait très occupée. À 15 ans, elle poursuivait encore ses études secondaires et faisait partie de l'équipe nationale arménienne de plongeon. Elle voyageait donc beaucoup pour des compétitions qui avaient lieu partout en URSS. Malgré ses fréquents déplacements, c'était une excellente élève, toujours téméraire, garçon manqué et rebelle. Ce côté du caractère de Marianne exaspérait toujours Sonia, qui attendait patiemment que sa fille cadette sortît enfin de son adolescence.

**

C'était une journée printanière de 1969. Après une pluie torrentielle qui s'était abattue sur Erevan, le ciel se dégagea et le soleil put sécher les petites mares d'eau dans les nids-de-poule toujours abondants dans les rues de la ville. Les rues d'Atchapnyak, un nouveau quartier d'Erevan, qui s'étaient vidées au moment des averses, reprirent leur rythme habituel. Partout, on entendait, en plus des klaxons, les cris joyeux des enfants mêlés aux discussions animées de quelques adultes passionnés par un concours de trictrac et aux bribes de conversations, échangées aux fenêtres, de deux voisines, d'un immeuble à l'autre.

Ce bruit incessant qui montait de la rue ne dérangeait nullement Sonia qui lisait à

haute voix, devant toute sa famille, la dernière lettre de Zi dans laquelle elle annonçait sa prochaine visite en Arménie (depuis que la correspondance avec l'étranger s'était améliorée, Sonia recevait régulièrement des lettres de sa sœur et de son frère Lévon, tous deux installés au Canada, à Montréal, depuis 1963. Ce dernier s'était déjà marié et avait une petite fille, Lenya, née en 1960).

Sonia nageait en plein bonheur: son rêve se réaliserait enfin. En effet, Sonia n'avait cessé d'espérer qu'un jour, sa famille et elle retrouveraient aussi la liberté comme leurs amis les Meynazarian et les Kouyoumdjian, qui après des difficultés et des années d'attente, avaient réussi à obtenir un visa de sortie et à retourner dans leur pays d'origine[1].

Ne doutant pas que sa sœur ferait tout pour les faire sortir d'Arménie, Sonia commença, à partir de ce jour-là, à préparer le terrain et à remettre sur le tapis la question de leur éventuelle émigration.

Astrid, ravie de revoir bientôt sa tante dont elle gardait un vif souvenir malgré le temps écoulé depuis leur dernière rencontre sur le quai d'Alexandrie en 1948, se leva après que sa mère eut fini de lire la lettre et, s'excusant, quitta la maison pour un rendez-vous très important. À 25 ans, c'était la première fois que son cœur battait à la folie chaque fois qu'elle pensait à ce jeune homme qui travaillait dans le même institut qu'elle.

Après avoir terminé avec excellence ses études de physique théorique, Astrid n'avait pas pu obtenir le poste tant convoité dans un institut de recherche de physique nucléaire d'Erevan, dont le programme de travail était considéré un secret militaire. Or, étant la fille d'un *aghpar*, elle devait sûrement avoir de la famille en Occident. De surcroît, elle était aussi la fille d'un ex-prisonnier politique. Et pour toutes ces raisons, sa candidature pour un *dopousk** avait été rejetée. Changeant donc le profil de sa profession, Astrid, comme tous les autres diplômés de l'immense territoire soviétique, consacrait une grande partie de ses journées de travail à jeux variés : Croix et cercle, Bataille navale, Monopoly et plusieurs autres encore.

***

Puis, vint un dimanche, soit le lendemain d'une visite de l'ami d'Astrid, Sarkis Baybourtian, à un souper familial. Les

---

1. Après l'ouverture «des portes», c'est-à-dire quand le régime soviétique eut partiellement ouvert ses frontières aux étrangers et eut facilité l'obtention de visas vers l'occident pour ses citoyens, plusieurs Arméniens, invoquant le regroupement des familles, ont pu quitter l'URSS.

Marikian prenaient leur déjeuner en silence, une rareté pour la famille. On sentait une fébrilité dans l'air.

Sarkis Baybourtian était un jeune homme de 29 ans. C'était un beau garçon à la peau légèrement foncée, des paupières tombantes, des yeux bruns plutôt rapprochés, des lèvres bien dessinées, un nez de taille et de forme très acceptables, un corps athlétique. Avec son regard perçant, Sako ne passait jamais inaperçu. Il aimait tout ce qui touchait la vitesse, étant lui-même le champion de karting de l'URSS. Il avait d'excellentes mains pour fabriquer des meubles de haute qualité durant son temps libre, mais il aimait aussi la photographie et travaillait à l'Institut de physique à titre de photographe. Il était très respecté par ses amis et il détestait particulièrement être contredit.

La veille avait donc été la première visite de Sarkis chez les Marikian, et Astrid attendait alors impatiemment le verdict de la famille. Marianne trouvait Sarkis beau. Joseph, silencieux, pesait ses mots avant de donner son avis et Sonia, connaissant la réponse de Joseph et partageant l'avis de son mari, ne voulait pas peiner sa fille.

Une fois le petit-déjeuner fini, Joseph s'installa dans son fauteuil, alluma son cigare, invita Astrid à s'asseoir près de lui et lui dit :

— C'est un charmant garçon, mais… il n'est pas pour toi. Je sais que j'agis comme tout père qui trouve que sa fille vaut mieux. Mais tu vois, je pense que tu auras beaucoup de problèmes avec lui. C'est quelqu'un qui a un caractère fort, ce qui n'est pas mauvais en soi. Mais si cela est mêlé à une envie démesurée de dominer, et c'est ce que je pense avoir décelé chez lui, alors ma fille, gare à celui qui sera à ses côtés, avertit Joseph.

Et, se levant, il continua à parler en faisant les cent pas.

— Mais nous parlons de ta vie, et la décision finale t'appartient. Réfléchis encore… Donne-toi du temps.

S'arrêtant devant sa fille, Joseph souleva le visage attristé d'Astrid pour ajouter ceci :

— Je sais aussi qu'aucun argument n'est valable devant l'amour ou ce qu'on pense être l'amour, car l'amour, vois-tu, est toujours le plus fort…

***

Le 19 du mois d'août 1969, l'aéroport d'Erevan était plein à craquer. Les Marikian, entourés de leurs amis anciens et nouveaux, attendaient l'arrivée de Zi. Debout à côté de sa femme, Joseph jetait des regards sur elle en répétant : « Calme-toi… Ça va aller. Calme-toi… » Le sourire figé, Sonia serrait le bras d'Arpik, son amie et voisine avec qui elle partageait toujours ses peines et ses joies.

De l'autre côté de ce groupe, légèrement appuyée contre Sako, Astrid regardait le ciel, perdue dans ses pensées. Un peu plus loin, Marianne discutait, entourée de ses amis.

Dès que l'avion atterrit, tout le monde se rua vers la passerelle de l'avion. Quelques minutes plus tard, une très belle femme, extrêmement élégante, descendit les marches : c'était Zi. Astrid, folle d'impatience, se jeta dans les bras de sa tante alors qu'elle se trouvait encore sur les marches. Puis, c'était le tour de Sonia de serrer enfin dans ses bras sa sœur qu'elle n'avait pas revue depuis 21 ans. Durant un court instant, leur vie passée ensemble traversa l'esprit des deux sœurs : leur enfance, leurs parents disparus, leurs peines… Les larmes coulaient abondamment mêlées aux rires et aux exclamations. Puis après Joseph, ce fut le tour de Marianne qui, en serrant sa tante pour la première fois, savait qu'elle l'adoptait pour toujours. Et une fois à la maison, tout le monde, devant une grande table bien garnie, se laissa transporter par la joie.

Les deux premières semaines passèrent à une vitesse vertigineuse. Tout ce qu'on pouvait visiter et admirer en Arménie était au programme : le plus beau lac de Sevan, l'église taillée dans les rocs à Gheghard, Maténadaran, où étaient gardés des manuscrits millénaires, le temple païen de Garni… Même le recueillement sur la tombe de Néné, pour rendre hommage à cette femme qui n'avait jamais abandonné Sonia dans sa détresse, n'avait pas été oublié.

Sarkis accompagna la famille dans tous ses déplacements. Zi l'avait beaucoup apprécié et sachant le sérieux de l'attachement des amoureux, elle voulut absolument être présente au futur événement important. Et elle réussit à convaincre Astrid et Sako, ainsi que Joseph, de célébrer les fiançailles du nouveau couple. La date fut fixée deux jours avant le départ prévu de Zi. En attendant, sorties et réceptions se succédaient, jour après jour, suivies, dès le soir, de longues conversations en famille.

Zi trouvait, au grand étonnement d'Astrid et de Marianne, que les conditions dans lesquelles vivait la famille étaient lamentables, que le manque de choix dans les magasins était inimaginable et que la pauvreté, d'une façon générale, était inacceptable. Forte de ses arguments, d'ailleurs non valables aux yeux des filles, Zi n'arrêtait pas de proposer à la famille d'émigrer. Mais la réaction des membres de la famille était loin d'être unanime. Sonia partageait les arguments de sa sœur et était prête à quitter le pays. Joseph, prudent, disait qu'avec l'âge, on s'habituait à ce genre de vie où la majorité des gens partageaient les mêmes problèmes et vivaient dans la même situation.

Astrid et Marianne étaient carrément contre. Elles aimaient leur vie et ne voulaient pour rien au monde plonger dans l'inconnu. Marianne étudiante à l'université en biologie et qui, tout en poursuivant ses études, n'arrêtait pas, avec ses amis, de parcourir, sac au dos, les montagnes de son beau pays, ne voulait à aucun prix quitter son Arménie et ses amis pour quelques biens matériels introuvables dans son pays. Mais Zi ne se décourageait pas si facilement, et, chaque soir, le même sujet revenait sur le tapis…

Après les fiançailles d'Astrid et de Sako, le jour du départ de Zi arriva. Sonia, serrant sa sœur dans ses bras, savait qu'elle la reverrait bientôt, et cette certitude diminuait la tristesse de leur séparation. Zi ne manqua pas de crier vers la famille, juste avant d'entrer dans l'avion : « On se verra tous au Canada ! » Quelques minutes plus tard, la visite de Zi entrait déjà dans le passé.

***

Exactement deux mois plus tard, on célébrait le mariage d'Astrid à l'église Sourp Sarkis d'Erevan. Se marier à l'église restait encore tabou dans le pays des soviétiques. Mais l'adoucissement du régime avait donné le courage à Astrid, ainsi qu'à sa famille, de suivre le rituel ancestral.

L'église était pleine à craquer, car cet événement exceptionnel avait attiré une foule de curieux. Sonia et Joseph assistaient avec émoi à la cérémonie entourés de leurs amis. Après une petite réception dans le minuscule appartement des Baybourtian, le nouveau couple partit en voyage de noces à Sotchi. Puis le lendemain matin, Marianne retrouva ses parents encore dans leur lit qui, avec les yeux mouillés, écoutaient la chanson d'Aznavour *Je sais qu'un jour viendra*.

Le temps passait.

La famille Marikian s'était élargie. Très souvent, les nouveaux mariés passaient leur soirée avec la famille. Sonia et Joseph acceptèrent leur gendre avec bon cœur et le considérèrent comme le fils qu'ils n'avaient jamais eu. Dans chaque conversation, Sonia glissait les noms de familles qui avaient nouvellement quitté l'Arménie pour tel ou tel pays et estimait qu'ils resteraient bientôt seuls, sans amis. Joseph écoutait, mais, le plus souvent, ne réagissait pas, au grand regret de sa femme.

Un soir, alors que Sonia avait de nouveau engagé la discussion sur son sujet préféré devant la famille réunie, Joseph rompit enfin le silence et répondit à sa femme :

— Je sais que ton seul désir est de retrouver ta sœur et ton frère. Mais n'as-tu jamais pris en considération ce que nous allons perdre en quittant l'Arménie? Dans quelques années, je vais être à la retraite. Nos filles sont déjà mûres et ont organisé leur vie. Ici, nous n'avons plus aucune responsabilité et nous pouvons vivre paisiblement. Au Canada, nous serons obligés de recommencer à zéro. Ma très chère femme, penses-tu que nous aurons suffisamment d'énergie pour cela?... D'un autre côté, continua Joseph, je me rappelle très bien ma promesse faite, il y a 22 ans, dans des circonstances particulières. Aujourd'hui, tout est changé. D'ailleurs, la vie au Canada ne serait pas de tout repos, comme tu essaies de t'en convaincre.

Et, se levant, Joseph alluma lentement son cigare. Tous les quatre attendaient qu'il finît ce rituel et qu'il continuât.

— J'admets, avoua Joseph en reprenant la conversation, que nous aurions des tas de biens matériels, que nous trouverions facilement de tout dans les magasins, que nous nous habillerions un peu mieux, mais est-ce vraiment nécessaire?…

— Et la liberté? demanda Sonia.

— Oh, la liberté! J'avais oublié cela, ricana Joseph. Mon amie, tu ne trouveras cette liberté nulle part. Nous sommes tous endoctrinés pour vivre cette liberté avec des restrictions. D'ailleurs, j'ai toujours cru que ce mot faisait bon ménage avec la jeunesse, avec ceux qui veulent changer les choses et ont suffisamment d'énergie et de temps devant eux pour le faire. Mais toi et moi…

— Alors accepte cela au moins pour tes filles! reprit vivement Sonia.

Un petit sourire sur les lèvres, Joseph s'adressa à Astrid et à Sako en leur demandant leur avis. Tous les deux répondirent qu'ils préféreraient d'abord voir de leurs yeux un pays capitaliste pour pouvoir donner leur réponse. Quant à Marianne, elle était confuse. Et Joseph mit fin à ce sujet déchirant en prononçant les mots que Sonia attendait depuis fort longtemps:

— Sache qu'à contrecœur, mais pour l'amour de toi et aussi pour honorer ma promesse, j'accepte que tu fasses la demande d'émigration pour le Canada quand tu voudras.

Le soir même, Sonia écrivit une longue lettre à sa sœur dans laquelle elle la priait d'envoyer, pour commencer, deux visas touristiques pour sa fille et son gendre.

Joseph, de son côté, à peine eut-il donné son consentement pour leur départ, se trouvait dans un tourment. Il se rendait compte de l'absurdité de la situation, de ce revirement de circonstances qui l'obligèrent à prendre une décision fondamentalement opposée à celle prise à peine 20 ans auparavant. Pendant des jours, il essaya de trouver des réponses à ces contradictions. Tantôt, il se trouvait fautif, mais l'instant d'après, il rejetait la responsabilité sur le destin qui décidait des événements à son insu… Mais peu importe la réponse, Joseph savait qu'il était obligé, encore une fois, de reprendre le même bâton de diaspora, mais cette fois-ci, au déclin de sa vie.

Résigné, Joseph se concentra surtout sur la joie qu'éprouvait Sonia à l'idée de retrouver sa famille, sur cette liberté que, probablement, il était entrain d'offrir à ses enfants...

***

Le 13 septembre 1970 fut une journée émouvante pour Sonia et Joseph : ils étaient devenus les grands-parents d'une petite fille, d'un ange selon les mots de la nouvelle grand-maman.

Dès sa sortie de l'hôpital, Anna devint le petit ange préféré de Sonia qui s'occupa de sa petite-fille, dès la fin du congé de maternité d'Astrid. Sonia était devenue infatigable et n'arrêtait pas un seul instant durant la journée : elle s'occupait d'Anna, faisait le marché, lavait, nettoyait, toujours avec le sourire, assurant ainsi, comme toujours, le bien-être de sa famille. Le soir venu, dès qu'Astrid reprenait sa fille, Sonia pouvait enfin se reposer.

***

Deux ans passèrent. Au mois de mai 1972, Astrid et Sako quittèrent Erevan pour passer un mois de vacances à Montréal. À son retour, le couple avait en main les documents nécessaires de l'immigration canadienne pour les familles Marikian et Baybourtian. Mais, à la dernière minute, Sako, quoique ébloui par tout ce qu'il avait vu à Montréal, préféra attendre d'abord l'obtention du visa de sa belle-famille. Car dès le moment où un visa de sortie définitive avait été demandé, on se trouvait sur la liste noire des autorités soviétiques.

Sonia était évidemment peinée de l'éventualité de se séparer de sa fille aînée et de son ange, mais elle entama tout de même les procédures, espérant qu'un jour son gendre changerait d'avis.

En attendant la réponse, la famille continua à vivre sans changer quoi que ce soit dans ses habitudes, sachant qu'elle pouvait très facilement être refusée, vu l'arrestation de Joseph.

Ce dernier craignait aussi que la bureaucratie soviétique, présente à tous les niveaux gouvernementaux, fasse perdre des années à sa famille et à lui avant l'obtention du visa de sortie.

Sonia continuait à s'occuper de sa petite-fille. Souvent, elle partait avec elle à Tbilissi, chez Kata, où elle passait une ou deux semaines avec son amie.

Joseph continuait à travailler. Il adorait sa petite-fille, et sa fatigue de la journée disparaissait dès qu'il voyait le sourire espiègle de la petite Anna…

Marianne, qui travaillait déjà à l'Institut de médecine, continuait à profiter de son temps en attendant, habitée de sentiments contradictoires, la réponse de l'émigration. Car avec l'âge, sa façon de voir les choses avait aussi changé. Elle rêvait de vivre d'autres expériences, de voir de nouveaux pays, de lire des livres qui ne sortaient pas d'un *samizdad** et de s'habiller, pourquoi pas, comme les mannequins qu'elle voyait dans des magazines occidentaux qui rentraient clandestinement au pays. Paradoxalement, elle partageait entièrement l'avis d'Astrid que quitter l'Arménie c'était, en quelque sorte, trahir son pays et ses racines.

***

Le 23 décembre 1974, le visa de sortie arriva après huit mois d'attente. Curieusement, ce fut la réponse la plus rapide qu'une famille dans les mêmes circonstances pouvait espérer[1].

Les sentiments de chacun des membres de la famille étaient mitigés: à la joie se mêlait la tristesse. L'idée de se séparer à jamais de tout ce qui faisait partie de leur vie surgissait souvent dans leur esprit et les déprimait. Comment pouvaient-ils quitter leurs amis proches et lointains, avec qui ils avaient rempli des pages de souvenirs? Comment se séparer de cette ville de couleur rose, dont les rues garderaient à jamais les

---

1. Généralement, la réponse de ce bureau, quelle qu'elle fût, arrivait au bout de trois à cinq ans. D'ailleurs, le nombre de familles *refuzniks* (celles qui ont vu leur visa de sortie refusé) était majoritaire.

morceaux de leur passé, de ce pays tout petit, mais tant aimé pour ce vaste inconnu qu'on nommait le Canada?

Le 25 février 1975, Astrid, son mari Sako et leur petite fille accompagnaient les Marikian à Moscou. À l'aéroport de Shérémiétevo, Sonia, tenant Anna dans les bras, regardait avidement sa fille aînée. Ses larmes coulaient sans retenue. Des sentiments contradictoires la submergeaient et la tourmentaient cruellement. L'idée de reculer et de ne pas prendre cet avion pour éviter les mêmes tortures de séparation vécues par sa propre mère traversa sa pensée. Mais tout de suite après, l'espoir que son gendre se déciderait enfin à les suivre la calma un peu… Puis, la voix annonçant l'embarquement de l'avion d'Air Canada pour Montréal résonna dans l'aérogare.

La séparation fut émouvante, particulièrement avec Anna, le petit ange de Sonia. À l'âge de quatre ans et demi, soit l'âge qu'Astrid avait au moment de quitter à son tour sa grand-mère, Anna avait de la difficulté à saisir la signification de tous ces pleurs.

Les membres de la famille Marikian traversèrent la porte avec leurs trois valises et se présentèrent devant les officiers de douane. Ces derniers, le visage impassible, commencèrent leur fouille minutieuse. Durant deux heures, ils examinèrent consciencieusement le peu d'effets que la famille emportait avec elle. La plupart des cadeaux, une fois envoyés vers un petit bureau adjacent pour une évaluation, retournaient chez le même officier qui, avec un gros *niet*, refusait de faire sortir du pays ces objets d'une valeur «inestimable». Même les boîtes d'allumettes étaient vérifiées une à une. Cette fouille retarda considérablement le départ de l'avion d'Air Canada qui, poussé probablement par le sentiment charitable de sauver une famille, consentit à faire attendre ses passagers.

Un peu plus tard, les choses s'aggravèrent au moment du passage de la frontière. Sonia et Marianne la traversèrent, sans aucune difficulté. Mais dès que Joseph eut présenté son passeport, les portes se refermèrent immédiatement sur lui, et deux soldats armés l'entourèrent. Pensant qu'il ne sortirait pas de là, Joseph cria à Sonia, en français, de partir et de prendre l'avion sans lui. Sonia n'en croyait pas ses yeux: «Oh, mon Dieu. On ne va pas recommencer toute cette horreur…», et elle cria à son tour à son mari: «Impossible! Cette fois-ci, je viens avec toi… je ne te quitte plus.»

Une demi-heure plus tard et après plusieurs coups de téléphone, les portes se rouvrirent enfin, laissant Joseph libre de partir. Le représentant d'Air Canada qui suivait de loin l'événement se précipita vers la famille et prenant une des valises, les pria de se dépêcher. Une fois sur la marche de l'avion, Sonia savait que son espoir était en train de se réaliser.

Deux heures plus tard, après que l'avion avait décollé avec les Marikian à son bord, la famille Baybourtian quitta l'aéroport pour y revenir exactement un an et demi plus tard pour la même destination.

Épilogue

L a famille arriva au Canada le 25 février 1975 et passa les deux premiers mois chez le frère de Sonia. Lévon et son épouse, Nvart, avaient décidé de les héberger, voulant épargner aux nouveaux arrivants une immersion hâtive et brutale dans leur nouvelle vie.

Les premiers jours passés par le couple Marikian sur le sol canadien se déroulèrent paisiblement dans une atmosphère de retrouvailles longues et chaleureuses avec des amis proches et lointains, ayant presque tous immigré dans les années 1960. Le sujet de discussion principal de ces soirées touchait surtout à la vie des immigrants : leurs difficultés d'adaptation, leur première expérience sur le marché du travail, certains faits cocasses engendrés par leur méconnaissance de la culture québécoise. Pour Joseph, il était intéressant de constater que les premières impressions des néo-Québécois variaient selon leur pays d'origine.

Ainsi, les immigrés de l'Égypte et du Liban qui parlaient la langue et qui pouvaient facilement entrer en communication avec des gens d'ici étaient surtout impressionnés de la serviabilité et de l'ouverture d'esprit des Québécois. Par contre, ils se sentaient rejetés par ces mêmes Québécois au moment de l'inscription de leurs progénitures dans les écoles catholiques françaises. En effet, dans les années 1960, le ministère de l'Éducation refusait ces enfants, pourtant chrétiens, mais pas catholiques, dans ses écoles en les refoulant vers les écoles anglaises, retardant, ainsi, l'intégration de toute une génération à la société québécoise.

Généralement, ceux qui arrivaient au Canada des pays du bloc communiste ne parlaient pas le français et, conséquemment, ne rentraient pas en communication directe avec des gens d'ici, et leurs premières impressions étaient plutôt liées aux aspects extérieurs de la vie québécoise. La première chose qui frappait ces gens-là et qui les mettait dans un état cataleptique, c'était surtout la surabondance de divers produits dans les magasins. Une vieille connaissance de Joseph venue d'Arménie racontait que leurs premières semaines à Montréal avaient été entièrement consacrées au lèche-vitrines dans les centres commerciaux.

Ces immigrés étaient aussi stupéfaits et consternés à la fois devant un gaspillage démesuré de la nourriture dans les petits et les grands restaurants. Selon eux, cette nourriture aurait pu facilement rassasier des milliers des gens affamés. Mais aussitôt ils avouaient que leurs préoccupations humanitaires fondaient comme par magie dès qu'ils s'adaptaient à leur nouvelle vie…

Ces nouveaux arrivants étaient aussi impressionnés par la propreté et la promptitude du transport en commun. Pour eux, voir les autobus arriver à l'heure, rouler dans les rues avec les portes fermées, sans aucun passager accroché sur les marches à l'extérieur, c'était du jamais vu. Joseph n'oubliera pas la petite mésaventure d'un ami dans un autobus. Cet homme, deux jours après son arrivée, devait se présenter au bureau d'immigration, rue Jean-Talon. Croyant être en possession d'une passe hebdomadaire, il présenta au conducteur son passeport rouge et lui nomma la rue où il désirait se rendre. Le chauffeur, après avoir dévisagé le passeport et son détenteur, lui montra la boîte de monnaie. L'Arménien n'avait rien compris et jetant quelques regards à gauche et à droite, se pencha sur la boîte et lui cria : « Jean-Talon ! »

Pour Joseph, ces discussions avec la famille et les amis étaient devenues une source d'informations et aussi un point de repère entre les systèmes communiste et capitaliste. Et chaque fois, quand il essayait de comparer ces deux systèmes et, surtout, de trouver les avantages au système communiste, deux camps se formaient instantanément, et la discussion devenait plus que passionnée. Et ce n'était que tard dans la soirée que les deux groupes, voulant se quitter en paix, s'accordaient pour dire que leur adaptation sur le sol québécois serait facile et rapide, car ils étaient les représentants d'un peuple honnête, acharné au travail et attaché aux valeurs familiales.

***

Trois semaines après leur arrivée, Sonia et Marianne travaillaient déjà dans une manufacture. Trouver un emploi fut plutôt aisé pour elles, car aucune ne visait un poste bien rémunéré. La mère n'avait aucune ambition et voulait tout simplement augmenter leur pécule de 270 $ que la famille avait rapporté avec elle au Canada, une augmentation nécessaire pour pouvoir inviter sa fille aînée. Et Marianne, qui ne parlait pas un mot français, ne pouvait pas aspirer à autre chose que la manufacture.

Sonia avait enfin réalisé son rêve. Elle était auprès de sa sœur Zi, de son frère Lévon et de sa famille. En même temps, elle retrouva des amis d'Égypte et plus particulièrement Herminé. Le seul et unique désir qui l'habitait était de serrer dans ses bras Astrid, Anna et Irène, sa deuxième petite-fille qu'elle n'avait pas vue encore.

***

Au mois de mai, après avoir profité durant deux mois de l'hospitalité de Lévon et de sa famille, les Marikian louèrent leur premier appartement. Joseph s'était mis à la recherche d'un emploi dès la deuxième semaine de son arrivée et il savait très bien que cela serait ardu. Mais il était déterminé et ne fut pas découragé par les premiers refus. La seule chose qui le déconcertait, c'était la question qu'il trouvait sincèrement illogique de poser à un immigrant fraîchement arrivé: «Avez-vous une expérience canadienne?» C'est au mois de juin seulement que Joseph commença à travailler comme comptable dans une école de conduite. Désireux d'augmenter ses chances d'une meilleure rémunération, il n'hésita pas, à son âge (il avait déjà 65 ans), à suivre quelques cours aux HEC de l'Université de Montréal. Peu de temps après, il put alors être engagé comme chef comptable dans une grande entreprise où il y travailla jusqu'au jour de sa première crise cardiaque. Diabétique, souffrant d'une bronchite chronique et ayant aussi des problèmes au foie, sa convalescence dura plus d'un an et il perdit automatiquement son emploi. Ne voulant pas rester inactif, il se fit engager par Immigration Canada comme traducteur pour l'arabe, le turc, le russe, l'allemand et l'arménien, et il garda cet emploi jusqu'à sa mort.

* * *

Durant les premières années au Canada, Joseph regrettait d'avoir décidé d'immigrer. Il trouvait qu'il aurait dû finir ses jours en Arménie où il pouvait envisager une vie paisible. Sa maladie, son âge déjà avancé et surtout le fait de ne pouvoir circuler librement dans sa voiture (le permis de conduire lui avait été refusé) l'avaient rendu amer. Par conséquent, Joseph avait adopté la fâcheuse tendance à comparer continuellement les deux systèmes, sans nier pour autant tous les avantages sociaux et la liberté que lui offrait ce pays, et prenait curieusement parti pour le communisme. Il était sûr que, malgré les graves problèmes rencontrés en URSS, ce pays possédait quand même des éléments positifs. Il ne tarissait pas d'éloges sur le système éducatif soviétique, sur l'assurance d'un emploi à vie, sur les valeurs humaines véhiculées dans les écoles. Joseph était persuadé qu'en Occident, l'abondance matérielle empêchait l'expansion de la chaleur humaine et que les Occidentaux avaient remplacé «leur cœur par le dollar».

Malgré tout, Joseph se considérait un homme comblé d'être ainsi entouré des siens, surtout après l'arrivée au Canada en 1976 de sa fille aînée avec sa famille. Sans vraiment accepter son sort, il avait suffisamment de bon sens et de volonté pour ne pas plonger entièrement dans une amertume dévastatrice. Il continuait de prendre une part active à la vie familiale et à la vie en général. Il était, comme toujours, le meneur dans les conversations lors de rencontres avec ses amis, le centre d'attention dans les réunions et, immanquablement, le boute-en-train des soirées.

***

À partir de 1981, après que Marianne eut trouvé un travail stable, la situation financière de la famille s'améliora, et Joseph commença tranquillement à profiter de la vie. Il avait pris le goût de voyager avec Sonia. Lors d'un voyage en France, il revit enfin son frère Grégoire après 34 ans de séparation. Et en 1983, il reçut à Montréal son frère Jean qu'il n'avait pas vu depuis 56 ans.

Joseph mourut paisiblement dans son lit, le 10 mai 1985. Ainsi ce silence éternel mit fin à cette vie tumultueuse qui avait été la sienne.

Avec la mort de Joseph, la page la plus importante de la vie de Sonia avait été tournée et il ne lui restait que des souvenirs. À partir de 1985, Sonia vécut avec ses filles et sa petite-fille Anna (Irène étant décédée 40 jours après sa naissance), entourée d'amour et d'attention. Sonia aimait raconter ses années passées en URSS et elle le faisait sans rancune ni amertume. Elle ne s'intéressait jamais à la politique et ne participait jamais aux débats, dont son mari raffolait tant. Mais elle trouvait que les gens d'ici, insatisfaits du Canada, auraient dû aller vivre quelques années en URSS pour apprécier tout ce qu'ils possédaient.

Elle s'éteignit à l'hôpital à la suite d'une crise cardiaque le 16 décembre 1998.

***

Une semaine après leur arrivée à Montréal, Astrid, Sako et leur petite Anna s'installèrent à Québec et commencèrent sans tarder l'apprentissage de la langue française. Les huit mois passés à Québec furent pour eux une période d'immersion tranquille dans leur nouvelle vie. Durant ce temps-là, ils étaient entourés par des Québécois de souche, des gens prévoyants et attentionnés. Le couple appréciait particulièrement leur amitié avec la famille Derome qui les épaulait dans chacune leur démarche. Même la communication difficile n'avait pas empêché cette famille québécoise de prendre les Baybourtian sous leurs ailes, un geste qu'Astrid et Sako n'oublieraient jamais.

À la fin de leurs études, le couple s'établit à Montréal. Une fois près de sa famille, Astrid s'inscrivit à un programme de maîtrise au département de physique de l'Université de Montréal. Sako trouva à son tour un emploi au magasin Sears, et Anna commença ses études primaires à l'école arménienne Alex Manooguian.

Sako eut beaucoup de difficultés à s'adapter à sa nouvelle vie. Son cœur et son âme étaient restés en Arménie aux côtés de sa mère, de son frère et de ses amis de jeunesse. Avec le temps, il réussit à former un cercle d'amis, tous néo-canadiens, qui, comme lui, cherchaient désespérément l'amitié et la compassion. Un cancer des poumons l'emporta à l'âge de 45 ans le 6 mai 1985.

Après avoir obtenu sa maîtrise en sciences physiques, Astrid trouva un poste d'enseignante à l'école Maimonide. Entourée d'un corps professoral chaleureux, elle n'a jamais voulu changer d'emploi et continue toujours d'y enseigner.

Anna obtint sa maîtrise en administration à l'Université Concordia et commença à son tour à travailler. Sans jamais oublier ni ses racines arméniennes ni sa langue maternelle, elle considéra le Québec comme son pays. En 2000, elle fonda à son tour sa propre famille, en épousant un très charmant Québécois, Matthieu Sarrazin. En 2004, le couple eut son premier enfant, Hugo, qui fut inscrit, dès l'âge de quatre mois, à l'école arménienne Sourp Hagop.

***

Quand je suis arrivée au Canada, je ne parlais pas un mot français. Il a donc fallu attendre qu'Immigration Canada eût une place pour moi dans le but d'apprendre cette langue. En attendant cette ouverture, il me fallait absolument travailler. Mon tout premier travail a été celui de repasseuse dans une manufacture où je devais repasser des chemises pendant 14 heures consécutives. Oh que je détestais ce travail ! Chaque soir, après des heures supplémentaires, je rentrais à la maison avec des ampoules plein les mains, et les jambes en coton. Mais je ne pouvais pas me plaindre, car, en Arménie, j'avais promis à mon père d'être prête à faire n'importe quel travail. Alors je maudissais mentalement ce pays capitaliste qui me faisait trimer comme une damnée. Mais ce travail n'a pas duré longtemps, car, un mois plus tard, on m'a mise dehors. Je n'oublierai jamais ce jour où la patronne est venue vers moi et, après une longue tirade prononcée en français, a terminé sa phrase en disant : « Fini. » Ce mot, je le connaissais déjà, mais je ne savais pas s'il concernait juste la journée ou bien s'il mettait fin définitivement à ma carrière de repasseuse. Alors, en regardant directement la femme, j'ai répété : « Fini, fini, fini ? » Elle a acquiescé de la tête. Ainsi, au milieu de la journée, j'ai dû rendre mon tablier. Dehors, il faisait froid, et la neige tombait. Je me suis sentie seule et abandonnée. Je n'avais que 50 cents dans ma poche et j'ai décidé d'entrer dans un restaurant. Là, assise devant ma tasse de café, je me suis juré que je ferai n'importe quoi pour ne plus jamais retourner à la manufacture.

J'ai été ensuite préposée aux boissons dans la cafétéria d'un Woolworth où j'ai travaillé avec ma mère. C'était là que, pour la première fois (et la dernière j'espère) quelqu'un m'a traitée de « sale immigrante ». C'était un vieux bonhomme qui s'était présenté devant mon comptoir et, en bon Québécois, m'a dit très rapidement : « Tésacapaar » (thé, le sachet à part). Je n'ai absolument rien compris et bien poliment je lui ai demandé : « Pardon ? » Bien sûr, il a répété la même phrase, mais plus vite encore. Je suis restée figée devant lui. C'est alors qu'il a commencé à se mettre en colère et à crier des mots parmi lesquels je n'ai compris que « sale immigrante ». Je bouillonnais. Je n'en pouvais plus. Il fallait que je fasse quelque chose. Il m'était égal que l'administration pouvait m'expulser de mon travail…

J'étais prête même à être expulsée de ce pays. Alors, quittant mon comptoir, je me suis dirigée vers la table de ce monsieur et avec les deux mots français que je connaissais et le reste en arménien, je lui ai dit clairement ma façon de penser. Et comme le personnel administratif était composé d'Italiens et de Grecs, j'ai continué à travailler là jusqu'à la fin de mes études universitaires.

Après avoir terminé ma maîtrise en biologie à l'Université de Montréal en 1981, j'ai eu des difficultés à me trouver un travail convenable, car le pays était en récession. Je suis alors devenue agente d'assurances et tout en travaillant, je suivais des cours d'acupuncture. Un an plus tard, je dirigeais ma propre clinique et je gagnais suffisamment d'argent pour subvenir aux besoins de toute notre famille. J'ai voyagé souvent. Je suis même retournée en Arménie, que j'aime encore, je me suis mariée et j'ai eu le temps de divorcer aussi…

Quelques années plus tard, je suis entrée dans l'enseignement et j'y suis restée jusqu'en 2002 pour le quitter définitivement à cause des complications dues à un cancer.

Disposant de beaucoup de temps, je travaille bénévolement auprès de gens souffrant du cancer, je peins, je lis et j'essaie de passer beaucoup de temps avec le nouvel homme de ma vie, Hugo…

Aujourd'hui, je me considère chanceuse et fière d'être Canadienne et Québécoise. J'adore Montréal: cette ville m'a adoptée pour toujours.

Ainsi se termine l'histoire de ma famille, particulièrement celle de Sonia et de Joseph. Sans qu'ils soient des êtres exceptionnels, mes parents possédaient chacun à sa manière une détermination sans borne, un optimisme sans faille et, surtout, un espoir en un futur meilleur qui les a accompagnés tout au long de leur vie.

Glossaire*

Aghpar	Frère. Dans le contexte : péjoratif
Apparatchik (russe)	Agent du MGB (KGB)
Atchkernice louice	Félicitations
Blatnoy (russe)	Voleur, tueur, criminel
Carnet rouge	Billet de membre communiste
Communalka (russe)	Appartement où les chambres sont occupées par différentes familles
Dashnak	Membre du Parti Dashnaktsutiun, opposé au régime communiste
Dopousk (russe)	Permission spéciale pour travailler dans des institutions à haute sécurité
Doprosse (russe)	Interrogatoire
Finebajine	Département des finances
Gad (russe)	Reptile ; homme abject au sens figuré
Ghod (russe)	Démarrer la voiture
Ghot	Herbe
Karot	Ce mot ne se traduit pas. A le sens de « languir »
Komsomol	Union des jeunesses communistes
Kouyrik	Sœur
Jivaya otchered (russe)	Présence obligatoire dans une file d'attente
Leninakantzi	Celui qui habite à Leninakan

---

*   Les mots sans précision de la langue sont des mots arméniens.

Liazor	Représentant de la mairie (aussi du KGB) dans chaque quartier
Mayrik	Mère
Nayovi	En regardant
NKVD (russe)	Comité du peuple des affaires intérieures
Parasha (russe)	Contenant pour les besoins naturels
Peredatcha (russe)	Ici, nourriture offerte par la famille à son malade ou à son prisonnier
Prtzav	Fini, terminé
Raïsoviet	Comité régional
Télégreika (russe)	Veste chaude, rembourrée de coton
Tzagouks	Mon petit enfant (difficile de trouver une traduction exacte)
Samizdad (russe)	Copier à la main et distribuer les interdits à la publication par le régime
Samogon (russe)	Alcool clandestin
Soud (russe)	Cour (russe); ici: faire appel
Sout	Mensonge
Stoukatch (russe)	Mouchard
Voronka (russe)	Corbeau noir. Dans le contexte: voiture qui transportait des prisonniers
Vstatz, prédatiel (russe)	Debout, traître!
Zakon (russe)	Loi
Zek (russe)	Prisonnier dans un camp

Remerciements

Si je le pouvais, mes remerciements iraient d'abord à mes parents qui ont su, grâce à leur courage et à leur ténacité, continuer à aimer la vie malgré toutes les horreurs vécues.

À mon père, particulièrement, qui a eu la lucidité de prendre des notes et de les conserver précieusement, assurant ainsi l'authenticité de cet ouvrage.

À ma sœur, Astrid Marikian, pour son inébranlable foi en mes capacités d'auteure, pour sa présence constante, son amour et son soutien tout au long de ma vie. Sans elle, ce livre n'aurait pu être écrit, encore moins édité.

À Mireille Attallah, une amie très chère, pour sa bonté et sa générosité, et qui s'est, spontanément, proposée pour être la première correctrice. J'apprécie sincèrement ses encouragements qui m'ont aidée à poursuivre mon odyssée.

Je suis infiniment reconnaissante à Évelyne Allalouf, amie de longue date, pour son enthousiasme et sa chaleur à la lecture de chaque nouveau chapitre. Ses observations judicieuses et ses conseils ont considérablement enrichi le récit. Ses encouragements m'ont donné toute l'assurance nécessaire pour poursuivre ce cheminement en territoire inconnu.

Je suis honorée de l'aide apportée par Christiane Léaud qui m'a guidée dans le labyrinthe d'une langue qui n'est pas la mienne. Elle a toujours appuyé ce projet avec enthousiasme et a contribué grandement à la naissance de ce livre.

J'apprécie également l'implication dévouée de Gladys Laoun.

Mes sincères remerciements vont également à ma tante Zi Kalepdjian et à tous les amis de mes parents qui ont été très généreux de leur temps en fouillant dans leur mémoire et en me fournissant des informations précieuses.

À mon éditeur, J. Béliveau, pour son courage à accepter de lire et d'éditer une néophyte.

Et enfin, à ma nièce adorée, Anna Baybourtian, à son charmant époux, Matthieu Sarrazin et à leur petit garçon, Hugo, à qui je dédie ce livre.